neo Nordpolitik

북방에서 길을 찾다

개정판

북방에서 길을 찾다 (개정판)

지은이 | 동북아공동체연구재단 편
발행자 | 이승율
발행처 | 디딤터
발행일 | 2018년 8월 31일
편 집 | 박종수
등 록 | 제 2012-86호
주 소 | 서울 서초구 바우뫼로 182(양재동, S&C빌딩 2층)
전 화 | 02-3461-4242
팩 스 | 02-3461-3460
홈페이지 | www.nacsi.or.kr
디자인 | 디자인집(02-521-1474)

ISBN 978-89-969468-4-7
책값 : 20,000원

neo Nordpolitik

개정판

북방에서 길을 찾다

동북아공동체연구재단 편

디딤터

목 차

개정판 서문

'북방에서 길을 찾다'는 진행형이다. G7 통일한국의 그날까지다. 8명의 필진들은 2016년 8월 동북아공동체연구재단(이승율 이사장) 세미나실에서 '신북방정책'의 기치를 들고 한자리에 모였다. 1년 뒤에 치러질 대선과 신정부의 대외정책을 염두에 두면서 집필에 착수했다. 그러나 유례없는 탄핵정국으로 조기 대선이 치러지면서 출간 일을 반년이나 앞당겨야 했다. 말하자면 조기 분만형 저서 출간인 셈이다. 인큐베이터에 들어갈 여유조차 없었다. 성장발육 기간이 턱없이 부족했던 것이다.

그러나 문재인 정부의 출범은 미숙아 저서를 우량아로 성장시켰다. 대통령 직속의 북방경제협력위원회가 신설됨으로써 신북방정책 추진을 위한 플랫폼을 구축한 것이다. 부총리급 위원장이 이끄는 매머드급 위원회이다. 물론 저서를 통해 위원회 설치의 필요성을 수차례 강조했었다. 그리고 지난해 9월 문재인 대통령은 제3차 블라디보스토크 동방경제포럼에서 신북방정책을 공식 천명했다. '나인 브릿지' 프로젝트는 저서의 정책제언을 축약한 내용이다. 더 나아가 집필진 4명은 북방경제협력위원회에서 상근·비상근으로 일하는 영광도 안았다.

초판이 비록 미숙아로 세상에 나왔지만, 불과 몇 개월 만에 절판되고 말았다. 2쇄를 준비하는 과정에서 한반도 주변 정세가 급변하기 시작했다. 무엇보다도 신북방정책의 종착역인 북한의 변화다. 2017년 한 해 동안 핵실험과 미사일을 폭죽놀이 하듯 쏘아 올렸던 북한이다. 북·미 사이에는 1년 내내 일촉즉발의 전쟁 기운마저 감돌았다. 2018년 새해로 접어들면서 김정은 국무위원장은 신년사를 통해 핵미사일 완성을 선언한 후 핵·경제 병진노선에서 경제 총력노선으로 전환했다. 북한선수단의 평창올림픽 참가와 함께 한반도 정세는 급물살을 탔다. 판문점에서 남북정상회담이 두 차례나 열렸다. '늙다리 미치광이' '꼬마 로켓맨'이라고 서로를 조롱하던 북·미 정상이 싱가포르에서 손을 잡았다. 분단 70여 년 만의 일이다.

한편 중국 시진핑과 러시아 푸틴도 장기집권체제를 구축했다. 중국은 2017년 10월 19차 당 대회에서 시진핑 주석체제를 출범시켰다. '일대일로' 정책을 북극해를 포함한 '일대일로일도'로 확대하고 2050년 단일패권국의 '중국몽'을 천명했다. 푸틴은 지난 5월 국민의 절대적 지지 하에 2024년까지 임기 6년의 집권 4기에 들어갔다. 18년간 지속해온 '강한 러시아' 건설은 중단 없이 계속되고 있다.

그러나 미·중 및 미·러 관계는 개선될 기미를 보이지 않고 있다. 미·중 사이에는 무역 보복 전쟁이 가열되고 미·러 간에는 지구촌 곳곳에서 군사적 충돌이 멎지 않고 있다. 워싱턴 조야에서는 지난 4월 시리아 대리전이 미·러 간 신냉전의 회귀로 규정했다. 또한 미국이 주도한 서방의 대러시아 경제제재뿐만 아니라 유엔안보리의 대북제재도 해제되지 않고 있다.

본 저서의 개정판에서는 북방경제협력위원회가 지난 6월 18일 발표한 로드맵과 초판에서 간과한 문화면을 추가했다. 4차 산업시대의 문화콘텐츠는 고부가 경제프로젝트다. 이 분야의 최고 권위자인 함영준 단국대 교수가 준비했다. 북방경제협력위원회 로드맵의 4대 목표는 첫째, 소다자 협력 활성화로 동북아 평화기반을 구축하고 둘째, 통합네트워크 구축을 통한 전략적 이익을 공유하며 셋째, 산업협력 고도화를 통한 신성장 동력을 창출하고 넷째, 인적·문화교류 확대로 상호 이해를 증진한다는 것이다.

또한 로드맵의 14개 중점 추진과제는 초국경 경제협력 추진, 환동해 관광협력 활성화, 유라시아 복합물류망 구축, 동북아 슈퍼그리드 구축, 한·러 천연가스 협력 강화, 북극항로 진출로 해운·조선 신시장 개척, 한·러 혁신 플랫폼 구축, 인프라·환경협력 확대, 4차 산업혁명 대응 및 산업협력 강화, 북방진출 기업의 금융 접근성 강화, 보건의료 및 헬스케어산업 협력 확대, 농수산 분야 진출 활성화, 문화·체육·관광협력 확대, 대학·청년·학술단체 교류 활성화 및 인력양성 등이다.

저서 출간 후 불과 1년 사이에 한반도 상황은 상전벽해로 변했다. 아울러 천

재일우의 기회도 찾아왔다. 1871년 처음으로 독일통일을 이룩한 철혈재상 오토 비스마르크는 “역사 속을 지나가는 신의 옷자락을 놓치지 않고 잡아채는 것이 정치가의 책무”라고 설파했다. 한민족의 5천 년 역사에서 드물게 내리는 신의 축복을 비스마르크의 지혜와 용기로 낚아챌 수 있기를 기대한다. 신북방정책은 진화하고 있다. 이제 로드맵을 이행해 나가는 단계로 진입하고 있다. 한반도 평화와 통일을 향한 대장정은 멈출 수 없다.

2018년 8월 31일

집필진을 대표해서 박종수

발간사

가자! 북방으로!

더 늦기 전에, 다시 한번 북방으로!

T.S. 엘리엇은 '4월은 잔인한 달'이라고 했다. 우리에게는 예나 지금이나 아픔이 많은 달이다. 특히 지난 4월은 어느 때보다도 국가적으로 혼란스러웠고 잔인했다. 대통령 탄핵 후 대선 정국의 혼미를 거듭한 불확실성의 달이었다. 한반도를 둘러싼 국제정세 면에서도 마찬가지였다. 강대국들의 패권경쟁과 함께 북한의 핵·미사일 도발 우려로 한반도 정세는 그야말로 일촉즉발의 긴장이 고조된 시기였다.

그럼에도 불구하고 늘 그래왔듯이 질곡의 4월을 극복해내고 국민대통합을 지향하는 새로운 국가 리더십이 구축되면서 희망의 봄을 다시 맞이할 수 있게 되었다. 얼어붙은 땅에서 새로운 생명이 소생하듯, 우리의 역사가 다시 한번 부흥하는 토대가 마련되었다고 확신한다.

회고하건대 우리 대한민국의 상황은 이렇다. 흔히 말하는 '투키디데스의 함정'처럼 국제질서의 패권을 놓고 기존 패권국 미국과 신흥 강대국 중국이 서로 맞부딪히는 가운데 사드(THAAD)문제를 두고 한반도에서 극명한 대립각을 세우고 있다. 그러나 정작 당사국인 한국은 두 강대국의 대치상황을 먼발치로 바라만 보는 제3자의 입장으로 밀려나 있다. 이것이 우리의 현실이다.

그동안 우리 한국은 전통적으로 미국과 안보동맹을 확고히 유지하면서 중국과는 경제협력을 강화하는 외교 노선을 견지해야만 하는, 어느 한쪽으로 치우칠 수 없는 모순적인 딜레마에 처해왔다. 그러나 한반도에서 더 이상 잔인한 봄을 맞이하지 않기 위해 한국이 주도하는 정교한 국가전략을 마련하는 것이 급선무이다. 그런 의미에서 한반도가 나아갈 길을 러시아와의 관계에서 찾을 수 있다. 소위 '신북방정책'이라는 제3의 출구전략을 제시하고자 한다.

마침 러시아는 미래의 성장동력을 극동 개발에 두고 있으며, 특히 극동러시아 경제를 동아시아경제권에 편입시키려고 노력하고 있다. 이를 위한 야심적인 신동방정책을 펼치며 투자유치에 혼신의 힘을 다하고 있다. 더욱이 중국은 태평양으로의 출로를 위해 동북3성과 러시아 극동항만들을 연결하는 프로젝트를 적극 추진하는 등 양국 간 투자협력을 강화하고 있다. 또한 일본은 러시아와 북방4도 영토분쟁이 있음에도 불구하고 대륙진출을 위해 전례없는 우호 협력관계를 강화하고 있다. 중국과 일본이 본격적으로 극동러시아에 진출하면 그만큼 우리의 입지가 좁아지고 나중에는 설 자리조차 없어지고 말 것이다.

이처럼 환동해지역을 근간으로 러시아 뿐만 아니라 중국, 일본 등 주변국이 경제협력을 통해 전략적으로 만나는 길은 강대국 간의 반목과 갈등을 최소화시키는 방안이 될 수 있다. 이와 병행하여 우리의 극동러시아 진출은 중장기적으로는 북한을 경유하여 중국과 일본의 틈새를 파고 들어가 한반도 경제영토를 확장하는 일이며, 유라시아 대륙진출의 새 지평을 열어가는 국가전략이 될 수 있다. 마침내 환동해 수역을 관통해 북극항로가 개설된다면, 이곳은 21세기 동아시아 시대의 핵심구역으로 거듭나는 거대한 역사전환의 통로가 될 전망이다.

특히 극동러시아는 북한의 핵실험 여파가 민감하게 작용할 수 있는 지역인 만큼 러시아의 입장을 최대한 역이용해 북한의 핵 도발을 억제하고 주변국과 다자안보협력을 이끌어 내는 대안을 모색할 필요가 있는 곳이다. 이 일은 미래가 불확실한 한반도 현실에 새로운 물꼬를 트는 제3지평의 출구가 될 것이며, 나아가 한반도 통일경제의 배후지 및 경제영토 확장을 위한 새로운 기회의 땅이 될 곳이다.

이러한 절호의 기회를 어떻게 활용할 것인가는 전적으로 우리의 손에 달려있다. 다시 강조하건대 더 늦기 전에 '기회의 땅'인 북방으로 눈을 돌려야 한다.

이를 위해 각 분야별 러시아 전문가들이 '신북방정책'의 기치하에 모여 동북아지역 국제협력과 한반도 통일방안을 합목적적으로 수행하는 외교정책 연구에 착수했다. 6개월간 전문가포럼 방식으로 스터디그룹을 이어온 가운데 드디어 하나의 결과물을 도출하게 되었다. 분야별 현안을 분석하고 한·러관계 및 남·북·러 협력의 새로운 시사점을 제시하면서 한국의 미래 국가전략과 정책에 반영될 길을 찾고자 심층 토론을 이어온 것이다.

이러한 연구 과정의 결과물로 『북방에서 길을 찾다 - G7 통일한국을 향한 신북방정책』을 세상에 선보이면서 독자들과 함께 국가발전과 민족부흥의 큰 꿈을 함께 나누고자 한다. 특히 신정부 출범과 함께 모든 것을 새롭게 조감해야 할 시점에서 이 공저가 국가의 미래전략 수립에 일조하기를 바라는 마음뿐이다.

부언하건대 남북한 문제와 국제관계에서 어느 때 보다 잔인했던 4월을 뒤로하면서 신정부의 리더십이 5월의 신록과 같은 희망의 새시대 청사진을 제시해 주길 바란다. G7 통일한국(*통일한국이 포함되는 G7)을 지향하는 도정에서 우리 국민에게 새로운 용기와 실천적 대안을 마련해 줄 수 있어야 한다.

더 늦기 전에 북방으로 눈을 돌려 동북아 국제협력과 한반도 평화통일 방안을 병행 추진하는 역사적 대전환을 맞이할 수 있기를 고대한다. 가자! 북방으로!

2017년 5월

동북아공동체연구재단

이승율 이사장

추천사

지금 대한민국은 기회와 위기를 동시에 맞고 있다. 국내적으로는 초유의 대통령 탄핵 및 조기 대선의 진통을 거쳐 문재인정부가 탄생했다. 신정부에 대한 국민적 기대감도 크지만 산적한 과제도 적지 않다. 대외적으로도 한·미관계, 한·일관계, 한·중관계가 모두 쉽지 않은 문제들을 안고 있다. 그 이외에 김정은은 대량살상무기 개발로 주변국에 위협 요인이 되고 있다. 한 치 앞을 내다볼 수 없는 한반도 주변 정세의 시계(視界)이다.

격동의 소용돌이 속에 우려되는 것은 한민족의 운명이 우리도 모르는 사이에 결정되는 것이다. 소위 '한국 왕따'(코리아 패싱)이다. 이미 역사의 변곡점마다 빈번히 경험했던 민족적 수모다. 한반도는 역사적·지정학적으로 해양세력과 대륙세력 간 대결의 장이었고 우리의 의지와는 무관하게 우리의 운명이 결정되기도 하였다. 일제병탄 36년이 그렇고, 조국광복과 남북분단·동족전쟁이 그랬었다. 약소민족으로서 힘 있는 나라에 의지하려는 관성은 질곡의 역사를 통해 체득한 결과인지도 모른다. 경제적으로는 세계 12위의 OECD 중견국임에도 외교·안보적으로는 여전히 유약한 국가로 분류되는 이유이다. '우리가 주권국인가?'를 자문자답하면서 정체성 확인을 위해 두 눈을 부릅떠야 할 상황이다.

그러나 우리는 어떤 나라보다도 풍부한 외교적 자산을 갖고 있다. 무엇보다도 열강들에 의해 포위된 반도적 상황이 역으로 이들의 역학관계를 조정하는 균형자적 역할을 극대화할 수 있다. 물론 이제까지 별로 시도해 보지 못해 뇌리 속을 스쳐가는 기억은 없지만, 지금이 적기다. 분명한 사실은 위기의 순간에 북방에서 해답을 찾으려는 지난한 몸짓이 있었다는 것이다. 나름대로 외교적 지혜도 발휘했었다. 근현대사에서 고종정부, 독립단체들, 노태우정부가 그랬다. 고종은 구한말 서세동점의 혼돈기에 러시아공사관으로 망명해 외교적 숨고르기를 했고, 독립지사들은 간도와 연해주에서 조국광복의 의지를 다졌으며, 노태우정부는 철의 장막을 뚫고 이념적 적대국인 소련과 중국으로 국익의 외연을 넓혔다.

이제 분단 70년을 넘기면서 우리의 외교 나침판은 또 다시 북방을 지향하고 있다. 무엇보다도 남북한 간 직거래의 한계를 몸소 체험했고, 마냥 힘 있는 나라에 의지했던 관성의 폐해도 경험했다. 옛 친구인 미국 뿐만 아니라 새 친구인 러시아와 중국의 소중함도 깨달았다. 특히 북한 정권을 디자인한 러시아의 중량감도 새롭게 인식하게 되었다.

30여 년 전 서울올림픽의 열기로 모스크바 붉은광장의 추위를 녹였던 의지를 다시 한번 구현하려는 시도가 최근 후학들 사이에 감지된다. 그것은 천방지축의 김정은 정권을 순화시키고, 질곡에 처한 통일외교의 난맥상을 풀어나가기 위한 출구전략이다. 바로 조기 대선의 신정부 출범과 함께 난산의 고통 끝에 세상에 나온 공저(동북아공동체연구재단 편) 『북방에서 길을 찾다』이다. 하늘길이 열리고 철길이 열리며 바닷길이 열리는 북방은 더 이상 버려진 동토의 불모지가 아니다. 푸틴의 신동방정책은 마치 미국의 서부개척 시대를 방불케 한다. 인구 14억을 먹여 살려야 하는 인접국인 중국으로서는 결코 방치할 수 없는 유혹의 손길이다. 영토적 콤플렉스를 떨쳐버릴 수 없는 섬나라 일본조차도 북방4도 반환만을 고집하기에 앞서 러시아와의 관계 개선을 모색하고 있다.

이 공저는 답보상태에 처한 남북관계의 근본적 개축을 위한 집필진의 냉철한 동북아 정세분석과 평화통일 실천 의지를 엿볼 수 있는 정책총서로 평가된다.

첫째, 지구상의 마지막 남은 분단 현실을 전제로 'G7 통일한국' 건설을 최종 목표로 설정했다. 밤에 본 한반도 남쪽은 외딴섬이다. 칠흑의 북쪽은 남한 땅을 대륙과 분절시킨다. 분단 70년이 그렇게 흘러왔다. OECD 10위권 진입은 분단 상태에서는 기대할 수 없다. 남북한 통일만이 그 가능성을 담보한다. 그래서 'G7 통일한국' 목표는 결코 허황된 꿈이 아니다.

둘째, 21세기 글로벌 시대의 동북아 및 한반도 주변 정세를 냉철하게 분석했다. 지금 한반도는 4강국 스트롱맨으로 포위된 상태이다. 그 중앙에 초강성의 북한 김정은이 핵뇌관의 똬리를 틀고 있다. 미·중 G2에게만 한반도의 운명을 맡길 수 없는 외교환경이다. 다층적 실리외교가 절실한 현실이다. 아직도 방치된 카드가 북방 러시아이다.

셋째, 'G7 통일한국'을 위한 신북방정책의 실천방안을 3대 NNP전략으로 명료하게 집약했다. NNP1(신국민소득, New National Product)은 중국 편중의 대외의존도가 높은 국내경제 회생의 대안으로 북방경제를 꼽는다. NNP2(신북핵해법, New Nuclear Plan)는 북핵문제의 근본적 해결을 위해 핵종주국인 러시아를 활용하는 것이다. NNP3(신북방프로젝트, New Nordpolitik Project)는 지구온난화로 인한 시베리아 영구동토 해빙과 북극항로 연중 운행 등 블루오션이다.

넷째, 현학적인 학자적 담론수준을 넘어 구체적이고 실현 가능한 정책 아젠다를 제시했다. 한·러 수교 27년간 러시아 외교자원이 제대로 활용되지 못한 것은 매우 안타까운 일이다. 이 저서에서 제시된 각 분야별 정책 아젠다가 결코 사장되어서는 안 될 것이다. 무엇보다도 컨트롤타워 역할을 할 수 있는 대통령 직속의 북방정책위원회(가칭) 설치가 급선무이다. 사실상 유명무실한 통일준비위원회를 발전적으로 해체하고 북방정책위원회로 재편하는 방안을 강구해볼 필요가 있다.

아무쪼록 이 정책총서에 대한 독자들의 애정과 정책 입안자들의 효율적 활용을 기대한다. 『북방에서 길을 찾다 - G7 통일한국을 향한 신북방정책』 집필진 후학들에게 그간의 노고를 치하하며, 가정의 행복과 학문적 업적을 기원드린다.

2017년 5월 19일

라종일

* 라종일 박사는 김대중정부 때 국가정보원 제1차장과 주영국 대사, 노무현정부 때 대통령 국가안보보좌관과 주일본 대사를 역임했으며, 우석대 총장 재임 후 현재 가천대 석좌교수이다.

프롤로그

밤에 본 한반도 남쪽은 외딴섬이다. 칠흑의 북쪽은 남한땅을 대륙과 분절시킨다. 게다가 때늦은 추위가 한국의 봄기운을 빼앗아 간다. 북극해의 해빙으로 한류(寒流)가 시베리아 상공을 넘어 동아시아로 밀려오기 때문이다. 소위 지구온난화로 인한 이상기온이다. 중국발 미세먼지는 매년 어김없이 한반도를 휩쓴다. 이렇듯 북방의 영향은 우리의 의지와 무관하게 이루어지고 있다.

지금 한반도는 4강국 스트롱맨들의 매서운 한랭전선에 함몰되고 있다. 미국의 트럼프, 중국의 시진핑, 일본의 아베와 러시아의 푸틴이다. 그 중앙에 초강성의 김정은이 핵뇌관의 똬리를 틀고 있다. 심심찮게 미사일 불꽃놀이를 즐긴다. 정권출범 70여 년 만에 사실상 핵보유국의 반열에 올랐으니, 3대 세습의 김씨 왕조가 자랑할 만한 치적이다. 미국은 북한의 핵공격에 대비해 사드 배치를 강행할 수밖에 없다는 궁색한 변명을 늘어놓는다. 중국은 사드 부지를 제공했다는 이유만으로 민간기업을 샌드백처럼 두들겨 팬다. 미·중정상회담의 결과만을 바라보는 우리 정부는 주권국임을 포기한 듯 하다. 우리 민족은 언제까지 고래싸움에 새우 등 터지는 울분을 감내해야 하나? G2라는 용어는 한국에서만 통용된다는 것이 윤영관 전(前) 외무장관의 지적이다. 21세기 글로벌 외교시대에는 부적절하다는 의미이다.

G2라는 용어 사용의 이면에는 서글픈 한민족의 과거와 현재가 있다. 여전히 냉전이데올로기의 이분법적 사고와 편가르기에 구속되어 있다. 해양세력이냐 대륙세력이냐, 자유진영이냐 공산진영이냐, 미국이냐 소련이냐, 우파냐 좌파냐, 찬탁이냐 반탁이냐, 남이냐 북이냐, 보수냐 진보냐, 태극기냐 촛불이냐…. 또 다시 미국이냐 중국이냐? 이러한 단순논리는 '맞냐 틀리냐'의 객관식 교육제

도에 연유한 측면이 적지 않다. 그런데도 마치 명쾌한 접근인 양 착각한다. 창의력이 결여된 서글픈 교육 현실의 단면이다. 중용은 어정쩡한 중간 회색지대로 폄하되고 우유부단한 기회주의자로 오해받는다. 그렇지만 양자택일의 흑백논리는 국민의 창의력을 말살하고 남남갈등을 증폭시키며 민족의 분단을 고착화시키는 독버섯이다. 반사이익은 동맹국인 미국에게, 전략적 파트너인 중국에게 그리고 붕괴되어야 할 3대 김씨 세습정권에게 고스란히 안겨준다.

해법은 없는가? 우리 선조들은 역사의 변곡점마다 선택의 지혜를 발휘했다. 적어도 대외정책에 있어서는 광해정부가 그렇고, 고종정부가 그렇고, 노태우정부가 그렇다. 이들의 공통점은 북방을 향한 진취적 기상과 함께 절묘한 선택을 통해 위기를 기회로 만들었다. 광해의 관형향배(觀形向背, 형세를 보아 행동을 결정하라)는 실리외교의 진수였다. 인조는 패망의 명나라에 '닥치고 충성'을 고집했지만, 광해는 후금과 명 사이에서 절묘한 줄다리기식 외교력을 발휘했다. 구한말에 고종은 아관망명(俄館亡命, 러시아공관에서 375일 기거하다)으로 배수진을 치면서 열강의 조선책략을 거부하고 서세동점의 이권쟁탈과 일제병탄에 항거했다. 안타깝게도 러일전쟁과 사회주의혁명으로 조선의 몸부림은 무위로 끝났다. 노태우 대통령은 88올림픽의 성공적 개최를 발판으로 철의 장막으로 뛰어들었다. 사회주의 종주국인 소련·중국과 수교함으로써 국가발전의 지평을 대륙으로 넓혔다. 하지만 북한을 고립·포위·압박한다는 묵시적 목표에 너무 의존함으로써 대북 개혁·개방을 유도하지 못했다. 김대중·노무현정부는 대북 햇볕정책을 통해 북한을 개혁·개방함으로써 북방정책의 최종목표에 근접한 듯했으나 이명박·박근혜정부에서 중단되고 말았다.

분단체제하에서 한국은 사실상 '섬' 국가다. 전후 20세기는 주로 미·일 등 해양세력과 협력했으나, 21세기에는 새롭게 부상하는 유라시아국들과 협력해 북방경제의 블루오션을 개척해야 한다. 남북 접경지역을 넘어 남·북·중·러·일 초국경 지역의 경제협력 벨트를 구축하자는 것이다. 그 종착역은 과거와는 달리, 역내 국가들 간 다양한 방식의 양자·다자 간 교류협력을 통해 북한의 개혁·개방을 견인하고, 이를 통해 점진적이면서도 장기적인 북한체제 이행과 정상국가화 달성을 좌표로 설정해야 한다. 그리고 'G7 통일한국'의 대망을 이루는 것이다. 이러한 민족적·국가적 과제 앞에 전문가들이 한자리에 모여 지혜와 의지를 결집했다.

〈그림 프롤로그-1〉 섬이 된 한반도

출처: NASA 지구천문대 홈페이지

신북방정책은 3대 NNP전략을 통해 위기의 대한민국호를 구하는 처방책이다. 한국 대외정책의 3대 제약요소는 대(對)중국 경제 의존도, 북한의 핵개발, 한·미동맹의 강화 등으로 요약된다. 이러한 장애물이 극복되지 않고서는 'G7 통일한국'의 실현은 요원하다고 할 것이다. 실천방안의 3대 NNP전략은 다음과 같다. 첫번째 NNP는 신국민소득(New National Product)이다. 천문학적 가계부채, N포시대의 청년실업, 지나친 대중국 경제의존 등은 이미 위험수위를 넘었다. 경제 회생의 새로운 대안은 세기적 블루오션으로 떠오른 북방경제다. 두번째 NNP는 신북핵해법(New Nuclear Plan)이다. 북한의 핵·미사일 보유는 서방의 대북정책이 실패했음을 의미한다. 남은 카드는 북핵 개발에 직·간접적으로 관여한 핵종주국인 러시아를 활용하는 것이다. 세번째 NNP는 신북방프로젝트

(New Nordpolitik Project)다. 지구온난화로 인한 북극항로 상시화에 대비하고, 미·중 간 격돌 및 한반도를 에워싼 4강국 스트롱맨들의 각축을 넘어설 완충 접합지대는 북방 극동러시아다.

이 집필에 참여한 필진은 모두 러시아에서 학위를 받은 이론과 실무를 겸비한 북방 러시아 전문가들이다. 집필의 목차는 이렇다. 총론 왜 다시 북방정책인가, 제1장 교통·물류, 제2장 북한 핵·미사일, 제3장 자원·에너지, 제4장 군사·안보, 제5장 경제·산업, 제6장 과학·기술, 제7장 법·제도, 에필로그 '가자! 북방으로! G7 통일한국을 향한 대장정' 등으로 분담했다. 2016년 9월부터 주제별 세미나를 거쳐 집필을 준비했다. 탄핵 정국에 맞물려 19대 대선이 앞당겨지고, 신정부의 정책 아젠다가 목마른 상황을 고려해 출간 일정을 서두르다 보니 아쉬운 점도 산견된다. 그러나 평소의 연구 실적과 시대적 요청에 부흥코자 열성을 다한 노력이 합치된 결과물이다. 애국심과 시대정신을 아우른 산고의 작품임에 틀림없다. 이점에서 독자 여러분들의 넓은 혜량을 당부드린다. 끝으로 북방현장의 곳곳을 누비면서 집필을 독려해준 동북아공동체연구재단 이승율 이사장을 비롯해 김재효 북방경제정책연구원장, 이동탁 사무처장, 그리고 꼼꼼하게 교정을 봐준 디딤터의 윤택한 팀장, 남호정 대리께 감사드린다.

2017년 5월 19일

필진 일동

총론

왜 다시 북방정책인가?

- 3대 NNP전략을 중심으로 -

박종수

요약문

왜 다시 북방정책인가? 궁극적인 목표는 분단극복에 의한 'G7 통일한국' 건설이다. 한국 내외정책의 3내 제약요소는 대(對)중국 경제의존도, 북한의 핵개발, 한·미동맹의 강화 등으로 요약된다. 이러한 한계를 극복하는 출구는 새롭게 부상하는 북방 극동러시아다. 역사의 변곡점마다 북방은 그 해답의 원천이었다. 광해의 관형향배(觀形向背)는 후금과 명나라 간 절묘한 실리외교의 지표였다. 구한말 고종의 아관망명(俄館亡命)은 서세동점의 이권쟁탈과 일제 병탄을 저지하기 위한 배수진이었다. 노태우의 북방정책은 철의 장막을 넘어 사회주의 종주국인 소련·중국과 수교함으로써 지정학·지경학적 지평을 넓힌 결단이었다. 그러나 북한을 고립·포위·압박한다는 묵시적 목표에 너무 의존함으로써 대북 개혁·개방을 유도하지 못했다. 마침내 김대중·노무현정부가 대북 햇볕정책을 통해 10여 년간 남북한 간 평화와 협력을 지속시켜 왔으나 이명박·박근혜정부에 이어지지 못하고 냉전 당시의 원점으로 회귀하고 말았다.

21세기의 한반도는 또 한 번 선택의 귀로에 놓였다. 4강국의 스트롱맨들-트럼프의 미국우선주의, 시진핑의 일대일로, 아베의 신대륙정책, 푸틴의 신동방정책은 상호 격돌과 협력이 불가피하다. 그 중앙에 핵·경제 병진노선의 초강성 김정은이 핵뇌관의 똬리를 틀고 있다. 당장 한반도 내 사드 배치를 놓고 미·중관계가 첨예하다. 그 피해는 고스란히 우리에게 전가되고 있다.

다시 찾는 북방정책 - 그 해법은 무엇인가? 실천방안으로 3대 NNP전략을 제시한다. 첫번째 NNP는 신국민소득(New National Product)이다. 천문학적 가계부채, N포시대의 청년실업, 지나친 대(對)중국 경제의존 등은 이미 위험수위를 넘었다. 새로운 경제 회생의 대안은 세기적 블루오션으로 떠오른 북방경제다. 두 번째 NNP는 신북핵해법(New Nuclear Plan)이다. 북한의 핵·미사일 보유는 서방의 기존 대북정책 실패를 의미한다. 남은 카드는 북핵 개발에 직·간접적으로 관여한 핵종주국인 러시아를 활용하는 것이다. 세번째

NNP는 신북방프로젝트(New Nordpolitik Project)다. 지구온난화로 인한 북극항로 상시화에 대배히고, 미·중 간 격돌 및 한반도를 에워싼 4강 스트롱맨들의 각축을 넘어설 완충접합지대는 북방 극동러시아다. 비정치적 영역에서의 접합점을 모색해야 한다.

신북방정책의 성공적 추진을 위해서는 대외정책의 영속성을 보장하는 법적·제도적 장치, 중첩외교를 지향하는 '신(新)조선책략' 등의 원칙과 기조가 수반되어야 한다. 특히 분야별 중점 아젠다로써 북한 핵·미사일, 군사·안보, 교통·물류, 자원·에너지, 경제·산업, 과학·기술 및 법·제도 등에 대한 개별적 연구와 추진전략이 선결되어야 한다.

신북방정책의 액션 플랜으로써 첫째, 법적·제도적 인프라 구축이다. 구체적으로 ① 대통령 직속의 '북방정책위원회' 신설 ② 재원확보를 위한 '북방펀드' 조성 ③ 지자체 차원의 북방정책 전담창구 개설 ④ 정부 간 합의 사업의 이행의무 법제화 ⑤ 중소기업진흥공단의 중소기업 해외진출 지원기능 강화 등이다. 둘째, 단계적 프로젝트 추진을 위한 로드맵 설정이다. 단기목표는 ① 한국과 유라시아경제연합(EAEU) 간 FTA 체결 ② 체험형 관광프로그램 상시적 운영 ③ 다언어 표기의 '유라시아 레일패스' 신설 ④ 5.24 조치 해제에 의한 한반도 긴장완화 등이다. 중장기목표는 ① 북·러 국경 인접 지역 '제2개성공단' 조성 ② 남·북·러 3대 Mega-Project(TSR·TKR, PNG망, 전력망) 추진 ③ 권역별 경제블록의 소다자(小多者) 협력체제 구축 등이다. 특히 북한의 개혁·개방전략 일환으로 2선 3점의 권역별 경제블록을 구축하는 방안이 적극적으로 강구되어야 한다.

I. 북방정책의 이론과 실제

1. 북방정책의 개념

북방정책(Nordpolitik, 일명 북방외교)[1]은 1988년부터 제6공화국의 노태우정권이 추진해온 대(對)공산권 외교정책이다. 소련·중국 등 사회주의 국가와의 관계개선을 통해 한반도의 평화와 안정을 유지하고, 경제협력의 증진과 남북한 교류협력관계 발전을 추구하며, 궁극적으로는 사회주의 국가와의 외교 정상화 및 남북한 통일의 실현을 그 목적으로 한다.

본고에서는 한반도의 특수성을 고려해 시기적으로 서세동점의 조선말기 고종정부의 북방외교를 기점으로 고찰코자 한다. 지리적 대상으로는 극동·시베리아의 광활한 영토를 보유하고 있는 러시아를 중심으로 한 중국·일본·몽골 등 한반도 주변국에 한정한다.

2. 북방정책의 실제

(1) 고종정부의 북방정책

고종은 1895년 명성황후가 경복궁 건천궁에서 일본군에 의해 살해되자 이듬해 2월 11일 경복궁을 나서 중구 정동 러시아공사관으로 옮겼다. 그 후 375일을 치외법권 지역인 외국공관에 머물면서 국사를 집행했다. 우리 역사책에서는 이 사건을 '아관파천'으로 기록했지만, 황태연 교수(동국대)는 '아관망명'이라고 주장한다. 그 근거로 고종이 러시아공사관으로 거처를 옮길 당시 경복궁이 이미 일본에 의해 군사적으로 점령된 상태였고 러시아공사관은 치외법권이 적용됐던 지역이라는 점이다. 국제법상 망명은 '외국에서 비호권을 구하는 것'인데 러시아공사관을 일종의 조선 내 외국으로 봐야 한다는 것이다. 고종이 열강들의 압력에 굴복해 무기력하게 자리 보존에 안주하지 않고 적군에 대한 항전을 통해 적극적으로 위기에 대응해 맞선 것이다.[2]

한반도를 둘러싼 열강의 각축전 속에 고종이 의지할 나라는 러시아뿐이었다. 1905년 11월 을사늑약으로 외교권이 박탈당했는데도 차르정부는 주러시아 한국공관을 인정했고, 이범진 초대공사가 순직한 1911년까지 공관운영비를 지원해 주었다.[3] 철석같이 믿었던 조미수호조약의 당사국인 미국이 1905년 7월 29일 일본과 카쓰라-태프트밀약을 맺고 조선을 일본에 넘긴 것과 대비되었다.

아관망명 이후 러시아의 지지와 협력을 배경으로 조선이 대한제국으로 탈바꿈하고 고종이 황제로 등극하게 된 것은 고종정부의 북방외교 산물이었다. 즉 러시아는 미·영·불 등과 함께 서구 제국주의 세력의 일원이었지만, 조선에 대한 과도한 영향력을 배제시키는 세력균형자였고 서양 근대문물의 핵심 전파자였다.[4]

(2) 노태우정부의 북방정책

노태우 대통령이 1988년 2월 25일 취임사에서 공산권 국가들과의 관계를 개선하고 궁극적으로는 남북관계 개선과 통일을 향한 북방외교를 전개하겠다는 의지를 밝혔다. 이를 기점으로 북방외교는 노태우정권의 공식 외교노선이 되면서 1990년 6월 4일 샌프란시스코에서 고르바초프 대통령과 한소정상회담을 개최했고, 이어 9월 30일 뉴욕 유엔본부에서 최호중-셰바르드나제 외무장관이 대사급 외교관계를 수립한다는 공동성명에 서명함으로써 한소수교가 이루어졌다.

북방정책의 종착점이라고 할 수 있는 대북 통일외교는 1991년 9월 18일 유엔 동시 가입, 1992년 2월 19일 남북기본합의서와 비핵화 공동선언으로 이어졌다. 뒤이어 중국과는 8월 24일 베이징에서 이상옥 외무장관과 첸치천(錢其

琛) 중국 외교부장이 공동성명에 서명함으로써 수교가 성사됐다.[5] 소련·중국 및 동구권과의 국교 수립이 사회주의권의 개혁·개방정책과 함께 유라시아 대륙으로 진출하여 국가발전과 도약의 발판을 만들었지만, 북한을 고립·포위·압박한다는 묵시적 목표에 너무 의존함으로써 북한의 개혁·개방을 유도하지 못했다.

〈그림 총론-1〉 노태우-고르바초프 정상회담

출처 : 『동아일보』, 2015년 8월 17일.

(3) 김대중·노무현정부의 북방정책

노태우정부의 북방정책은 전술한 바와 같이 궁극적인 목표인 북한의 개혁·개방에는 이르지 못했다. 김대중정부가 처음으로 대북 화해협력 정책을 표방하면서 남북관계는 급격히 호전됐다. 현대그룹의 정주영 회장이 1998년 6월 소 500마리를, 10월에는 소 501마리와 현대 자동차를 가지고 판문점을 넘어갔다. 그해 11월 18일에는 드디어 금강산 관광선이 닻을 올렸다. 2000년 6월 13일 김대중 대통령이 평양 순안공항에 도착했을 때 김정일 북한 국방위원장이 공항까지 나와 영접했다. 6월 15일 두 정상은 공동성명을 통해 통일문제를 자주적으로 해결하며, 남측의 연합제안과 북측의 낮은 단계의 연방제안이 서로 공통성이 있다고 인정하고, 이 방향에서 통일을 지향해 나가기로 합의했다.

그 후 노무현정부는 김대중정부의 대북 햇볕정책을 계승했다. 노무현 대통령은 2007년 10월 2일부터 4일까지 평양에서 북한의 김정일 국방위원장과 제2차 남북정상회담을 개최했다. 양측 정상은 10월 4일 공동선언문을 통해 '6.15공동선언의 적극적인 구현, 한반도 핵문제 해결을 위한 3자 또는 4자 정상회담 추진, 남북 경제협력사업의 활성화, 이산가족 상봉 확대' 등을 발표했다. 그러나 2차 회담은 1차 회담 때 약속한대로 답방형식으로 남한 또는 최소한 제3의 장소에서 개최되지 못한 점이 아쉬움으로 남는다.

〈그림 총론-2〉 김대중 대통령의 평양 순안공항 도착(2000.6.13), 노무현 대통령의 방북

출처: 국가기록원

(4) 이명박·박근혜정부의 북방정책

이명박·박근혜정부에서는 북방정책이라는 용어는 사용했으나 사실상 아무런 개념적 설명 없이 대러 정책의 좌표로 설정되거나, 그 모든 것을 포괄하는 화려한 미사여구에 그쳤다. 결국 문제의 핵심은 용어 사용 자체가 아니라 어떤

맥락에서 그것을 사용하고 있으며, 과거의 북방정책과 무엇이 다른지를 명확히 하는 것이다.[6]

이명박정부에서는 '자원외교'의 기치하에 러시아 가스관의 북한 통과·한국 연결의 프로젝트를 추진했으나 성사되지 못했다. 이어 박근혜정부의 유라시아 이니셔티브(Eurasia Initiative)도 북한의 개혁·개방을 유도하기 위해 '실크로드 익스프레스'를 실현하자는 것이었다.[7] 그러나 이 사업의 일환으로 추진했던 나진·하산 프로젝트는 한국 정부의 일방적 결정으로 중단됐다. 이러한 중단조치는 개성공단 폐쇄가 남북관계를 단절시킨 것 이상으로 남·북·러 협력에 치명적이었다. 러시아는 유엔결의 통과를 지연시키면서 까지 이 프로젝트를 안보리 제재 대상에서 제외시켰으며,[8] 그 후에도 재개를 위한 미련을 버리지 못했다.

3. 기존 북방정책의 한계

오늘날 한국외교의 3대 제약요소로서 북핵문제, 한·미동맹의 강화 및 대(對) 중국 의존도를 지적한다. 어느 것도 피해갈 수 없는 외교적 암벽이다. 최근 북한의 핵·미사일 발사와 미국의 한반도 사드 배치, 이에 대한 중국의 경제적 보복이 단적으로 증명해 준다. 북핵문제는 조심스럽게 다뤄야 할 한반도의 뇌관이다. 한·미동맹은 적어도 미국의 국제적 영향력이 사라지지 않는 한 고려해야 할 대외정책의 상수다. 대중국 경제의존은 당장 먹고사는 문제와 직결된다. 이 난제를 놓고 고민하는 대한민국은 또 다시 그 해답을 북방에서 찾을 수밖에 없는 상황이다. 노태우정부가 일구어낸 북방정책이 한민족의 활동무대를 유라시아 대륙으로 지경을 넓혔지만, 분단국의 지리적·이념적 한계를 극복하지 못한 채 사반세기가 흘렀다. 왜?

첫째, 한소수교 후 북방 러시아에 대한 관념론적 탐색전에 안주함으로써

'잃어버린 사반세기'의 허송세월이었다. '한국은 언제까지 생각만 하고 있을 것인가?' 제2차 동방경제포럼을 며칠 앞두고 주한 러시아 고위외교관이 던진 냉소 섞인 지적이다. 흥미로운 사실은 우크라이나 사태로 입지가 좁아진 러시아를 주변국들이 자국 외교의 자산으로 활용하고 있다는 점이다. 북한은 중국에 대한 과도한 의존을 균형화하는 방안으로 대러관계를 강화해 '승리 프로젝트' 등 다양한 사업을 진행시키고 있다. 일본 또한 대러 제재에 형식적으로 참여하면서도 러시아와의 협력을 통해 북방4도 문제 해결의 계기를 마련코자 한다. 중국은 대규모 천연가스 구매 계약을 성사시키는 등 궁지에 몰린 러시아 껴안기에 열심이다.

반면, 우리는 러시아를 소련의 연장선상에서 부정적으로 인식하는 냉전적 사고에서 탈피하지 못하고 있다. 러시아가 소련의 해체와 무관하게 한반도의 평화와 안정, 그리고 한국의 번영에 중요한 존재임을 망각하고 있다. 욱일승천하는 중국의 시야에 가리고 미국의 동맹적 위계질서에 짓눌려 러시아의 존재가 한국에 제공해주는 다양한 가치마저 외면해 왔다.[9]

둘째, 각론 없는 총론 위주의 거대담론을 앵무새처럼 반복해 왔다. 한소수교 직후 한국인들이 러시아 방문 때 공·사석에서 자주 사용하는 단골메뉴는 '경협차관 언제 갚냐'는 질문이었다. 다수의 러시아 인사들은 이러한 한국인들의 태도에 염증을 느껴 의도적으로 면담을 회피한다고 했다. 2년 뒤에 수교한 중국과의 관계에서도 별반 다를 것이 없었다. 한국 관광객들이 100달러권을 흔들면서 '이 돈이면 당신들의 몇 개월 월급이다'고 우쭐대던 그때 그 시절이 있었다. 그래도 중국과는 지리적으로 가깝고, 같은 동양인으로서, 한국어 구사 능력을 갖춘 조선족 동포 덕분에, 그리고 냉전 당시에도 '대만'이라는 대체재가 있었기에 수교 직후 양국관계가 급속히 발전할 수 있었다.

그러나 러시아와는 인종적 우월의식이 있어 보이는 서양인, 1910년 일제 병탄 후 거의 1세기의 단절역사, 1%도 안 되는 고려인들의 한국어 구사 능력, 게다가 소련 해체라는 돌발변수 등으로 러시아에 대한 인식은 여전히 개론 수준에 머물러 왔다. 또한 러시아를 '북한으로 난 창' 정도로 간주하는 냉전적 관성에서 탈피하지 못해왔다. 푸틴정부가 극동의 대문을 활짝 열어젖히고 주변국의 진출을 반기고 있는데도 한국은 이러저러한 구실 찾기에 여념이 없다. 여전히 총론 위주의 거대 담론만을 운운하지만, 그 이면에는 각론으로 넘어갈 수 없는 수준 미달의 부끄러운 자화상이 존재한다. 늦었지만 이젠 개론 수준에서 벗어나 심화학습 단계로 진입할 때다.

셋째, 홍보 일색의 정상외교 성과를 부풀리는 데 연연해 왔다. 국내 언론 보도에 의하면, 2016년 9월 박근혜 대통령의 연해주 방문성과는 괄목할만 했다. 한·러 양국 간 체결한 양해각서(MOU)가 총 24건이고, 범 현대가의 프로젝트 수주는 6조 원 규모다. 우리 기업이 2억 1,325만 달러(약 2,386억 원) 규모의 12건 계약을 체결했다고 보도되었다. 그 다음은? 후속조치가 눈에 보이지 않는다.

1990년 12월 노태우 대통령의 최초방문 이후 현재까지 한·러정상회담은 5년마다 개최되는 가장 큰 외교행사다. 그동안 양국은 모스크바 무역센터 건설, 나호드카 전용공단 조성, 이르쿠츠크 가스전 개발, 캄차카 해상유전 개발, 자루비노 항만 건설을 비롯해 투자·에너지·물류·산업·농수산·과학기술·지역협력·보건의료 등 여러 분야에서 MOU를 체결했다. 이러한 정상 간 합의는 국내언론에 대대적으로 보도되자마자 제 수명을 다했고, 다음 정상회담 때 원점에서 검토하는 것이 다반사였다.

넷째, '5.24 조치'는 대북 및 주변국 관계를 자승자박하는 전가의 보도로 남용되고 있다. 5.24 조치는 이명박정부가 2010년 5월 24일 발표한 천안함 사건으로 인한 대북제재 조치다. 개성공단과 금강산 외 방북 불허, 남북교역 중단, 대북 신규투자 금지, 북한 선박의 한국해역 운항 불허, 대북 지원사업의 원칙적 보류 등이 핵심내용이다. 그러나 박근혜정부는 남·북·러 물류협력사업인 나진·하산 프로젝트[10]를 5.24 조치의 예외로 인정했다. 2015년 4월엔 5.24 조치 이후 처음으로 민간단체의 대북 비료지원을 승인했고, 5월에는 지

방자치단체와 민간단체의 남북교류를 허용하는 방안을 내놓기도 했다.[11]

그러나 북한이 2016년 초에 4차 핵실험과 장거리 미사일을 발사하자, 유엔 안보리는 대북제재 결의 2270호를 만장일치로 채택했다. 그 후 3월 8일 우리 정부는 '독자적인 대북제재 조치'를 발표하고 나진·하산 프로젝트 중단을 러시아 정부에 통보했다. 이로써 남북 간 연락채널은 모두 단절되고, 1972년 7.4 남북공동성명 이전의 상황으로 돌아갔다. '출구전략' 없는 대북 강경책 위주의 '치킨게임'은 남북관계의 총체적 단절이라는 심각한 부작용을 낳고 있다.[12] 5.24 조치는 남북 간 합의사항도 아니다. 더군다나 유엔 등 국제사회에서 인정하는 공식 규제조치도 아니다. 한국 정부가 일방적으로 만들어서 임의로 적용하는 '나만의 잣대'일 뿐이다.

다섯째, 북한의 핵·미사일 개발을 과소평가함으로써 해결할 기회를 놓치고 말았다. 북한 정권은 70여 년간 핵개발에 전념했다. 1946년 김일성대 설립 때 핵의 이론적 기초를 다지는 물리수학부를 최초 개설했다. 북·러 간 과학협력이 중단된 1990년까지 북한의 핵분야 인력 250여명이 러시아 두브나핵연구소를 거쳐 갔다. 1980년대에 영변에만 소련의 지원하에 핵개발 관련시설이 100여개 이상 건설됐다. 그러나 소련 붕괴 후 신생 러시아의 대북 핵개발 통제 능력은 와해되고, 북한은 혼란기를 틈타 핵인력, 핵물질 및 심지어는 발사체인 미사일 기술까지 가져갔다.[13]

북한 정권은 3대를 내려오면서 핵·미사일 개발에 전력투구하고 있다. 김일성의 '비핵화' 유훈은 위장전술일 뿐이다. 핵·경제 병진정책을 추구하는 김정은 정권은 시간이 경과할수록 핵·미사일 수준을 높이고 있다. 국제정치학자 한스 모겐소는 "핵을 보유하지 않은 나라는 핵을 가진 국가에 대들다 죽거나 항복하는 것 밖에 없다"고 갈파했다.

여섯째, 여전히 사대주의적 안보의식이 지도층 사이에 만연되어 있다. 한반도에서 평화통일의 대전제는 전쟁을 억제하는 것이다. 그러나 연평도 포격으로 억제는 실패했다. 북한은 전·평 시 한미연합지휘체제의 이중성과 교전규

칙의 취약성을 철저히 역이용해 왔다. 정전협정 체결이후 북한의 무수한 무력 도발은 '남조선 군대는 미 제국주의의 로봇 군대로 종이호랑이에 불과하다'는 것을 북한 노동당과 북한군 수뇌부에 인식시켜온 결과이다. 우리 국민의 뇌리에는 미군의 지원이 없으면 전쟁에서 승리할 수 없다는 사대주의적 안보의식과 패배의식이 잠재해 있을 수 있다. 베트남 전쟁 때 최첨단무기로 무장한 50여 만 명의 미군 지원을 받았음에도 스스로 지킬 의지가 없었던 월남이 월맹에 패전한 전례를 반면교사로 삼아야 한다.[14] 우선 스스로 힘을 기르는 '자강'에 주력해야 한다.

구한말 우리는 국내외 정변의 소용돌이 때마다 '중국이냐 일본이냐?'의 기로에서 방황했다. 지금 우리는 또 다시 '중국이냐 미국이냐?'의 선택에 직면하고 있다. 한반도 내 사드(THAAD) 배치 문제를 둘러싼 국론의 분열상은 청과 일본 사이에서 휘둘리다 결국 조선 땅에 청일전쟁이라는 싸움판을 제공했던 임오군란을 연상케 한다. 스스로의 운명을 스스로 결정하지도 못하는 민족이 짊어져야 했던 비참한 역사의 단면이다. 한국이 중추적 역할을 수행할 수 있는 새로운 안보전략을 개발해 남북관계의 주도권과 외교력을 발휘해야 하는 것이 절실한 이유다. 전작권 전환을 정상적으로 추진해 전·평 시 지휘체제를 일원화하고, 정전 시 교전규칙을 대폭 보강하는 등 확고한 대비태세를 갖추면서 의도된 도발에 대해서는 일사불란하게 즉각적이고 과감한 자위권 행사를 발동할 수 있어야 한다.[15]

II. 신북방정책 추진을 위한 주변 여건

1. 한반도의 주변 환경 변화

한반도를 중심으로 한 국제정세는 인터넷시대를 실감케 할 만큼 전광석화로 변하고 있다. 특히 미국의 트럼프정부가 출범하면서 불확실성의 시대를 예고하고 있다.

첫째, 유럽은 분열하고 유라시아는 결속한다. EU의 영국탈퇴인 브렉시트(Brexit)가 확정되던 2016년 6월 24일 상하이협력기구(SCO)는 인도와 파키스탄의 정회원국 가입을 결정했다. 브렉시트가 유럽통합의 균열이자 미국의 유럽에 대한 영향력을 상징해온 대서양주의의 후퇴라면, SCO의 이날 결정은 지정학적인 패권의 중심이 유라시아로 이동하고 있음을 반증한 것이었다. EU 회원국들이 연쇄 탈퇴하는 도미노 현상이 발생할 경우에 유럽 뿐만 아니라 세계경제의 흐름이 크게 바뀔 수 있다.

오랫동안 해양세력에 압도되었던 중국, 러시아, 인도, 터키 등 대륙의 신흥 경제대국들이 세계무역과 투자 발전의 기관차 역할을 수행하고 있다. 이들이 에너지와 무역을 매개로 통합의 길을 걸으면서 유라시아 대륙이 국제 정치·경제의 중심 무대로 부상하고 있다. '신대륙주의', 말하자면 13~14세기 팍스 몽골리카(Pax Mongolica)시대 이후 유럽형 세계체제가 유라시아형으로 복구되어 가는 형세다. 거대한 역동성을 뿜어내는 신유라시아시대가 눈앞에 펼쳐지고 있는데 우리만 동북아 귀퉁이에서 마냥 고립된 섬으로 남아 있을 수는 없다. 유라시아 대륙과의 인위적인 분절을 극복하기 위한 자구적 노력이 필요하다.

둘째, 세계경제가 동반하락하고 서세동점이 재점화되고 있다. 국제통화기금(IMF)과 세계무역기구(WTO)가 글로벌 경제위기를 경고했다. 세계경제가 원자재 가격 붕괴와 수요 감소에 따른 저물가로 디플레이션 덫에 걸릴 위험이 있다는 것이다. 2016년 상반기 글로벌 무역액은 14조 4,250억 달러에 그쳐 6년 만에 최저치로 곤두박질쳤다. 더 심각한 문제는 미국과 중국을 중심으로 보호무역주의가 확산되고 있다는 점이다. 특히 미국의 트럼프 대통령은 후보 시절부터 강력한 보호무역을 추진하겠다고 밝혔고 취임과 동시에 환태평양경제동반자협정(TPP) 탈퇴를 선언함으로써 이러한 노선을 본격적으로 이행할 것으로 보인다.

이와 관련 동북아 질서는 미·일·중·러 4강 지도자가 스트롱맨으로 포진함으로써 상호견제와 갈등 구도를 보이고 있다. 트럼프의 신고립주의, 아베의 신대륙정책, 시진핑의 일대일로, 푸틴의 신동방정책은 합치점도 있지만 충돌이 불가피한 상황도 예견된다. 특히 극동지역에서 러시아는 중국과의 전략적 협력이 커질수록 중국의 일방적 영향력 확대를 제어하기 위해 대북 협력 및 대일 관계 확대의 필요성을 절감할 수 있다. 게다가 트럼프가 중국에 대해서는 노골적인 무역전쟁을 시사하고 푸틴과는 밀월관계 유지 등 친러·반중 입장을 보이고 있어 주목된다. 무엇보다도 러시아는 지나친 중국 의존에서 탈피하고, 기술·자본과 에너지시장으로서의 대일 협력에 주력하고 있어 동북아 역내 국가 간 합종연횡이 예상된다.

셋째, 지구온난화로 북극항로가 연중 열리고 극동·시베리아가 블루오션으로 부상한다. 2016년 여름 서울의 열대야는 무려 34일에 달했다. 온난화로 인한 이상기온으로 지구 전체가 몸살을 앓고 있다. 그 이외도 성냥갑처럼 무너져 내린 건물, 수장된 도로와 도시, 재난 영화에서나 마주할 법한 장면들이 스크린 밖 현실에서 재현되고 있다. 인간이 자초한 자승자박의 재앙이다. 국제사회는 1992년 6월 유엔환경개발회의(UNCED) 기후변화협약(UNFCCC)과 1997년 12월 교토의정서를 연이어 채택하며 온실가스 배출량을 줄이는 데 주력했다. 또 2015년 12월에는 교토의정서의 만료(2020년)를 대체할 협약으로 파리협정을 채택했다. 그러나 이미 성난 지구를 달래기에는 역부족이다.[16]

〈그림 총론-3〉 캄차트카 겨울

출처: 『SPUTNIK 코리아』 그래픽, https://sptnkne.ws/ehSD

반면, 러시아 극동·시베리아는 반사이익을 얻고 있다. 영구동토가 인간 거주지역으로 변하고, 북극항로의 연중개방에 의한 21세기 물류혁명시대가 도래한다. 이로 인해 태평양 연안항구가 개발 전성기를 맞고 있다. 극동·시베리아가 신대륙으로 부상하면, 한국에게는 다양한 '기회의 창'이 열릴 수 있다. 우선 저성장·저투자의 늪에 빠진 한국 경제에 새로운 활력소가 될 수 있다. 지구 육지 면적의 40%, 세계 인구의 70%, 세계 국내총생산(GDP)의 60%를 차지하는 유라시아 대륙은 한국 제품의 거대 수출시장이 된다. 또한 에너지자원의 안정적 공급원으로서, 정보통신기술(ICT)로 대표되는 디지털 한국의 실크로드로서, 중동을 대신하는 건설·플랜트시장으로서 위축된 한국 경제의 출구이자 새로운 블루오션으로 부상한다.

넷째, 북한의 핵·미사일 개발로 남북관계는 경색되고 통일환경은 더욱 악화되고 있다. 북한이 2016년 9월 9일 감행한 5차 핵실험은 지진 규모 5.0, 위력 10kt 정도로 추정된 역대 최대급이었다. 우리 정부는 지난해 2월 10일 북한의 4차 핵실험과 장거리미사일 발사에 대한 보복조치로 개성공단을 폐쇄했고,

5차 핵실험 직후에는 나진·하산 프로젝트마저 중단시켜 버렸다. 이 사업은 박근혜정부가 표방한 유라시아 이니셔티브와 푸틴 대통령이 야심차게 추진해온 신동방정책의 상징사업이었다. 그 외에도 박근혜 대통령은 김정은 정권을 압박하면서 북한 주민들을 향한 탈북 권유의 수위도 높였다.

북한의 핵·미사일 강행은 미국으로 하여금 한반도 사드 배치의 명분으로 작용했다. 사드 배치 문제는 대외적으로는 중국의 강력한 저항에 부딪히고, 대내적으로도 남남갈등의 첨예화를 가져왔다. 신년부터 김정은은 미국 본토 사거리의 대륙간탄도미사일(ICBM) 시험발사 준비를 완료했다면서 연속적으로 미사일을 발사하고, 트럼프 대통령은 '절대 그런 일은 없을 것'이라면서 강한 응징 의지를 보이고 있다.

2. 주변국의 기본전략

한반도 주변국 리더들이 우연찮게도 '스트롱맨'으로 교체되었다. 강 대(對)강 대결구도는 어떤 돌발상황이 발생할지 예측불허하고 한반도 정세도 불안정하다. 그 중심에 초강성 김정은이 핵폭탄을 안고 있다.

(1) 러시아의 신동방정책

러시아는 2012년 푸틴 3기 출범과 함께 블라디보스토크 아시아태평양경제협력체(APEC)의 성공적 개최 후 신동방정책을 표방하며 이를 전담할 '극동개발부'를 신설했다. 또한 구소련 5개국 간 '유라시아경제연합(EAEU)'을 결성함으로써 인구 1억 8천, GDP 2조 1천억 달러의 거대시장으로 부상했다. 푸틴의 신동방정책은 18세기 초 표트르 대제의 서구화 정책과 20세기 미국의 아태 진출 전략과도 일맥상통한다. 표트르 대제가 최서단에 상트페테르부르크를 건설해 서구의 선진기술과 제도를 받아들이는 소위 '유럽을 향한 창'으로 활용했고 미국이 최서부에 로스앤젤레스를 건설해 동아시아를 향해 국력 팽창을 모색했던 것처럼 푸틴도 최동단 블라디보스토크를 강대국 재건을 위한 전초기지로서 '아시아를 향한 창'으로 만들고자 한다.

푸틴정부는 2015년부터 연례 개최하는 동방경제포럼(EEF)을 플랫폼으로 삼고, 일종의 경제특구로서 15개의 '선도개발구역(2017년 3월 현재)'과 극동 연안 15개 항구를 '자유항'으로 지정하고 토지를 무상으로 공급하는 극동헥타르법을 제정했다. 국내외 투자자에게 토지 이용, 인허가 절차, 각종 세제 등에서 파격적인 특혜를 제공한다. 이처럼 러시아가 역내에서 핵심적인 지정학적 행위자로 부상하기 위해 동원하는 경제적 지렛대는 한국의 존립과 국가 번영에 필수불가결한 에너지, 철도, 전력, 광물, 식량 등 전략재이다. 이 밖에 북핵문제의 평화적 해결, 한반도 평화와 안정, 중국의 과도한 영향력 견제, 동북아 다자안보체제 창설, 북극항로 개발, 남·북·러 3각 경협 등 한반도와 동북아에서 한·러 양국이 추구하는 국익을 고려할 때 푸틴의 신동방정책은 우리에게 도전보다는 기회적 요인이 더 크다고 할 수 있다.

(2) 중국의 일대일로(一帶一路·육해상 실크로드)

시진핑 주석이 2013년 9월 최초로 밝힌 일대일로 프로젝트는 동·서남아시아와 중앙아시아를 넘어 유럽과 아프리카를 육로(一帶)와 해로(一路)로 잇는 사업으로, 주변 65개국에 도로와 철도, 송유관을 깔고 항만과 공항을 짓는 거대한 토목공사다. 이 프로젝트가 아프리카와 유럽 등 중국으로부터 먼 지역에선 비교적 순항 중이지만, 아시아 인접국에서 고전하고 있다. 중국 의존도가 커지는 데 대한 주변국의 경계심 때문이다.[17]

일대일로의 동쪽 출구는 훈춘 일대이다. 중국은 훈춘을 중심으로 러시아 극동지역 및 북한 나선 등을 묶는 개발 계획을 추진 중이다. 2009년부터 지린성 창춘-지린-투먼을 잇는 이른바 '창·지·투 개발계획'을 국가급 프로젝트로 진행시키고 있다. 중국 동북3성과 러시아 극동항만을 연결하는 프로젝트로서 프리모리예1(하얼빈-블라디보스토크-보스토치니항)과 프리모리예2(훈춘-크라스키노-자루비노항)가 추진 중이다.

중국의 일대일로와 러시아의 신동방정책이 만나는 환동해권에서 새로운 경제혁명이 일어날 수 있다. 환동해권은 한반도 동해안, 중국 지린·헤이룽장성, 러시아 극동, 일본 서해안을 큰 고리처럼 연결하는 권역이다. 북극항로가 완전히 열리면 남·북·중·러를 연결하는 환동해 항로는 황금의 바닷길이 된다. 지린성의 풍부한 자원을 바닷길로 중국 동남부로 운송할 경우 육로보다 2일, 1톤당 40위안(약 6,600원)의 비용이 절감된다. 중국 주도로 출범한 아시아인프라투자은행(AIIB)의 자금이 투입된다면 환동해권 개발은 더 속도를 낼 수 있다.[18] 급속도로 진행되고 있는 중국의 '연해주 공정'은 러시아를 비롯한 주변국에게 기대와 우려를 동시에 불러일으키는 이중적 성격을 지니고 있다.

(3) 일본의 신대륙정책

일본 아베 총리는 2016년 5월 소치에서 푸틴과 만나 사업비 1조 엔(약 10조 8000억 원)이 넘는 8개 항의 경제협력 방안을 제시했고, 제2차 동방경제포럼 참석 직전에 이를 전담할 부처까지 신설했다. 두 정상은 동방경제포럼에서 서로 애칭을 부르며 친분을 과시했다. 이어 2016년 12월 15일 아베의 정치적 고향인 야마구치현의 료칸(일본 전통 온천여관)에서 16번째 정상회담을 갖고 일본이 러시아에 대한 3천억 엔(약 3조 원)대의 경제협력에 합의했다. 전후 70여 년간 북방4도 문제가 최대의 걸림돌임에도 불구하고, 양국이 우호관계로 전환한 것은 결코 우연이 아니다. 아베 정부는 우크라이나 사태로 촉발된 미국의 대(對)러시아 경제제재 조치에 공식적으로 동참하면서도 비공식적으로는 더욱 친분관계를 구축해 나갔다.

한편, 일본 손 마사요시(孫正義·손정의) 소프트뱅크 회장은 한·중·일·몽 등 4개국 전력망을 연결하는 슈퍼그리드(SuperGrid) 사업을 제안했다. 이 프로젝트는 기존의 아시아 전력망을 연계시키면서 동시에 그 에너지원을 고비사막에 대규모 태양열과 풍력 등 신재생에너지에 기반한 전력생산의 HVDC 송전망과 연계시키려는 것이다. 손 회장은 후쿠시마 원전사태 이후 더 이상 일본의 에너지를 원자력에 의존해서는 안된다는 입장이다.[19] 일본의 민·관이 공동으로 전방위적인 대륙진출 프로젝트를 기획하고 있어 대동아공영권을 연상시킨다.

〈그림 총론-4〉 러·일정상회담(2016년)

출처: "푸틴, 아베 러시아 방문 초청," 『Sputnik 코리아』, 2016년 12월 16일.

(4) 미국의 미국 우선주의 정책

트럼프 신정부는 출범 직후 미국, 일본, 싱가폴 등 아태지역 12개국 참여의 환태평양경제동반자협정(TPP)에서 탈퇴했다. TPP는 '아시아 중시정책'을 추진한 오바마 주도의 협정임을 감안할 때, 향후 미국의 대(對)아시아 정책이 전통적 외교·안보 보다는 무역이나 방위비 분담 문제에 비중을 둘 것이다. 트럼프가 무역·국방 분야에서 연일 '미국 우선주의'를 내세우면서 아시아 동맹인 한국·일본에게는 통상 압력과 방위비 분담을, 중국과는 '하나의 중국' 원칙에 반대함으로써 적지 않은 마찰이 예상된다. 지난 4월 7일 미국 플로리다주의 미·중정상회담에서도 중심의제가 되었다.

오바마의 아시아 회귀전략으로 미·중 사이에는 친구 만들기 경쟁이 동아시아 각국을 선택의 딜레마로 빠져들게 했다. 다수의 국가들이 안보는 미국에, 경제는 중국에 의존하고 있기 때문이다. 한국도 예외일 수는 없었다. 게다가 미국은 한국에 미사일방어(Missile Defense, MD)시스템 편입을 공개적으로 요구해 왔다. 한국이 미국 측 네트워크에 깊숙이 편입될 수록 한·중 간 외교적 마찰은 잦아질 수밖에 없었다. 최근 한반도 사드 배치 문제가 대표적인 사례다.

그런데 트럼프정부의 출범으로 주변국과의 관계는 더욱 복잡해지고 있다. 미·중의 갈등 격화와 미·러의 밀착 조짐, 여기에다 일본까지 러시아와의 협력을 추진하면서 전통적인 한·미·일 대(對) 북·중·러 구도가 흔들리는 양상이다. 게다가 미·러가 한목소리로 핵 능력 강화를 강조하고 중국이 반발하면서 동북아의 핵 경쟁까지 우려되는 상황이다. 이러한 상황은 향후 한반도 문제에 있어 '한반도 사람들'의 주도권과 영향력은 약해지고, 주변국의 영향력은 커질 수 있음을 시사한다. 이른바 한반도 문제의 '외재화'다.

(5) 북한의 핵·경제 병진정책[20]

김정은은 2013년 3월 31일 당중앙위원회 전원회의를 개최하고 '경제 건설과 핵무력 건설'을 병진시켜 나가는 노선을 채택했다. 이 노선은 1960년대 김일성의 경제·국방 병진노선에서 벤치마킹한 것이다. 다만, 김일성이 경제와 국방에 대한 비중을 거의 비슷하게 두었으나 김정은은 경제보다 핵무력에 더 비중을 두고 있다. 2012년 집권과 동시에 장거리미사일 은하3호 발사, 2013년 3차 핵실험, 2016년 1, 2월에 4차 핵실험과 장거리 미사일 광명성호 발사에 이어 9월에는 5차 핵실험을 단행했다. 북한 경제는 400여 개의 장마당 확대와 경제개발구 21곳 설치, 생산량의 개인 처분권을 확대하는 '6.28 조치' 및 기업의 경영권을 보장하는 '5.30 조치'를 내놓으면서 플러스 성장을 유지

하고 있다.[21]

대외적으로는 경협의 주요 걸림돌이었던 북한의 구소련 채무(약 110억 달러)가 2012년 9월에 '90% 탕감·10% 경협사업 사용'으로 타결됨으로써 북·러 간 협력관계는 탄력을 받고 있다. 2013년 9월 나진·하산 간 철로 54km 개보수 개통 및 러시아의 나진항 제3부두 현대화, 철강·금속 분야인 세비르그룹과 김책제철소 간 합작 프로젝트 등이다. 한편 북·중 간 2014년 9월 착공한 훈춘(琿春)의 취안허 통상구와 나선시 원정리를 연결하는 신두만강대교가 2016년 9월 말 부분 개통되고, 단둥 신압록강대교-평양 간 220km 구간(1차) 및 평양-개성 간 190km 구간(2차) 건설이 진행되어 있다.[22]

'핵·경제 병진노선'은 이제 북한의 국가브랜드가 됐다. 김정은은 병진노선 성공을 통해 중국이 1970년대 양탄일성(兩彈一星)[23] 국가가 된 직후 미국과 대화를 시작해 국교수립에 이른 전례를 벤치마킹하고, 장기통치의 가장 핵심적 전략으로 핵무기의 고도화와 이를 통한 대내 결속에 집중하는 것으로 보인다.

III. 신북방정책의 성공적 추진방안

1. 전략목표 : G7 통일한국 건설

어느 국가에나 위기요소가 있다. 일본의 리스크가 지진이라면, 중국의 리스크는 수많은 인구와 다양한 종족이고, 한국의 리스크는 북한이라고 할 수 있다. 북한의 존재는 외세가 한국을 요리할 수 있는 위기이지만 주변강국을 조정할 수 있는 기회이기도 하다. 신북방정책의 종착역은 이 기회와 위기를 적절히 관리해서 건설할 통일한국이다. 통일한국은 단순히 분단 이전 과거로의 회귀가 아니라 새로운 창조의 과정을 거쳐 분단국의 왜소함을 극복하고 한민족의 역량을 극대화할 수 있어야 한다. 통일의 당위적 목표는 한국의 국력 수준을 G7으로 격상시키는 것이며, 이를 위해 몇 가지 하위목표[24]가 선결되어야 한다.

첫째, 자립적 자강 안보체제를 확립한다. '자국의 안전은 스스로 지킨다'는 자립적 안보의식이 범국민적으로 확산되어야 한다. 정부와 정치권은 국민들의 투철한 안보의식을 수렴시킬 수 있어야 한다. 국민적 함의만 이루어지면, 전작권 전환문제는 자동적으로 해결될 것이다. 국가지도자는 부처 간 충성경쟁이 아니라 조화로운 협조체제를 통해 효율성을 극대화할 수 있는 리더십을 발휘해야 한다. 무엇보다도 사회 전반에 걸쳐 만연된 양극화 해소가 급선무다. 또한 정부부처 간 이기주의는 국력 누수의 주범이다.

둘째, 능동적·선제적 대북 억제전략을 구사한다. 대북정책은 민·관의 유기적 공조하에 추진되어야 한다. 북한의 핵·미사일 위협 시 킬체인 및 한국형미사일방어체제(KAMD) 등 맞춤형 억제전략을 구사해야 한다. 국지 도발 시에는 한국 주도의 즉각적인 자위권을 행사함으로써 외세의 개입을 차단해야 한다. 또 한편으로 농업·의료·문화·스포츠 등 여러 분야에서 북한 주민들과의 접촉면을 다층적으로 확대해야 한다. 선도적 대북 통일정책은 북한의 폭압정치,

무력도발, 핵·미사일 및 인민민주주의 혁명전략을 무용지물화하고, 자유민주주의와 시장경제, 인권과 법치의 숭고한 가치를 공유케 할 수 있다.

셋째, 다면적 동북아 역내 관계를 구축해야 한다. 합종연횡의 동북아 구도 속에서 냉전이데올로기적 이분법은 시대착오적 해법이다. 미·중 간 대결구도에 편승하는 것은 구태의연하고 지혜롭지 못하다. 한·미동맹의 지나친 집착은 자칫 여타 주변국과 비군사적 분야에서의 협력마저 그르칠 수 있다. 21세기의 조선책략은 친(親)중국, 결(結)일본, 연(聯)미방, 용(用)러시아다. 주변국과의 관계전략은 한반도의 지정학적 여건을 고려하고 상황과 사안에 따라 유연하게 대처해 나가야 한다.

넷째, 전향적인 글로벌 외교안보전략을 강구한다. 21세기 글로벌시대에서 고립주의는 자멸에 이르는 첩경이다. 모든 대외정책은 국내정치-북한-국제사회와의 유기적 연계하에 추진되어야 하고, 안보-경제-문화 간 선순환적 구도하에 전개되어야 한다. 공공외교 차원의 분야별 네트워크 융합 및 능동적인 국제기구 참여 등으로 북한의 시장경제 이행을 유도해야 한다. 아울러 주변국의 다양한 카드를 대북 개혁·개방에 활용할 수 있도록 중첩 외교전략을 구사해야 한다.

2. 원칙과 기조

첫째, 관점과 접근의 대전환이 요구된다. '모든 하천이 북에서 남으로 흐른다'는 고정인식과 '북쪽은 위요 남쪽은 아래'라는 우상에서 벗어나야 한다. 몽골·중국·러시아의 140여 민족이 기대어 사는 동아시아의 젖줄 아무르강은 남쪽 백두산에서 발원해서 중국의 쑹화강를 따라 흐르다가 북쪽 흑룡강·우수리강과 합쳐서 이룬다. 몽골어로 '평화'란 뜻의 아무르강은 만년빙하의 북극해로 흘러들어 간다. 한반도의 지도를 북방에서 바라보면서 북방 제국의 내재적 관점에서 통일한국을 설계하는 새로운 접근법이 요구된다. 또한 통일과정도 정부 중심의 Top-down식이 아니라 민간과 NGO 중심의 Buttom-up식이 병행되어야 하고, 비정치 영역에서 정치적 영역으로 확대하는 접근방식을 도입해야 한다.

〈그림 총론-5〉 거꾸로 본 한반도 지도

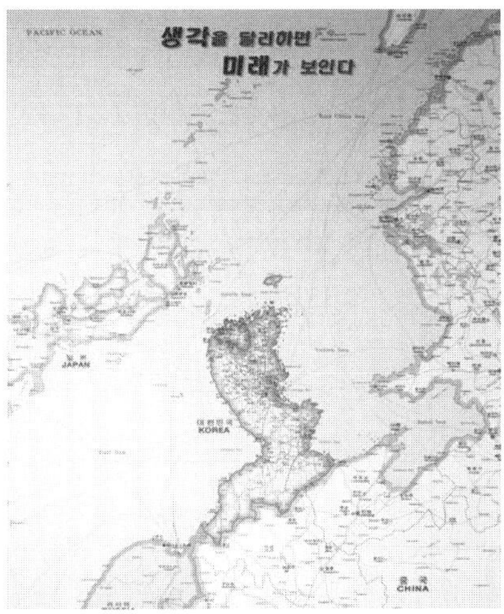

출처: 경남도청 공보실

둘째, 대외정책의 영속성을 보장하는 법적·제도적 장치가 구비돼야 한다. 대외정책의 일관성은 빈번한 정권교체의 서방국가보다는 1인 장기집권의 사회주의 국가에서 더 잘 보장되고 있다고 할 수 있다. 현행 대통령 임기 5년 단임제하에서는 집권 후반으로 접어들면 어김없이 레임덕 현상이 도래한다. 이러한 제도적 함정이 대외정책이나 대북정책에서 적지 않은 누수현상을 야기한다.

특히 한국 특유의 왜곡된 정치문화는 전임자나 이전 정권에서 추진했던 정책에 대해 묻지마식 백지화다. 외국 정부와 체결한 각종 계약은 다음 정권에서 명분 없이 파기됨으로써 한국 정부에 대한 국제사회의 신뢰도는 추락될 수밖에 없다. 이러한 관행은 국가 간, 또는 남북한 간 대표가 민감한 현안을 놓고 협상테이블에 앉았을 때 매우 불리한 입장이 될 수밖에 없다. 따라서 적어도 대북 및 대외정책에 있어서는 기존의 합의사항이 정권교체에 관계없이 지속될 수 있도록 법적 보장장치를 마련해야 한다.

셋째, 중첩외교를 지향하는 '신조선책략'을 구사한다. 구한말 당시 중국 외교관 황준헌은 '조선책략'에서 '친중국, 결일본, 연미방'하여 러시아의 남하를 막아야 한다고 조언(?)했지만, 결과는 아관망명이라는 정반대의 역사적 상황으로 이어졌다. 구한말을 방불케 하는 합종연횡의 21세기 동북아 정세 속에서 미·중의 대립으로 곤혹스런 입장에 처한 한국에게 외교적 출구는 '러시아 활용하기', 즉 '용러(用露)'다. 미·중 간 경쟁이 한반도 문제에 그대로 투영되도록 방치한다면, 그것은 한반도를 둘러싸고 한·미·일 대(對) 북·중·러 간 신냉전을 자초한 것이다.[25]

사드의 경우도 배치 결정이 가져다줄 단기적 안보상 이익 뿐만 아니라 북핵 해결과 통일이라는 장기적 국가목표 달성에 미칠 영향까지 종합적으로 고려되어야 했다. 미국은 전통적 우방이지만 러시아와 중국은 새로운 동반자다. 우리에게 미국의 구심력이 훨씬 강하지만, 미래적 관점에선 러시아에 전략적으로 접근해야 한다. 트럼프와 푸틴 간 우호적 관계는 우리가 대외정책에 활용 가능한 또 하나의 선택카드이다.

3. 실천전략(3대 NNP전략)

한국 대외정책의 3대 제약요소는 대중국 경제의존도, 북한의 핵개발, 한·미 동맹의 강화 등으로 요약된다. 이러한 장애물이 극복되지 않고서는 'G7 통일한국'의 실현은 요원하다고 할 것이다. 신북방정책의 성공적 추진을 위한 실천방안으로서의 3대 NNP전략은 다음과 같다.

(1) NNP1 : 신국민소득(New National Product)

대외의존도가 높은 한국경제는 국제경제 악화와 함께 동반하락하고 있다. 특히 부담 요인으로 작용하고 있는 것은 천문학적인 가계부채다. 2016년말 한국은행 발표에 따르면 1,344조 원에 해당한다. 또한 청년실업률은 2017년 현재 9.8%이며 실제로는 34%에 육박한다. 향후 5년간 더욱 악화될 것으로 전망하고 있다. 청년들은 온몸으로 N포시대를 경험하고 있다. 더 나아가 지나친 대중국 경제의존도는 이미 한계에 봉착했다. 특히 미국의 사드 배치에 의한 중국의 경제보복은 우리경제에 치명상을 주고 있다.

경제회생의 새로운 대안은 블루오션의 북방경제다. 특히 글로벌 리서치기관(BMI) 자료에 의하면, 2020년 러시아 IT시장은 2016년 대비 31.6% 증가한 23조 원(1조 2천억 루블)까지 성장할 것으로 전망했다. 우리는 4차 산업혁명시대의 러시아 시장을 선점해야 한다.

(2) NNP2 : 신북핵해법(New Nuclear Plan)

북한 김정은은 신년 초 미국 도달의 대륙간탄도미사일(ICBM) 개발성공을 호언장담하더니 지난 2월 14일 북극성 2호 중거리미사일을 발사하고, 3월 6일 4발의 탄도미사일을, 그리고 4월 5일 또 발사했다. 최근에는 6차 핵실험이 임박했다는 징후들이 포착되고 있다. 미국 랜드연구소 브루스 베넷 박사의 전망에 의하면, 2020년까지 북한의 핵탄두수가 80개에 이른다. 사실상 북한의 핵·미사일 보유는 서방의 기존 대북정책이 실패했음을 의미한다. 남은 카드는 북핵 개발에 직·간접적으로 관여한 핵종주국인 러시아를 활용하는 것이다. 러시아는 2006년 1차 핵실험 때 북한의 핵능력을 인정하면서 조속한 핵협상 추진 및 해결을 강조했다.

(3)NNP3 : 신북방프로젝트(New Nordpolitik Project)

지구온난화로 인한 북극항로가 연중 상시화되고 있다. 트럼프정부 출범과 함께 미·중 간 무역전쟁이 노골화되면서 한국이 그 피해를 고스란히 입고 있다. 한반도를 에워싼 4강 스트롱맨들의 격돌이 더욱 심각해질 것으로 예상되고 있다. 푸틴의 신동방정책은 중국과 일본의 극동·시베리아 선점 경쟁으로 비화되고 있다. 그런데도 한국은 방관자적 자세로 일관하고 있다. 러시아는 이미 인내의 한계치에 이른 것으로 판단된다.

〈그림 총론-6〉 NNP전략 (순차 또는 병행 추진)

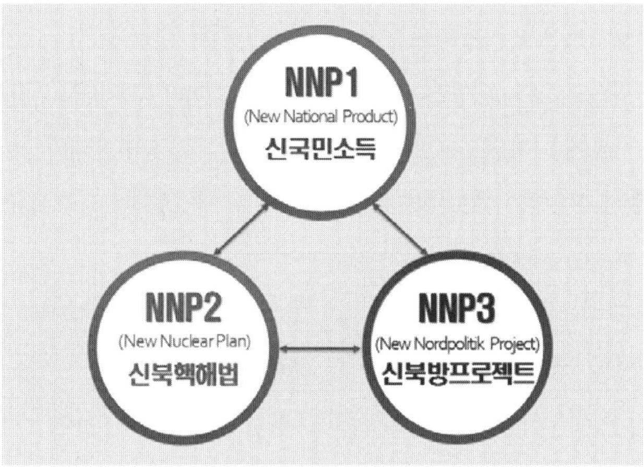

4. 액션 플랜

(1) 법적·제도적 인프라 구축

첫째, 대통령 직속의 '북방정책위원회'를 신설한다. 푸틴 대통령은 '극동개발부'를 설치해 극동·시베리아 개발업무를 전담케 했고, 아베 총리도 2016년 9월 동방경제포럼 직전에 러시아경제협력담당상(세코 히로시게·世耕弘成, 경제산업상 겸임)을 신설해 대러 경협사업을 총괄토록 조치했다. 러시아는 2016년 9월 26일 극동지역에서의 일본과의 경협 강화를 위해 비즈니스지원

센터 설립을 결정했다.

우리 정부는 재외공관, 코트라 및 무역협회 등을 경협 창구로 활용하고 있으나 극동·시베리아 진출을 위한 특화된 전담기구를 두지 않고 있다. 최소한 중국 및 일본과의 경쟁에서 뒤처지지 않기 위해서는 전담기구 신설이 요망된다. 대통령 직속의 통일준비위원회를 발전적으로 해체하고 '북방정책위원회'로 확대 개편하는 방안을 강구해야한다.

둘째, 재원확보를 위한 '북방펀드'를 조성한다. 러시아는 2011년 11월 극동지역의 투자 프로젝트 실현을 위해 극동개발펀드를 설립했으며 설립 당시 5억 루블에 불과한 자본금이 현재 171억 루블로 늘어났다. 중국은 러시아와 공동으로 2012년 6월 중·러투자펀드를 창설했고, 2015년 12월 중·러농업개발펀드 100억 달러 규모로 조성키로 합의했다. 일본은 제2차 동방경제포럼에서 러시아와 러·일도시환경발전에 관한 펀드, 해양바이오 분야에서의 러·일양식펀드 등을 조성키로 합의했다.

한·러 양국은 2013년 11월 13일 정상회담에서 한국 수출입은행·러시아 대외경제은행 간 각각 10억 달러씩 20억 달러의 '공동 투융자플랫폼' 설립과 한국투자공사·러시아 직접투자기금 간 각각 5억 달러씩 10억 달러의 '공동 투자플랫폼'을 설립하는 등 총 30억 달러의 기금을 조성키로 했다. 그러나 이 기금은 미국의 대러시아 경제제재 조치로 전혀 활용되지 못하고 있다. 남북관계가 경색된 상황에서 남북협력기금을 북방펀드로 대체시키는 방안도 전향적으로 검토할 수 있다.[26]

셋째, 지자체 차원의 북방정책 전담창구를 개설한다. 대통령 임기 5년 단임제로 인해 중앙정부가 주도하는 국가 간 프로젝트가 제대로 이행되지 못하고 있다. 1990년 한소수교 이후 현재까지 양국 정상 임석하에 서명한 양해각서(MOU)가 실행된 것이 극히 일부이다. 이는 정상방문 성과를 홍보하기 위해 급조된 경협프로젝트가 주종을 이루며 정권교체 후 휴지 조각으로 변한 사례가 다반사이기 때문이다.

이와 관련, 3선 연임 임기제의 지자체장은 해외 프로젝트를 중장기 플랜 하에 비교적 안정적으로 추진할 수 있는 여건을 구비하고 있다. 공공외교법(2016.8.4 발효)을 근거로 유관 중앙부처와 조율해 각종 해외 프로젝트를 추진할 수 있도록 자치단체별(광역자치단체에서 기초자치단체로 점진 확대) 북방정책 전담창구를 개설하는 방안을 강구한다.

〈그림 총론-7〉 제3차 동방경제포럼 본회의

출처: 『연합뉴스』, 2017년 9월 7일.

넷째, 정부 간 합의 사업의 이행의무를 법제화한다. 대북 및 대외정책에서 정권교체 시 마다 폐기되거나 유야무야되는 프로젝트가 적지 않다. 이로 인해 국가 위상 및 이미지에 심대한 타격을 주고 있다. 일정규모(금액) 이상의 프로젝트에 대해서 후임 정권에서도 이행을 의무화하고 변경이 불가피할 경우 국회의 의결을 거치도록 하는 법적 장치를 마련해야 한다. 영국의 테레사 메이 신임총리는 자신이 브렉시트를 반대했으나 국민투표로 가결되었기에 예정대로 추진하겠다고 밝힌 사례를 벤치마킹해야 한다.

다섯째, 중소기업진흥공단(중진공)의 중소기업 해외진출 지원기능을 강화한다. 우리나라의 중소기업은 구조적으로 대기업의 하청업체가 주류를 이루고 있어 제한적인 독자성과 자율성을 갖고 있다. 41개국 70개 중소기업 관련 정부기관과 협력 네트워크를 구축하고 있는 중진공이 중소기업의 해외진출을 통한 신사업 기회를 제공함으로써 대기업 위주의 정부 프로젝트 한계를 보강할 수 있다. 특히 상급 부처인 중소기업청 및 창업진흥원과 역할분담을 통해 효율적인 중소기업 진출 지원방안을 강구해야 한다. 중진공 차원에서 러시아가 2024년까지 추진계획인 극동지역의 17조 원 이상 300여 개 경제·물류·문화 프로젝트를 적시에 확보해야 한다.

(2) 단계적 프로젝트 추진

단기 계획

첫째, 한국과 유라시아경제연합(EAEU) 간 FTA를 조속히 체결한다. EAEU는 2015년 1월 러시아, 카자흐스탄, 벨라루스, 아르메니아, 키르키즈스탄 등 5개 회원국의 관세동맹으로 출범했다. 총인구 1억 8천만 명, 국내총생산(GDP) 약 1조 6천억 달러(약 1700조 원)로 전 세계 GDP의 2.15%를 차지한다. 상품 무역에 있어 회원국 간 수출입 관세를 부과할 수 없고, 공동 대외관세를 적용한다. 이미 베트남과 FTA를 체결해 양자 간 거래되는 모든 물품의 90%는 관세인하 혜택을 받으며, 다른 아시아 국가와의 경제 교류에도 물꼬를 트게 됐다.[27] 한·러 양국은 지난 9월 3일 블라디보스토크 정상회담에서 한·EAEU 간 FTA 협상에 필요한 후속 조치를 조속히 진행키로 합의했다. 정권교체 등 국내 정국과 무관하게 차질 없이 이행되어야 한다.

둘째, 체험형 관광프로그램을 상시적으로 운영한다. 러시아 극동·시베리아와 중국 동북3성은 우리 선조들의 활동무대로서 고구려·발해 유적이 적지 않다. 특히 러시아와 북한 국경지역은 발해 옛터, 조선시대 녹둔도 및 항일 독립운동의 근거지로서 역사적 상징성이 적지 않다. 연해주의 크라스키노(연추)는 동양평화론을 주창한 안중근 의사의 단지동맹 현장이다. 극동지역에 산재해 있는 우리 역사 문화 콘텐츠가 무궁무진하다. 초중고 및 대학생들을 대상으로 앞으로 체험형 관광프로그램을 개발해야 한다. 한·러 과학아카데미 등 러시아와의 학술 교류를 늘리고 동북아 교류 박물관 등을 기획하는 방안도 필요하다.

셋째, 다언어 표기의 '유라시아패스' 제도를 신설한다. 지구촌 글로벌화 및 국제교통망 발달로 해외여행객들의 숫자가 매년 증가추세다. 특히 타지역에 비해 상대적으로 관심밖에 있었던 TSR을 이용한 유라시아 대륙횡단 여행이 각광을 받고 있어 여행상품으로 적격이다. 여행안전·편의시설·요금 등 기초적인 관광 인프라 개선을 통해 여행객들에게 쾌적한 환경을 구비해야 한다. 무엇보다도 TSR·TCR·TMGR 등 대륙 간 철도 이용을 통해 인적·문화적 교류의 활성화를 위해 유라시아패스 제도를 도입하는 것이 시급하다. 유럽 지역의 유레일패스처럼 하나의 패스로 유라시아 지역 국가의 대중교통 체계를 저렴한 가격으로 이용할 수 있어야 한다.

넷째, 5.24 조치 해제에 의한 대북 및 주변국과의 관계개선에 나선다. 5.24 조치는 우리 정부가 독자적으로 그리고 일방적으로 설정한 대북 협력의 레드라인(Red Line)이다. 당사국인 북한과 사전에 합의된 공동의 룰도 아니다. 어떤 의미에서는 자신의 신념을 고수하기 위해 대내외에 선포한 맹세문과 같은 성격을 지닌다. 구태여 5.24 조치가 아니더라도 대북제재를 가할 수 있는 장치나 도구는 적지 않다. 트럼프 신정부의 대북 입장 변화에 관계없이 우리 정부가 결자해지 차원에서 5.24 조치를 해제해야 한다. 이것은 남북관계 정상화의 물꼬를 틀 수 있는 첩경 중 하나이다.

중장기 계획

첫째, 북·러 국경 인접지역에 '제2개성공단'을 조성한다. 한국의 지정학적 제약 및 자원 부재 등 한계를 극복하고 북방경제의 지평을 넓혀 제2의 한강기적을 구현할 수 있는 다기능적 제2개성공단을 북·러 국경 인접에 조성한다. 이 프로젝트는 ① 장기적으로 통일 후 대량 탈북난민을 수용하고 취업기회 제공

등 북한 동포에 대한 복지센터로 활용될 수 있다. ② 개성공단·금강산 관광 사례처럼 남북한 직거래에 따른 불확실성과 부작용을 최소화할 수 있다. ③ 향후 우리 정부의 대북관계를 경제와 안보를 분리 추진함으로써 경협의 영속성과 안정성을 확보할 수 있다.

더 나아가 이 프로젝트는 국제적 관심 지역인 광역두만강개발계획(GTI) 지역을 선점함으로써 동 지역 진출에 강한 의지를 갖고 있는 일본, 중국, 몽골 등 주변국에 대한 우위를 확보할 수 있다. 또한 역사적으로 중·일·러 등 주변국 간 주도권 경쟁이 치열한 이 지역을 통일 이후 평화·공동번영의 장으로 발전시킬 수 있다. 제2개성공단은 러시아 측의 후보지와 전기·수도·가스 등 인프라, 북·러 간 노동협정을 근거로 한 북한 측의 노동력, 우리 측의 자본과 기술 등 3각 경협 방식으로 추진하되, GTI 회원국이 참여할 수 있는 국제 평화지대로 확대 발전시킬 수 있다.

둘째, 남·북·러 3대 Mega-Project를 추진한다. 남·북·러 3대 Mega-Project(TSR·TKR, PNG망, 전력망)는 러시아의 극동정책과 대한반도 정책을 투사하는 통로이며, 한국의 경제 건설과 대륙 진출의 출로이다. 따라서 이들 프로젝트에 대한 참여는 단순히 경제적인 편익 제고를 위한 개별 인프라 사업으로 접근할 것이 아니라 지전략적·지경학적 국익증대 차원에서 포괄적으로 고려해야 한다.

기본적으로 3대 프로젝트는 모두 북한의 동의와 참여가 전제되어야 한다는 한계가 있지만, 반대로 이것을 지렛대로 하여 북한의 개혁·개방을 유도할 수 있다. 또한 이를 매개로 러시아와의 '전략적 협력동반자 관계'를 내실화하는 접근 전략이 구사될 수 있다. 사업 성격상 3대 Mega-Project는 논리적 순환 구조에 놓여 있어 동시병행 접근이 바람직하며, 최소한 다른 사업과의 연계하에 융합적·통합적 접근이 필요하다.[28] 이 프로젝트들은 한·러, 북·러 양자 간 합의를 도출하는 데는 비교적 용이하지만, 남·북·러 3국 간 합의 및 시행 단계로 진입하는 데는 장애요소가 적지 않다. 인내심을 갖고 주도면밀하게 추진되어야할 '통일 그랜드 플랜'이다.

셋째, 권역별 경제블록의 소다자(小多者) 협력체제를 구축한다. 북한의 개혁·개방전략은 2선 3점의 권역별 경제블록을 구축하는 방안이 바람직하다. 북한영토를 중심으로 동·서 2선과 각 선을 주축으로 권역별 경제블록 3개를 획정한다. 서선은 황금평·위화도 경제특구(중국)이고, 동선은 나선경제특구와 원산경제특구(중·러·일)이다. 남·북·중의 환황해권과 남·북·러·일의 환동해권 및 다자국 GTI 두만강권역을 설정할 수 있다.

북한을 공존의 대상으로 여긴다는 점을 러시아에 먼저 납득시키고, 한·중·러, 한·일·러 같은 소다자 협력 구도를 발전시켜 우리의 입지를 넓혀야 한다. 한·중·러는 러시아 천연가스를 만주·서해 간 해저터널을 통해 중국·한국에 공급하는 방식의 에너지 협력이 가능하다. 한·러·일은 연해주와 동해, 일본 관서해안을 각각 연계해 북극항로를 공동 개발할 수 있다. 미·중 협력과 경쟁이 교차하는 동북아세력 가운데 러시아와 일본, 그리고 북한을 포함하는 다양한 소다자 협력을 강화하는 전략은 북한과의 직·간접적 관계개선의 채널로 활용될 수 있다. 또 미·중 사이에 위치한 동북아 중간국들이 협력 기반을 강화해 역내 세력균형 및 안정화에 크게 기여할 수 있다.

Ⅳ. 결 론

1990년 사회주의 종주국 소련과의 수교가 없었다면 중국과의 수교도 쉽지 않았을 것이다. 푸틴 대통령은 2012년 집권 3기 출범과 함께 신동방정책을 기치로 극동개발에 박차를 가하면서 한국 진출을 고대하고 있다. 극동 인구가 600만 명에 불과한 러시아로서는 13억 중국이 경계대상이고 일본과도 북방4도 영유권 때문에 껄끄러운 관계다. 반면에 한국은 군사적 위협 요인이 없고 첨단기술을 갖춘 제조업 강국으로서 러시아의 단점을 보완해 줄 수 있는 최적의 경제 파트너이다. 또한 러시아 시장은 우리가 중국 편중에서 벗어나 무역다변화를 도모할 수 있는 블루오션이다.

특히 북·러 접경은 광역두만강개발계획(GTI) 참여국의 이해관계가 합치될 수 있는 지역으로, 이곳에 제2의 개성공단을 건설할 수 있다. 러시아의 땅에 한국의 자본과 기술, 북한의 노동력이 결합되는 3각 협력 프로젝트는 GTI 회원국들의 단계적 참여를 유도할 수 있다. 이 지역은 개성과는 달리, 물과 전기가 풍부하고 전략물자도 통제받지 않아 IT와 반도체를 포함한 첨단산업 유치도 가능하고, 북핵이 촉발한 한·미·일 대(對) 북·중·러의 신냉전 구도를 완화시킬 좋은 카드다. 제2, 제3의 개성공단의 씨앗을 뿌려놓으면 연해주는 남·북·러·중과 일본이 손을 맞잡는 평화의 중심지로 거듭날 것이다.

참고문헌

대외경제정책연구원, 『한-러 경제협력의 평가와 중장기 비전』. 서울: 대외경제정책연구원, 2015.

박종수, 『21세기의 북한과 러시아-신화, 비화 그리고 진화』. 서울: 도서출판 오름, 2012.

박종수, 『러시아와 한국, 잃어버린 백년의 기억을 찾아』. 서울: 백의, 2001.

이승률 외, 『동아시아 영토분쟁과 국제협력』. 서울: 디딤터, 2014.

성원용 외, 『러시아 극동바이칼지역의 개발과 신북방 경제협력의 여건』. 서울: 대외경제정책연구원, 2001.

시모토마이 노부오(이혁재 옮김), 『북한정권 탄생의 진실』. 서울: 기파랑, 2000.

신효숙, 『조소과학기술협력위원회 자료와 북러협력 동향분석』. 서울: 과학기술부, 2004.

외교부, 『러시아 극동 시베리아 개황』. 서울: 외교부 유라시아과, 2016.

외교부, 『2016 러시아 개황』. 서울: 외교부 유라시아과, 2016.

정경영, 『한국의 구심력 외교안보정책』. 서울: 지식과 감성, 2014.

황태연, 『갑오왜란과 아관망명』. 서울: 청계, 2017.

홍완석, 『현대 러시아 국가체제와 세계전략』. 서울: 한울아카데미, 2005.

Ланьков. КНДР Вчера н сегодня, М, Восток-Зацад. 2004.

КовшАВ. "Проблема расцространенняядерных н ракетных технологнй в КНДР в 1970-1990-е годы" С-Петербург: СПбГУ, 2004.

Паннн А.&Альтов В. Северная Корея:Эцоха Кнм Чен Ира на закатеМ,ОЛАМА-ПРЕСС. 2004.

http://news.mk.co.kr/column(검색일:2016.10.2)

http://m.terms.naver.com(검색일:2016.10.2)

http://news.naver.com(검색일:2016.10.3)

http://www.ohmynews.com(검색일:2016.10.5)

http://www.hei.hankyung.com(검색일:2016.10.5)

http://news.chosun.com(검색일:2016.10.6)

http://www.2korea.hani.co.kr(검색일:2016.10.6)

http://news.joins.com(검색일:2016.10.7)

http://www.rus-vladivostok.mofa.go.kr(검색일:2016.10.3)

미주

1) 북방정책은 통일 이전에 서독이 실시했던 동방정책에서 유래되었다. 서독의 브란트(B. Brandt) 정부가 1960년대 말부터 1970년대 초에 걸쳐 미 · 소 간 긴장완화를 배경으로 추진한 동독 및 사회주의권에 대한 '동방정책(Ostpolitik)'이 남북한 간 대립구도를 이루던 한국에 유사한 논리구조로 수용된 것이다.

2) 황태연 교수(동국대 정치외교학과)는 저서 『갑오왜란과 아관망명』(2017년, 청계)에서 1894년 갑오경장도 갑오왜란으로 불러야 한다고 주장하면서 공식 역사에서 아관파천과 갑오경장으로 확정돼 굳어진 배경에는 식민사관이 뿌리내리고 있음을 지적했다.

3) 박종수, 『러시아와 한국, 잃어버린 백년의 기억을 찾아』 (서울: 백의, 2001), 136쪽.

4) http://news.mk.co.kr/column/view.php?year=2016&no=114535(검색일: 2016.10.2)

5) http://m.terms.naver.com/entry.nhn?docId=572047&cid=46627&categoryId=46627(검색일: 2016.10.2)
6) 성원용 외, 『러시아 극동 바이칼 지역의 개발과 신북방경제협력의 여건』 (서울: 대외경제정책연구원, 2001), 257-259쪽.
7) http://terms.naver.com/entry.nhn?docId=2044944&cid=43667&categoryId=43667(검색일: 2016.10.3)
8) http://news.naver.com/read.nhn?mode=LSD&sid1=001&oid=028&aid=0002331180(검색일: 2016.10.3)
9) http://news.naver.com/main/read.nhn?mode=LSD&mid=sec&sid1=001&oid=014&aid=0000145342 (검색일: 2016.10.3)
10) 이 프로젝트는 러시아 하산에서 유연탄을 북한 나진항까지 철도(54㎞)로 운송한 후 선박을 통해 국내 항구로 가져오는 남 · 북 · 러 복합물류 사업이다. 실제로 나진 · 하산 프로젝트를 실체화한 '유라시아 이니셔티브'는 박근혜 대통령의 공약 사항이다. 이에 따라 지난 3년간, 포스코 · 현대상선 · 코레일 등 3사로 구성된 컨소시엄을 통해 나진 · 하산 프로젝트의 시범 운송이 진행된 것이다.
11) http://terms.naver.com/entry.nhn?docId=2268611&cid=42107&categoryId=42107(검색일: 2016.10.5)
12) http://www.ohmynews.com/NWS_Web/View/at_pg.aspx?CNTN_CD=A0002188312(검색일: 2016.10.5)
13) 박종수, 『21세기 북한과 러시아, 신화 비화 그리고 진화』 (서울: 오름, 2012), 242-245쪽.
14) 정경영, 『한국의 구심력 외교안보정책』 (서울: 지식과 감성, 2014), 267-269쪽.
15) 정경영, 위의 책, 268쪽.
16) http://hei.hankyung.com/hub01/201608218990l(검색일: 2016.10.5)
17) http://m.news.chosun.com/site/data/html_dir/2016/10/07/2016100700144.html(검색일: 2016.10.6)
18) http://chosun.com/svc/article.html?sname=news&contid=2016090800326&Dep0=m.facebook.com(검색일: 2016.10.6)
19) 슈퍼그리드란 국가 간 전력망을 연결해 복수의 국가가 생산한 전기에너지를 공유하는 전력망을 뜻하는 것으로, 전력망 연결을 통해 '원 아시아'를 추진하겠다는 전략이다.
20) 북한은 2018년 4월 20일 노동당 전원회의에서 핵·경제 병진정책의 승리를 주장하고 새로운 전략노선으로 '경제총력노선'을 채택했다.
21) http://news.joins.com/article/19731838(검색일: 2016.10.6)
22) 2korea.hani.co.kr/429567(검색일: 2016.10.6)
23) 중국이 1970년대 양탄일성(兩彈一星) 원자폭탄 수소폭탄 인공위성의 성공을 의미하는 말.
24) 정경영, 위의 책, 278쪽.
25) http://www.hani.co.kr/arti/opinion/because/679292.html(검색일: 2016.10.3)
26) 남북경협기금은 남북한의 상호신뢰와 동질성 회복을 위한 인적교류 및 경제협력을 촉진할 목적으로 설치된 기금이다. 1990년 8월 1일 제정된 남북협력기금법에 따라 1991년 3월 조성된 대북관련 정책자금으로, 재원은 정부 및 민간의 출연금, 재정융자특별회계 및 금융기관 등의 장기차입금, 국채관리기금의 예수금, 기금의 운용수입금 등으로 지원된다.
27) http://m.news.naver.com/read.nhn?mode=LSD&sid1=001&oid=028&aid=0002329219(검색일: 2016.10.7)
28) 성원용 외, 『러시아 극동 바이칼 지역의 개발과 신북방경제협력의 여건』 (서울: 대외경제정책연구원, 2001), 268쪽.

제1장

교통·물류 신북방전략

– 전략적 과제를 중심으로 –

성원용

요약문

신북방정책에서 왜 교통·물류 부문이 중요한가? 첫째, 단절된 북방지역과의 연계 네트워크를 구축한다. 둘째, 남북한 접경지역의 개발, 통일한국 건설 및 대륙과의 접경성을 회복한다. 셋째, 북방 유라시아 진출 및 북방의 글로벌 가치사슬에서 한국의 전략적 위상을 제고시킨다. 넷째, 유라시아 국가들과의 전략적 산업협력 대상이다. 그렇다면 교통·물류 부문의 발전 문제에는 어떻게 접근할 것인가? 첫째, 러시아의 신동방정책으로 유라시아와 동북아 간 보다 긴밀한 경제교류 협력의 채널이 필요하다. 둘째, 교통은 에너지와 함께 시베리아 극동의 지역개발 정책을 구성하는 핵심적인 요소이기도 하지만, 그것 자체가 에너지개발 문제와 긴밀하게 연계되어 있는 요소다. 셋째, 개발회랑(development corridor)을 구성하는 중요한 요소로서 유라시아 대륙교 구상 확산과 공감대 확산이 대륙철도를 중심으로 아시아와 유럽을 연결하는, 단절 없는 유라시아 교통물류 네트워크 구축사업으로 진전시킨다. 넷째, 지역으로서 유라시아의 정체성을 인식하고 교통물류체계를 점진적으로 통합한다. 다섯째, 지역연계성을 강화하기 위한 수단으로서 교통물류 네트워크를 강화하고 국제운송회랑 구축을 선점하려는 유라시아 각국 간 경쟁이 불가피하다.

교통 부문별 전략과 과제를 살펴보면, 첫째, 러시아의 취약한 도로 인프라 개선을 위해 극동·시베리아의 일부 도로 건설 및 대도시 도로 교통체계 개선프로그램에 참여하고 고속화도로 건설, 휴게소 건설 및 부대시설 운영 등에 참여한다. 둘째, 러시아의 허브공항 건설 및 지방공항 현대화 사업 등에 참여할 수 있다. 더 나아가 단순하게 공항 인프라 건설 및 현대화에 그칠 것이 아니라 공항 관리 및 면세점 등 각종 부대사업에도 참여할 수 있는 방안을 모색해야한다. 셋째, 오비강, 예니세이강 등 시베리아 연방관구의 주요 내륙수운을 활성화하기 위해 대대적인 수운항만 시설의 확충과 선박의 건조가 진행되어야 한다. 넷째, 러시아 해상운송은 단일 교통체계 구성의 핵심요소로서 지대한 의미를 갖고 철도운송의 발전과 연계될 수밖에 없다. 예상되는 물동량 증가세에 능동적으로 대응하기 위해 극동항만의 처리능력을 확충하고 새로운 터미널을 건설하는 것이 필수적이다. 다섯째, 철도 부문에서 나진·하산 해륙복합 물류사업의 정상화가 일차적 과제이지만, 중장기적으로는 석탄운송에서 컨테이너 전용항만으로 그 성격을 바꾸는 것이 필요하다. 현재 일대일로와 북극항로의 교통 연계성 측면에서 중국의 동북3성, 북한, 러시아 극동은 물리적 공백으로 존재한다. 이 사실에 주목한다면 일대일로와 북극항로를 물리적으로 연결할 수 있는 '고리'가 필요하고, 북극항로의 활성화 측면에서 보면 현대적인 중계항만의 건설이 여기에 해당될 것이다. 따라서 북한의 개혁·개방을 유도하면서, 동시에 한반도 통합인프라를 촉진하고, 일대일로와 북극항로의 연결고리로서의 역할을 실현할 수 있는 '유라시아 이니셔티브 2.0'에 대한 깊은 고민이 필요하다.

일대일로 구상의 전면적인 실천으로 향후 중국과 러시아가 전개해나갈 지정학적 경쟁과 협력의 이중구조에서 한국의 전략적 가치를 제고하는 노력이 필요하다. 러시아에게는 '압도적인' 중국을 견제할 균형추가 필요하다. 중앙아시아에게도 과도한 대중국 의존도에서 벗어나고 중·러 간 지정학적 경쟁에서 '균형외교'를 펼쳐나갈 수 있는 연대의 축이 필요하다. 이런 이유로 한국은 유라시아 대륙에서 그에 합당한 전략적 위상을 찾기 위한 노력을 경주할 필요가 있다.

I. 북방을 향한 시선

시선을 북방으로 다시 돌려야 한다. 누구라도 극동·시베리아의 광활한 평원에 서서 하늘과 땅이 만나는 무변광대(無邊廣大)한 지평선을 바라보며 육체와 정신이 가위눌린 상태에서 일순간에 해방되는 환희를 맛보았다면, 그에게는 이유를 묻지 않아도 된다. 누구라도 베이징에서 울란바토르를 거쳐 이르쿠츠크까지 몽골횡단철도에 몸을 맡기고 유라시아를 주유(周遊)한 자라면, 그래서 대평원과 고원, 그리고 삼림이 각기 자리를 바꿔 펼쳐 보이는 대자연의 파노라마에 감탄한 자라면, 그 자연과 한 몸으로 더불어 살아가는 민중들의 투박하고 거친 숨소리, '바자르'에 울려 퍼지는 다언어(多言語)의 마찰과 기묘한 화음에 귀 기울여 본 자라면, 그에게는 이유를 묻지 않아도 된다. 이르쿠츠크 시내에서 리스트비얀카까지 끝없이 펼쳐진 노변(路邊)의 울창한 삼림지대를 관통하여 '시베리아의 진주' 바이칼 호수의 맑은 물에 손을 담그고, 또 그곳에서 친숙한 솟대와 서낭당을 만나고 곰과 호랑이의 신화를 들려준 부랴트족 샤먼을 만난 자라면, 그에게는 이유를 묻지 않아도 된다. 왜 우리가 다시 북방 대륙을 향해 깃발을 올려야 하는지를 묻지 말아야 한다.

그 까닭은 말보다 몸이 먼저 반응하기 때문이다. 지금껏 상상할 수 없었던 공간과 마주한 '낯섦'의 충격, 그리고 우리가 나고 자랐던 공간과의 비교를 통해 자연스럽게 한국 사회를 짓누르는 모순덩어리가 무엇인지, 우리에게 결핍된 것은 무엇이고, 또 우리가 내세울 수 있는 장점은 무엇인지를 깨닫게 되기 때문이다.

굳이 고대사를 회고할 필요도 없다. 고구려, 발해와의 민족적 동질성이나 역사적 계승을 논하지 않아도, 북방 대륙의 열린 공간에 가면 지금 왜 이곳이 우리들의 미래를 개척할 삶의 공간인지를 깨닫게 된다. 그곳에는 광활한 대지, 풍부한 광물자원, 거대한 시장이 있다. 최대 걸림돌이라면 아직 개발되지 않은 처녀지이고, 그래서 상상할 수 없는 리스크가 존재하고 불안정하다는 것이다. 그러나 더 이상은 늦출 수 없기에 결정해야 한다. 깨어난 북방에 몸을 실어 유라시아 대륙의 중심으로 비상할 것인지, 아니면 분단된 반도를 숙명으로 받아들이고 현실에 압도되어 천천히 쇠락해갈 것인지를 결정해야 한다.

다행이라면 최근 다시 국내에서 북방시대에 관한 논의가 불붙기 시작했다는 것이다. 절대 대다수 국민들에게 '잃어버린 10년'으로 기억될 이명박·박근혜시대를 끝내고, 대한민국의 미래 좌표를 새롭게 설정해야 할 시점이기에 반가운 소식이다. 정도나 강조점의 차이가 있기는 하지만 다수의 전문가들은 남북관계의 복원 및 발전을 넘어 북방 대륙경제권과의 연계로 표현되는 '북방경제'가 추락하는 한국경제의 새로운 출로가 될 수 있을지도 모른다는 기대를 하고 있다. 그 중에서도 특히 극동·시베리아 개발을 본격화하면서 신동방정책을 추진하는 러시아와의 전략적 동반자관계 구축이 한국의 미래에 중대한 의미를 갖는다고 말한다.

이러한 배경에서 본 논문은 21세기 신북방정책이 한민족의 진로를 결정하는 데 어떠한 의미를 함축하고 있는지를 검토하고, 보다 구체적으로 교통·물류 분야에서 제기되는 전략적 과제와 정책 방향은 무엇인지를 살펴본다.

Ⅱ. 21세기 한민족의 진로와 신북방정책

왜 지금 다시 북방정책을 논해야 하는지 구체적으로 그 계기와 배경을 찾아보자. 우선 이것은 21세기 한국사회 발전의 가치 및 정향과 관련된 문제이기 때문이다. 즉 여기에서 던지는 '어디로 갈 것인가'의 문제란 미래 한국사회의 총체적 성격을 규정하는 가치 지향의 문제, 그리고 국가 발전의 에너지가 투사되고 집중되는 물리적 공간을 향한 이해와 관심, 즉 벡터의 문제와 긴밀하게 연관되어 있다.

현재 한국사회의 가치 지향은 '한·미·일 동맹구조'에 결박되어 있다. 점차 그 구조의 경직성 및 한국의 예속적·주변적 위상에 날 선 비판을 하는 경우도 있지만 동북아에 20세기 냉전 구조가 완전히 해체되지 않은 상태에서 당장 동맹의 균열이나 해체가 도래할 것 같지는 않다. 오히려 한·미·일, 북·중·러가 북방 삼각과 남방 삼각의 방식으로 대립각을 세우는 신냉전 질서가 고착된다면, 동맹구조가 과거의 복사판은 아닐지라도 그 본연의 군사·안보적 성격을 유지해갈 것으로 전망된다.

때문에 '북방'과 '대륙'을 논한다고 해서 그것이 곧바로 과거의 한·미·일 동맹구조를 이완시키거나 훼손하려는 불온한 시도라고 과민 반응할 필요는 없다. 여기에서 말하는 가치 지향의 문제란 일방적으로 한쪽으로 기울어진 외교적 편향을 바로잡아 중심을 잡고, 실사구시의 관점에서 균형적이고 자주적인 외교 공간을 확보한다는 의미로 해석되어야 한다. 그렇기 때문에 두 번째 사안, 즉 어떤 공간에 국가발전의 에너지를 투사하고 집중할 것인가의 문제가 보다 중대한 문제일 수 있고 결정적인 의미를 갖는다. 그동안 북방 대륙은 여타 지역에 비해 소외되고, 관리되지 않은 지역이었다. 때문에 이 지역의 발전 잠재력은 저평가되었고, 현실을 바라보는 평가도 부분적으로 냉전 반공이데올로기에 의해 왜곡되거나 비관적 기조로 치우친 경우가 허다했다. 즉 여기에서 북방 대륙을 강조하는 것은 '기회와 도전'의 전략 공간으로서 정당하고도 합당한 관심을 쏟아야 할 필요성을 언급하는 것이다.

왜 북방에서 길을 찾아야 하는가? 편견 없이 백남운(1895~1974)의 『조선민족의 진로』를 읽어보자. 그는 해방정국에서 '사회해방'과 '민족해방'의 이중과제가 조선민족에게 주어진 정치적 사명이라 보고, 좌우 편향에서 탈피하고, 외세를 빌어 남북 분단을 획책하는 세력과 단호하게 맞서야 하며, 민족의 살림살이의 밑천을 고르게 나누고 두텁게 만들 수 있는, '민주정치'와 명실상부한 '민주경제'의 결합을 조선민족 갱생의 유일한 역사적 진로라 보았다.[1] 그의 발언을 현대적 시점에서 재해석한다면, 이것이 지향했던 가치들은 역사의 합법칙적 발전 경로에 대한 확신, 사회경제적 토대의 발전 및 이에 합치되는 정치질서의 구축, 그리고 좌우 편향의 이데올로기적 적대주의에서 벗어나 '민족갱생'과 '국리민복'을 위해 현실주의적 실천을 강조하는 소통·통합·연합의 정신이라고 할 수 있다.

그렇다면 이제 같은 맥락에서 '무엇이 북방으로의 전환을 요구하는가?'에 대한 답을 찾아야 한다. 가장 먼저 우리가 '북방 대륙'을 지향해야 하는 이유는 남북 분단체제의 질곡 극복 및 한반도 냉전체제의 종식이 이와 무관치 않기 때문이다. 20세기 한반도는 첨예한 이데올로기적 대립과 갈등의 희생양으로 민족분단과 동족상잔의 비극을 겪어야 했던 공간이다. 해방 후 반세기가 흘러 20세기의 끝자락에서 세계는 소련의 해체로 냉전의 종식과 '역사의 종말'을 선언했지만, 21세기 지금까지도 한반도는 냉전체제의 유령이 배회하는 폭풍전야의 공간이며, 북핵문제와 남북관계 등 한반도 문제를 둘러싼 정세는 때때로 시대착오적이며, 퇴행적인 모습으로 전개되고 있다. 과연 어떻게 이 냉전체제의 유산을 극복할 것인가?

냉전체제는 군사·안보적 측면에서만 견고한 진지를 구축하고 있는 것은 아니다. 우리 안의 또 다른 '나'는 여전히 과거의 냉전적 사고와 의식에 속박되어 있다. 물론 이것은 다분히 지난 세기 냉전시대의 가혹했던 이념적 갈등과 대립의 상처가 아물지 않았기 때문이기도 하지만, 다른 한편으로는 남북 분단체제의 지속에 일정한 이해관계를 갖는 보수 지배계층 및 집단이 교육·조장·강제하는 측면이 있다. 예를 들어 한국의 대러시아관은 냉전적 이미지에 고정되어 있고, 그 기원은 100여 년 전 주변 제국이 이식한 '공로증(恐露症)'으로까지 소급된다. 우리의 이해관계와는 무관하게 주변 제국의 눈으로 바라본 러시아 제국의 이미지가 우리에게 이식되고 각인되어, 지금까지 습관적으로 재생산되고 있다. 따라서 한·러관계 발전의 여러 문제는 단지 한국의 대외정책에만 국한된 사안이 아니며, 국내 지배계층·집단의 이념적 좌표, 사회경제적 계층구조의 변화와 긴밀하게 연계된 복합적인 문제라고 본다. 따라서 냉전시대의 유산을 해체하고 청산하는 것, 즉 한반도 밖으로는 냉전적 사고에서 벗어나 누구와도 실리를 극대화하는 파트너가 될 수 있다는 개방성과 유연성을 발휘하고, 한반도 내부적으로는 남북 분단체제를 종식시키고 대립·갈등을 화해·협력의 구도로 전환하는 지혜가 필요하다.

이러한 각도에서 남북관계의 개선과 한·러관계의 발전은 단일한 방향성을 갖는 두 개의 상호 연계된 축이다. 불균형적이고 왜곡된, 낡은 시대의 유산인 분단체제의 경계를 넘고 러시아 연해주를 지나 극동·시베리아 전역을 무대로 러시아와 새로운 협력체제를 구축하는 것은 글로벌시대, 네트워크시대에 멈출 수 없는 필연적인 역사 발전의 경로이며, 이것이 바로 21세기 한민족 갱생의 역사적 진로인 것이다.

동일한 문제의식에서 보면 북핵문제가 제기되었다고 북한을 우회한 북방대륙과의 연계 접근을 시도하는 것도 불완전한 것이다. 엄연히 존재하는 북방삼각의 물리적 실체가 눈을 감는다고 사라지는 것도 아니고, 무시한다고 영향력을 상실하는 것도 아니라면 북한을 신북방정책의 협상 주체로 인정하는 것이 필요했다. 실제로 북한과의 교류협력을 고려하지 않은 이명박·박근혜시대의 '북방 대륙 담론'(유라시아 이니셔티브 등)이 결국은 실체가 없는 헛구호로 끝나고 말았다. 북한을 개혁·개방 기조로 유인하고, 남북 교류 및 협력 체제를 대륙까지 확장하는 것이 필요한 이유이기도 하다.

또한 다시 북방정책을 논해야 하는 이유는 북방으로 시야를 돌려야만 21세기 문명 및 제국 간 세력 교체기에 형성된 틈새, 다시 말하면 공간 개척 및 확장을 실현할 수 있는 '기회의 창'이 열리기 때문이다. 최근 한국 외교의 딜레마적 상황을 불러온 사드 사태를 보면 단일한 강대강의 구도에서는 한국의 선택지가 별로 없어 보인다는 사실이다. 외교가 평면적인 대립축과 그 자장에 과도하게 노출되어 있기 때문이다. 따라서 네트워크의 다변화와 복합화가 절실하다. 전장에서 세력의 치열한 경합은 긴장을 유발하지만, 그것은 이미 교체를 예고하는 전조일 뿐이다. 이 상황에 주도적으로 대처해 나간다면 네트워크와 외교 공간은 보다 확장될 수 있다. 노태우정부 시기의 북방정책 추진도 사회주의권의 개혁·개방을 배경으로 전개되었지만 진행 과정에서는 예상치 않았던 사회주의권의 급속한 체제전환(transformation)을 목도하게 되었다. 전환기는 균열의 지점을 뚫고 나가 공간을 개척할 수 있는 기회를 제공한다.

또한 지금 북방정책을 논해야 하는 이유는 그것이 퇴행적인 사회경제체제와 단절하고 대한민국의 사회경제구조를 일대 혁신할 수 있으며, 위기에서 벗어나는 탈출구의 의미를 갖기 때문이다. 새로운 시대의 개막은 새로운 사회경제적 토대의 구축을 요구한다. 새로운 시대 긴박한 문제는 '살림살이'이다. 즉 과연 언제까지 분단체제 하에서 대한민국 경제의 성장이 지속가능하겠는가의 문제이다. 개발시대를 지나 글로벌시대를 관통해온 대한민국 경제의 저력이 일순간에 소진되지는 않겠지만, 인구고령화와 저성장시대의 도래는 분명 위태로운 경제 현실을 증거하는 것이다. 경제선진국들은 첨단기술의 우위로 달아나고, 중국 등 신흥산업국들은 맹렬히 추격하는 경주에서 한국의 입지는 갈수록 좁아질 수밖에 없다.

지금껏 분단체제는 민족경제의 왜곡을 초래했고, 개발독재는 기형적인 재벌독점체제를 낳았다. 초고속 경제성장과 시장팽창 시기에 자본을 축적하고 신자유주의시대 글로벌 경제위기 덕분에 자본을 집중해온 재벌독점체제가 생존할 수 있는 길은 어디에 있는가? 한국의 재벌 중심의 독점자본주의체제는 저성장시대 위기의 고통을 노동대중에게 일방적으로 전가함으로써 독점이윤의 지속적인 획득이 가능했다. 결국 이것은 절대다수의 상대적 빈곤화와 사회양극화를 불러왔고, 현실의 정치권력은 상부구조로서 그 사회경제적 토대의 침식에 따른 대다수 노동대중의 저항과 폭발을 순치하고 관리하는 역할을 맡아왔다. 그리고 그 발화점에 다다른 상황에서 항상 위기 지연을 기도해왔다.

그러나 지연된 위기는 근본적인 원인이 제거되지 않는 한 언젠가는 파국을 불러온다. 세계 자본주의체제의 주기적인 몰락은 이를 온몸으로 증거하고 있다. 물론 그 위기는 슘페터의 주장처럼 '창조적 파괴'의 과정을 통해 더 나은 경제체제를 운용할 수 있는 '혁신'을 가져올 수도 있다. 그러나 닥쳐올 파국적 위기는 그간 대한민국이 쌓아 올린 성장의 성과들을 일시에 무너뜨릴 수도 있기에, 임박한 파국을 피할 대안을 준비해야 한다. 북한 리스크에서 비롯되는 이른바 '코리아 디스카운트'라는 불필요한 비용을 줄이고, 청년들이 일할 새로운 일자리를 만들며, 한국의 산업구조를 재편하고, 또한 지속가능한 성장에 필요한 자원의 안정적인 공급처를 마련함으로써 국부를 키우고 노동대중들의 살림살이를 윤택하게 할 수 있는 길을 찾아 나서야 한다. 만일 그 길이 남북 경제협력 및 교류를 통해 완전한 한반도경제권을 구축하고, 나아가 대륙과 연결되어 유라시아로 뻗어 나가는 북방정책에 있다면 머뭇거리거나 주저할 하등의 이유가 없는 것이다.

III. 신북방정책과 교통·물류의 제문제

신북방정책의 본질은 북한을 경유하여 대륙과 연계되는 유무형의 '길'을 닦는 것이다. 다양한 부문에서 신북방정책을 논의하는 것이 가능하겠지만, 기본적으로 그것의 전략적 목표가 북한에 대한 고립과 압박에 맞추어진 것이 아니라 북한의 개혁과 개방을 견인하는 정책수단이자 대륙 진출의 경제공간을 확보하는 것이라면 물리적으로 상호 연결될 수 있는 '교통로'의 확보가 일차적 과제가 될 것이다.

여기에서 왜 교통·물류 부문이 신북방정책에서 중요한 위상을 갖는지를 논할 필요가 있다.

우선은 단절된 북방지역과의 연계 네트워크를 구축하는 사업이기 때문이다. 인적·물적 교류와 협력은 여객과 상품의 공간적 위치를 아무런 장애 없이 자유롭게 이동시킬 수 있는 안전하고, 저렴하며, 효율적인 교통체계가 구축되어 있어야만 가능하다. 남북 사이에는 이미 경의선과 동해선 도로·철도 연결사업이 완료되어 부분적으로 단절구간(missing link)을 연결하고 교통 인프라를 현대화하는 조치가 실행되었지만, 그것은 서축과 동축의 육상 간선 교통로에 국한된 것이다. 그마저도 5.24 조치 이후 운행이 중단된 상태에 있다. 일차적으로는 운행이 중단된 남북 교통로(도로·철도)의 정상화가 급선무이겠지만 남북 접경지역을 관통하는 여타 육상 교통로(도로·철도) 단절구간을 추가로 연결할 필요도 있고, 중장기적으로는 교통·물류 협력을 해운·항공운송 부문까지 확대해 나가야 한다. 대규모 물자 수송을 위해서는 북한 주요 항만의 현대화가 필히 동반되어야 한다. 또한 북한과의 연계에 그칠 것이 아니라 러시아의 극동·시베리아, 중국의 동북3성, 몽골 등과도 원활한 교역체계를 구축하기 위해서는 이들 각국의 다양한 교통수단들과 효율적으로 연계될 수 있는 교통 인프라의 개발이 수반되어야만 한다.

교통 인프라의 개발은 남북 접경지역의 개발, 통일한반도 건설 및 대륙과의 접경성 회복에 가장 중요한 구성 요소이다. 접경지역 협력의 물리적 토대로는 교통, 전력, 통신 등 다양한 분야가 종합적으로 고려되어야 하겠지만, 그중에서도 최우선으로 구축되어야 할 대상은 교통·물류 분야이다. '길'을 내야 오가는 교류가 시작될 수 있고, 국경을 통과하는 육상의 교통로가 확보되어야만 접경성의 물리적 공간 감각이 경제주체들에게 각인되기 때문이다. 극동 연해주만 놓고 본다면 러시아는 한국에 지리적으로 매우 가까운 곳에 위치한 지역이다. 그러나 북한 때문에 육상으로 이동할 수 있는 접경성에 대한 공간 감각이 결여되어 멀리 느껴지는 문제가 발생한다. 러시아, 중국 등의 북방 국가들과 육상으로 교통 인프라가 연계될 수 있다는 지리적 상상력의 복원은 그래서 중요하다. 양국의 경제주체들에게 국경을 접한 이웃국가라는 의식을 심어주어 자연스럽게 접촉과 교류를 촉진할 수 있기 때문이다.

또한 교통·물류 부문이 신북방정책에서 중요한 위치를 차지해야 하는 이유는 무엇 때문인가? 북방 유라시아 진출 및 북방의 글로벌 가치사슬(value chain)에서 한국의 전략적 위상을 제고하기 위해서는 안정적인 교통물류체계가 반드시 뒷받침되어야만 하기 때문이다. 한국기업의 유라시아 투자 진출이 규모나 건수로 볼 때 상대적으로 다른 지역에 비해 작지만, 유라시아 이머징 마켓에서의 시장지배력이나 영향력은 그 어느 곳보다도 높다. 한국 기업의 글로벌 생산 네트워크가 중앙아시아에서 러시아의 모스크바와 페테르부르크를 거쳐 중동부 유럽까지 점차 광역화되고 있는 시점에 시장지배력을 더욱 확대·강화하기 위해서는 결국 효율적인 공급사슬 관리체계를 구축하는 것이 중대한 과제가 될 수밖에 없다. 게다가 유라시아 지역의 교통물류체계가 상대적으로 낙후되었기 때문에 선진 물류서비스에 대한 시장의 수요를 감안할 때 산업으로서의 성장 잠재력에도 주목할 필요가 있다.

그렇다면 향후 신북방정책을 추진하는 데 있어 교통·물류 부문의 전략적 과제는 어떻게 설정해야 할 것인가? 이 질문에 답하기 위해서는 지금 북방 유라시아지역에서 무엇이 일어나고 있는가에 대한 정확한 상황 인식을 요구하며, 다른 한편으로는 교통이 유라시아의 지역개발 및 연계성(connectivity) 강화에서 담당하게 될 중대한 역할을 이해하는 것이 필요하다.

첫째, 러시아의 신동방정책으로 유라시아와 동북아 사이의 보다 긴밀한 경제 교류협력 채널이 필요하게 되었다. 소련 붕괴 이후 중앙아시아 및 코카서스 공화국과 발트 공화국 등이 분리 독립하면서 러시아 연방의 물리적 중심 자체가 동쪽으로 이동했다. 공간 지리적 환경의 변화 자체가 '아시아 회귀'를 규정할 수밖에 없는 것이다. 게다가 서시베리아의 자원이 점차 고갈되면서 자원개발축이 우랄 이동 지역으로 이동함으로써 미래의 대규모 에너지자원개발 투자국이자 근거리에 위치한 자원수입국으로서 동북아의 전략적 위상이 제고되기 시작했다. 또한 러시아로서는 낙후된 극동·시베리아지역의 개발 및 이 지역의 아태지역경제로의 편입을 가속화하는 것이 중대한 과제로 제기될 수밖에 없는데, 이러한 배경에서 유라시아와 아태지역을 상호 연계할 수 있는 저렴하고, 안전하며, 효율적인 국제운송회랑을 구축할 것을 요구하고 있다.

둘째, 교통은 에너지와 함께 극동·시베리아의 지역개발정책을 구성하는 핵심적인 요소이기도 하지만, 그것 자체가 에너지개발 문제와 긴밀하게 연계되어 있는 중대한 요소이기도 하다. 러시아를 포함해 카자흐스탄 등 중앙아시아의 자원부국은 에너지광물자원의 채굴 및 이들의 해외수출에 매우 의존적인 경제구조를 갖고 있다. 따라서 향후에도 새로운 석유·가스전 개발을 위해서든, 아니면 생산된 에너지자원을 해외로 수출하기 위한 차원에서도 접근 교통로의 확보 및 효율적인 교통물류체계의 건설은 필요하다.

셋째, 개발회랑(development corridor)을 구성하는 중요한 요소로서 유라시아 대륙교(Eurasian Landbridge) 구상의 확산과 공감대 확산이 대륙철도를 중심으로 아시아와 유럽을 연결하는, 단절 없는 유라시아 교통물류 네트워크 구축 사업으로 진전되고 있다. 이러한 흐름에는 실물경제를 강화함으로써 금융부문의 버블을 해소하고, 세계경제 전반에 걸쳐 생산성을 증대하며,

유라시아 내륙국가(landlocked country)와 여타 저개발국의 개방을 촉진한다는 의지가 내포되어 있다.

넷째, 단일한 지역으로서 유라시아의 정체성을 인식하고 교통물류체계를 점진적으로 통합하려는 움직임이 일고 있다. 지역통합체로서 유라시아경제연합(EAEU)의 출범 및 확대, 초국경 경제협력(cross-border economic cooperation)의 활성화, 신대륙주의(New Continentalism)의 발흥은 역내 국가들 간 긴밀한 경제협력을 견인할 수 있는 물리적 토대로서 유라시아 복합운송체계를 구축할 것을 요구하고 있다.

다섯째, 지역연계성을 강화하기 위한 수단으로서 교통물류 네트워크를 강화하려는 흐름과 동시에 국제운송회랑(International Transport Corridor) 구축을 선점하려는 유라시아 각국의 경쟁도 날로 격화되고 있다. 중국의 일대일로(OBOR), 러시아의 유라시아 대륙 횡단 벨트 라즈비띠예(Trans-Eurasian Belt, Razvitie), 한국의 유라시아 이니셔티브(Eurasia Initiative), 몽골의 트랜짓 몽골리안(Transit Mongolia) 등 제각기 이름은 다르지만, 공통분모는 유라시아의 '국제운송회랑' 구축이며, 개별 국가마다 자국이 유라시아 대륙교 건설의 이상을 선도하겠다는 의지를 표명하고 있다는 사실이다.

Ⅳ. 교통 부문별 전략과 과제[2]

1. 도로

러시아의 도로인프라는 매우 취약하다. 일부에서는 과거 사회주의 시기에 이동을 제한하기 위해 의도적으로 도로의 발전을 늦추었다는 편견도 있다. 그러나 이것은 비단 사회주의 시기에만 국한된 문제가 아니다. 전통적으로 러시아 역사에서는 오랫동안 제대로 된 길다운 길이 존재하지 않았으며, 시베리아 횡단철도(TSR)가 개통되기 전까지 러시아 전체를 단일한 경제권으로 통합하는 교통회랑은 존재하지 않았다. 그중에서도 낙후된 도로인프라의 문제는 어제오늘의 문제가 아니다. 도로는 비교적 단거리에 경제성을 갖고 있는데, 러시아의 광활한 영토 규모로 볼 때 철도와 비교하여 경쟁력을 갖기 어려우며, 특히 과거 러시아 물류의 핵심이 대체로 부가가치가 낮은 중량 벌크화물이었기 때문에 도로인프라 개선에 대한 압박 요인이 그다지 크지는 않았다. 그러나 시장경제화가 진행됨에 따라 러시아에도 고부가가치 상품의 이동성이 증대되고, 도시 간 근거리 경제교류가 활성화되면서 트러킹(trucking)에 대한 수요가 증가하고 있고, 이에 따라 도로인프라 확충에 대한 사회적 요구도 급증하고 있다.

러시아의 도로운송망은 지역적으로 매우 불균등한 상황에 있다. 특히 극동·시베리아는 러시아의 유럽지역에 비해 상대적으로 도로 운송망이 발달되어 있지 않고, 포장도로의 비율 및 밀도가 매우 낮다. 포장도로가 부족하여 봄, 가을 우기에는 차량을 운행할 수 없어 주요 운송로와 단절되어 고립되는 농촌지역이 많다. 중부에 위치한 시베리아의 동토지대가 여름이면 늪지대로 바뀌고, 인구밀도가 희박하기 때문에 도로인프라 확충이 매우 곤란한 상황에 있기도 하다. 이런 이유로 극동·시베리아의 일부 지역들은 러시아의 단일한 기간교통망과 단절되어 고립 상태를 벗어나지 못하는 경우가 있다. 문제는 이와 같은 복합적인 요인들로 인해 현재 극동·시베리아의 낙후된 도로인프라는 물류비의 증가 및 인구 유동성의 감소 등을 초래하는 요인이 되고 있으며, 최종적으로는 이 지역의 사회경제적 발전을 제약하는 중대한 장애 요인으로 지적되고 있다.

따라서 앞으로 도로 부문에서 러시아의 정책은 크게 다음과 같은 두 가지 방향으로 전개될 것으로 전망된다. 첫째는 취약한 도로인프라의 개선, 도로 총연장의 확대, 연방 차원의 도로 네트워크 강화, 극동·시베리아의 도로체계 개선이고, 둘째는 승용차 소유 확대에 따른 도심 지역 간 고속화도로 확충과 이용을 확대하기 위한 고속도로 휴게소 등 관련 도로시설의 확충이다.

과연 서방의 대러 경제제제 하에서 러시아 도로공사가 어떤 규모와 속도로 도로건설을 추진할지는 불명확하지만, 일단 계획상으로는 2030년까지 1만 2천km의 유료 고속도로 건설을 민·관협력(PPP) 방식으로 진행할 예정이다. 만일 이러한 정책이 보다 현실화될 경우라고 한다면, 제한적이기는 하겠지만 몇몇 분야에서 러시아와의 전략적 협력을 진행할 수 있는 여지가 존재한다.

첫째, 외곽에서 모스크바 도심까지 연결되는 유료 고속도로 건설, 극동·시베리아의 일부 도로 건설 및 대도시 도로교통체계 개선 프로그램에 참여하는 것이다. 둘째, 고속화도로 건설, 휴게소 건설 및 부대시설 운영에 참여하는 것이다.

2. 항공

러시아 전체의 항공운송은 1990년대 체제전환기 대혼란을 극복하고, 2000년대 이후 지속적인 성장세에 있으며, 2008년 글로벌 경제위기로 2009년에 운송실적의 감소 사태를 낳기도 했지만 이후 회복세를 보여주며 성장하고 있다. 러시아에서 항공운송의 '사회적' 역할과 비중도 점차 증가되고 있는 것으로 나타나고 있다. 장거리운송에서 항공여객운송이 2000년에는 철도여객운송의 절반에도 미치지 못했으나 2009년도에는 그 차가 3%대로 좁혀지게 되었다. 이처럼 장거리운송에서 항공여객운송이 증가하게 된 것은 무엇보다도 2009년부터 러시아 정부가 극동지역의 항공운송 활성화를 위해 보조금을 지급했던 정책의 결과로 해석된다.

그럼에도 불구하고 항공운송의 지역적 불균형 문제는 여전히 해결되지 않고 있다. 모스크바와 상트페테르부르크를 중심으로 대도시의 항공운송은 큰 비중을 차지하고 있는 반면에 지역 간·지역 내 운송은 낙후된 상태에 있다. 모스크바공항이 여객과 화물 운송에서 처리하는 비중은 50%를 넘고, 국제여객운송의 경우에는 70% 이상을 넘어선다. 동부지역의 경우에 특히 노릴스크, 야쿠츠크, 이르쿠츠크의 불균형 상태가 심각한 것으로 나타나고 있다.

러시아의 낙후된 항공운송 인프라를 개선하는 문제가 자주 언급되고 있지만, 그 근간이 되는 공항인프라의 상황은 매우 열악한 상태에 있다. 전반적으로 공항 숫자의 감소 외에도 공항시설의 노후화 현상이 심각한 상황이다. 러시아 공항 중 61%만이 인공포장 활주로를 보유하고 있으며, 이들 중 70%는 20년 전에 건설되어 시설 보강이 긴급한 상황에 있는 것으로 보고되고 있다.

이러한 상황에서 러시아의 항공운송 전문가들은 러시아의 지리적 이점을 살려 급증하고 있는 아시아 유럽 간 통과 항공운송 물동량을 유치하기 위해서는 몇몇 지역에 공항특별경제지역을 지정하고, 국가의 특별한 지원과 통관절차의 개선을 통해 낙후된 공항인프라를 합목적적으로 개선해가는 것이 필요하다고 주장하고 있다. 또한 최근 러시아에서는 항공운송의 발전을 위해 공항인프라의 개발 및 화물터미널의 건설 외에도 허브공항 네트워크의 발전을 강조하고 있다. 이들 지역에서 허브공항을 건설한다는 목표는 최근 복합운송의 활성화 추세와도 긴밀하게 연관되어 있다. 철도-항만(해운·내륙수운)-공항 간 연계 운송을 통해 물류비용을 줄이고 운송시간을 절감하는 이점을 제공함으로써 항공운송의 추가적인 증대를 기대할 수 있다는 것이다.

이러한 차원에서 항공 부문에서도 다음과 같은 한·러 협력체계를 모색할 수 있다. 우선 러시아의 허브공항 건설 및 지방공항 현대화 사업 등에 참여할 수 있는 방안을 모색해야 한다. 예를 들어 하바롭스크공항은 2009년 '하바롭스크 신공항' 발전 프로젝트를 실행하기 위해 한국의 인천국제공항공사 및 대우엔지니어링과 컨소시엄을 구성하였다. 하바롭스크공항의 장기발전개념은 ① 신여객터미널 건설, ② 복합물류운송센터 구축, ③ 4성급 호텔 및 비즈니스센터 건설 등으로 구성되어 있다. 이러한 경험을 바탕으로 공항특별경제지역을 중심으로 협력체계를 여타 지방 도시로 확대해 나가는 노력이 필요하다.

다음으로 단순하게 공항인프라를 건설하거나 현대화하는 데 그칠 것이 아니라, 공항관리 및 면세점 등 각종 부대사업에도 참여할 수 있는 방안을 모색해야 한다.

3. 내륙수운

시베리아 연방관구의 주요 수운로는 오비강, 이르티쉬강, 예니세이강, 레나강 상류와 같은 대규모 시베리아강과 그 지선들이 여기에 해당된다. 이 강들을 지나는 내륙수운이 총 11개의 연방주체들의 운송수요를 충족시키고 있고, 북극지역과 같은 오지로의 물자 운송에 있어 중대한 역할을 담당하고 있다.

현재 극동·시베리아의 내륙수운에서 심각한 문제는 내륙수로의 유량이 부족하여 하천 준설에도 불구하고 보장수로를 확보하지 못한다는 점이다. 강수량 부족으로 노보시비르스크수력발전소의 하류 300km 구간에 정상적인 항행을 보장하는 과제가 심각한 문제로 제기되기도 했다. 시베리아 연방관구의 내륙수운로에는 두 개의 관문 시설이 있다. 크라스노야르스크 갑문과 노보시비르스크 수문이 있다. 향후 극동·시베리아의 내륙수운 물동량은 지속적으로 증가할 것으로 전망된다. 2020년에 이르면 대략 470만 톤까지 물동량이 증가할 것으로 전망되고, 이를 위해 러시아는 연방 특별프로그램 '러시아 교통체계의 발전'의 하위프로그램으로 '내륙수운'이라는 프로그램을 운영하고 있다. 여기에서는 북극과 인접한 지역의 화물공급을 포함하여 극동·시베리아의 신뢰할 수 있고 안전한 내륙수운을 담보하기 위한 프로그램 조치들을 담고 있다.

〈그림 1-1〉 북극해와 내륙수로 연계 방안 - 목재(위), 플랜트(아래)

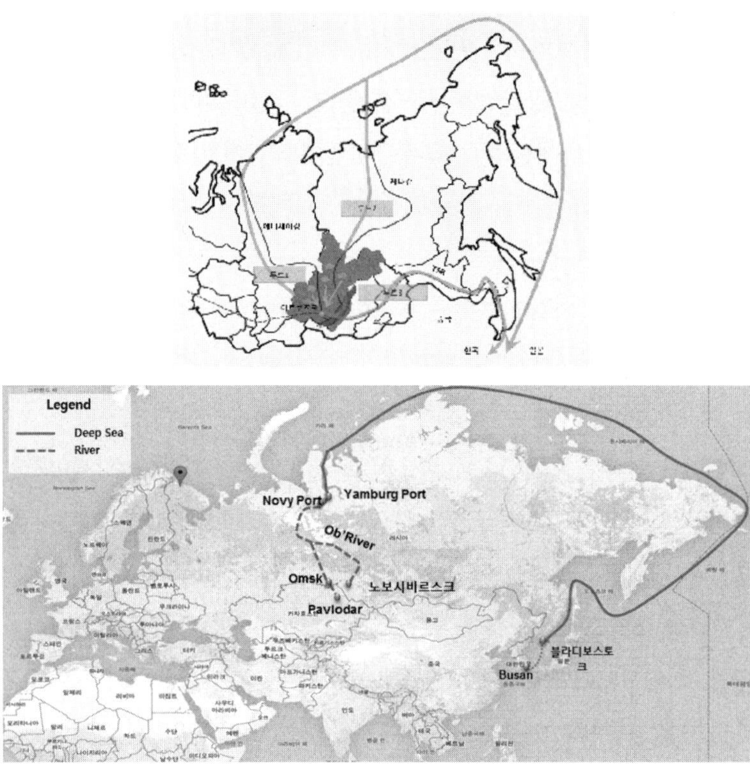

출처: KMI

기본적으로 내륙수운의 활성화를 위해서는 하천 준설이 전제되어야 하고, 또한 수운항만 시설의 현대화 및 노후화된 선박의 교체가 뒤따라야 한다. 현재 러시아는 북극지역의 개발과 함께 러시아 내륙에서 북극항로로 연결되는 내륙수운을 활성화한다는 기본방침을 정해놓은 상태에 있기 때문에 이에 따라 대대적으로 수운항만 시설의 확충과 선박의 건조가 진행되어야 한다.

따라서 우리 입장에서는 한국과 단거리로 연결될 수 있는 최적의 내륙수로를 선택하고, 이를 러시아와 공동으로 국제운송회랑으로 개발하는 노력이 요망된다. 필요하다면 러시아와의 전략적 산업협력을 통해 조선소 건설 및 운영에 투자하고, 이후 러시아의 내륙수운에 투입될 선박 건조를 공동으로 진행하는 것도 검토할 수 있다.

4. 항만

러시아에서 해상운송은 단일한 교통체계를 구성하는 핵심요소로서 중대한 의미를 갖는다. 해상운송은 현대 러시아 경제의 역동적 변화에 지대한 영향을 미치는 대외교역의 발전, 연방 주체들 간 경제관계의 강화, 낙후된 지역 거주민들에 대한 원활한 물자 공급 등은 물론이고, 운송의 독립성 확보 및 국가방위력 담보와 같은 지·전략적 목표 달성 등에서도 매우 중대한 영향을 미친다. 따라서 러시아와 같이 풍부한 자원, 광활한 영토, 긴 해안선 등을 갖고 있는 국가에서 강력한 해운력(shipping power)을 확보하는 것은 지정학적 이익을 수호하는 문제와 직결되어 있고, 이러한 측면에서 우선은 자유롭게 대양으로 진출할 수 있도록 강력한 선대를 구축해야 하며, 동시에 현대적이면서도 발전된 항만인프라를 확보해야 한다.

현재 러시아는 러시아 연방 특별 프로그램에 의거하여 환적 시설 또는 항만과 연계된 인입 철도·도로 건설을 검토하고 있는 교통 결절지의 종합적인 발전에 많은 관심을 기울이고 있다. 특히 허브항만, 또는 국제운송회랑의 역할이 기대되는 심해항만(무르만스크, 우스찌-루가, 칼리닌그라드, 투만, 올랴, 보스토치니, 바니노 등) 개발에 적극적으로 나서고 있고, 항만 개발 및 시설물 확충과 관련해서는 양허(concession) 등을 비롯하여 다양한 방식의 PPP에 기초하여 민간투자를 유치한다는 입장을 천명하고 있다.

러시아에서 해운항만의 발전은 철도운송의 발전과 연계될 수밖에 없다. 극동항만들이 러시아의 항만 규모 순위 10위 안에 포함될 수 있는 것도 모두 철도와의 연계 운송이 가능하기 때문이다. 문제는 현재 극동지역 항만들이 모두 해륙복합운송을 위한 조건을 구비한 상태에 있는 것은 아니라는 사실이다. 현재의 극동지역 교통인프라체계의 발전을 고려할 때 주요 전략적 방향은 다름 아닌 TSR과 BAM 철도의 활성화를 통한 기간철도망 구축의 완성이다.

〈그림 1-2〉 블라디보스토크항 컨테이너 부두

출처: www.otvprim.ru/files/image/news/39864_l

극동항만의 물동량은 러시아 전체 항만 물동량에 비해 증가추세를 보이고 있으나, 석탄·곡물 수출을 위한 인프라가 취약하며, 항만 배후 물류 단지가 미비하여 개선이 필요하다. 극동러시아의 항만 물동량은 2014년에 비해 2020년 2.2배, 2025년 2.6배에 이를 것으로 전망되어 러시아 전체(2020년에는 2014년의 2배, 2025년에는 2.3배)에 비해 높을 것으로 예상되고, 러시아 전체에서 극동항만의 물동량이 차지하는 비중도 점차 늘어나 2014년의 25.8%에서 2020년에는 26.4%, 2025년에는 28.9%를 기록할 것으로 전망된다.[3] 특히 극동 항만을 통해서는 석탄, 곡물 등 건화물의 수출량이 크게 늘어날 것으로 전망된다. 따라서 향후 예상되는 물동량 증가세에 능동적으로 대응하기 위해서는 그에 부합되는 극동지역 항만들의 처리능력 확충과 새로운 터미널의 건설 등이 필요할 수밖에 없다.

〈표 1-1〉 극동러시아의 주요 항만별 물동량(2015)

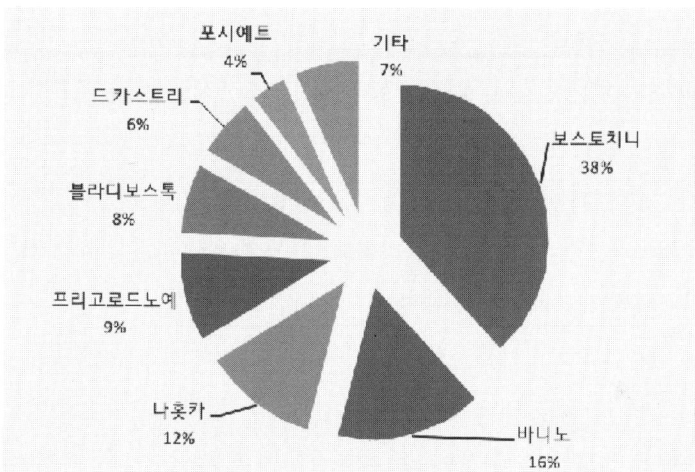

출처: 조영관. "극동러시아 항만 물류 인프라 개발과 한국의 협력 방안," 5쪽 재인용.

러시아 입장에서 극동지역의 광물산지 개발을 본격적으로 추진하기 위해서는 극동지역 항만의 수출화물 처리시설의 확충이 절대적으로 필요하지만, 또한 그에 앞서 항만과 연계된 BAM 철도와 TSR의 동부 지역에서 철도 인프라의 근본적인 확충과 발전이 필요할 것이다.

따라서 일차적으로 한국과 러시아는 항만 개발 및 터미널 확충 사업에 참여할 수 있을 것이다. 러시아의 모든 항만이 검토될 수 있겠지만, 가능하다면 항만자유경제지역으로 지정된 곳을 중심으로 항만터미널 건설 및 운영권 확보

등을 진행하고, 조선 분야에서 러시아와의 합의를 기초로 극동지역의 조선소 현대화사업 등을 병행한다면 러시아와의 전략적 협력 기반을 더욱 강화할 수 있을 것으로 기대된다.

푸틴 대통령은 2014년 12월 4일 의회연례교서에서 일종의 경제특구 형태인 '자유항' 지정을 통해 개발 정책을 추진하겠다는 것을 표명하였고, 2015년 10월 12일부로 관련 법령이 발효되었으며, 2016년 7월 27일 기존 블라디보스토크 15개 행정구역에 라조프스키구를 추가하여 16개 행정구역으로 확대하는 '블라디보스토크 자유항'을 설립했다. 이후 하바롭스크주의 바니노, 사할린주의 코르사코프, 캄차트카주의 페트로파블로프스크-캄차트키, 추코트카자치주의 페벡을 추가로 자유항으로 지정했다. 블라디보스토크 자유항에는 2016년 8월 19일까지 총 60개 기업이 투자하고 있으며, 투자 기업에는 운송, 창고, 수산업, 농업, 건설, 가스 저장, 방송, 광물 가공, 컨테이너 조립 등 다양한 분야가 포함되어 있다.[4] 블라디보스토크 자유항 지정에 따라 항만단지 내 투자 진출을 모색해야 할 중대한 계기가 마련된 것이다.

앞서 언급한대로 러시아 극동의 교통체계가 기본적으로 해륙복합운송체계를 가지고 있으므로 항만과 연계된 철도인프라의 현대화 등이 앞으로도 가속화될 것으로 전망된다. 무엇보다도 해륙복합운송체계를 위해서는 항만 인입철도의 건설을 포함해 곡물, 석탄 등 전용터미널과 하역시설 등이 건설되어야 하므로 이와 같은 사업 분야에도 한국기업이 적극적으로 진출할 수 있는 기회를 모색해야 할 것이다. 또한 중국은 현재 동북3성의 물류 환경 개선을 위해 극동러시아 항만과 연결되는 운송망 건설에 투자를 추진하고 있는데, 현재 핵심 대상지는 자루비노 항만이다. 자루비노 항만 건설 프로젝트에는 곡물, 컨테이너, 원유 터미널 등과 훈춘에서 자루비노로 연결되는 70km의 철도, 도로, 에너지 인프라 건설 및 현대화가 포함되어 있다. 한국의 입장에서는 기진출한 훈춘 포스코현대국제물류단지와 자루비노 항만을 연계하여 중앙아시아, 중국 등으로부터의 물류 유치를 통해 자루비노항을 한·중·러 물류 거점항으로 육성하며, 향후 남·북·중·러 물류망으로 활용하는 것을 고려해 볼 수 있다.

5. 철도

극동·시베리아에서 가장 핵심적인 교통수단은 철도이다. 철도인프라가 여전히 취약한 상태에 있지만, 철도가 극동·시베리아에서 그토록 큰 비중을 차지할 수 있는 이유는 TSR(Trans-Siberian Railway)과 BAM(Baikal-Amur Mainline) 철도가 경쟁력 있는 국제운송회랑으로서의 역할을 잘 수행하고 있기 때문이다. 극동·시베리아의 수출입 화물은 50% 이상을 차지하고, 이들은 주로 철도를 통해 운송된다. 극동지역의 철도는 극동지역 항만으로 나가는 연계 운송 노선을 제공하고, 몽골, 중국, 북한 등과는 다양한 접경 철도 구간을 갖고 있다. 러시아는 향후 TSR과 BAM 철도 구간의 인프라 확충 및 기술 개선, 철도거점을 중심으로 물류터미널 건설을 통해 다양한 통과운송 화물을 유치하고, 향후 북극지방과 내륙의 남북과 동서로 철도를 신설하여 명실상부한 유라시아 대륙교의 위상을 확립하겠다는 구상을 갖고 있다.

철도 부문에서 한·러 간의 협력 중 가장 핵심적인 시업은 한반도종단철도(TKR)와 시베리아횡단철도(TSR)를 연결하는 것이다. 일단 시범사업(pilot project)으로서 북·러 간에 진행된 나진·하산(54km) 물류사업 구도를 정상적인 남·북·러 3각 협력 구도로 전환하는 것이 필요하며, 이후 단계별로 연결 구간을 점차 확장해가는 것이 필요하다. 알렉산드르 티모닌 주한 러시아 대사도 2017년 3월 29일 '러시아의 대외정책과 한·러관계'를 주제로 한 강연에서 "정치적인 어려움을 감안해도, 조건이 형성되면 한국 회사들이 나진·하산 철도 프로젝트에 대한 참여를 배제하지 않는다"고 말했다.[5]

〈그림 1-3〉 시베리아 횡단열차

출처: 『Sputnik 코리아』, 2016년 10월 18일.

문제는 북한 핵·미사일 위기로 유엔 안보리 대북제재가 진행 중인 상황에서 당장은 나진·하산 해륙복합 물류사업의 정상화가 일차적인 과제이지만, 이것이 지속적으로 안정적인 사업구조를 가져가기 위해서는 지금과 같이 석탄수송에 치우친 행태로는 곤란하며, 중장기적으로 경제성을 확보하기 위해 컨테이너 전용 항만으로 그 성격을 바꾸는 것이 필요하다.

러시아는 기본적으로 더 많은 기업들이 TSR과 BAM 철도의 현대화에 적극 참여하기를 기대하고 있다. 앞서 언급한 강연에서 티모닌 주한 러시아 대사는 한국이 북극항로 개발에 적극 참여하고 있다는 사실을 상기시키며 "유럽과 중앙아시아의 연결 통로인 시베리아 횡단철도 현대화 사업에 한국 기업이 많이 참여하기를 바란다"고 강조했다.[6] 그리고 굳이 그 이유를 언급하지 않는다 할지라도 한·러 교통·물류 부문의 협력은 공간적으로 '극동선도개발구역'과 '블라디보스토크 자유항'에 집중될 가능성이 높다.

6. 북극항로

러시아의 북극지역에 대한 일차적인 관심은 이 지역에 있는 석유·가스 등을 비롯해 금, 은, 석탄, 철, 우라늄, 아연, 다이아몬드, 망간, 희토류 등 거대한 광물자원의 개발에 맞추어져 있다. 그러나 그것은 또한 교통·물류적인 측면에서 개발된 자원을 수요지까지 얼마나 저렴하게 안정적으로 운송할 수 있느냐의 문제와 긴밀하게 연관되어 있다. 북극지역에서의 본격적인 자원개발을 위해서도 교통인프라의 확충 및 운송로 확보는 절실하다. 기후변화로 인한 해빙과 과학기술 발전에 힘입어 북극항로(NSR)의 상업적 이용 가능성이 제고되었으므로 선제적으로 북극항로를 구축하자는 것이 러시아의 전략이다. 특히 극동·시베리아의 북극지역에는 러시아의 내륙 중심지 및 외국과 연계될 수 있는 이렇다 할 교통수단이 없기 때문에 지역개발을 촉진하기 위해서라도 북극항로의 활성화는 절박한 과제이다.

러시아는 북극항로가 단지 국내 연안 운송 수요를 충족시키는 것에 머무르는 것이 아니라 거대한 통과운송(transit) 잠재력을 실현하는 국제운송회랑(ITC)이 될 것이라고 기대하고 있다. 실제로 북극항로는 현재 운용되고 있는 대륙 간 항로에 비해 운항 거리와 시간을 대폭 단축할 수 있는 이점이 있다. 안전성·비용 측면에서도 기존 항로보다 경제적이라는 평가를 받고 있다.[7] 예를 들면 부산-로테르담 간 운송에서 기존의 수에즈 운하를 통과하는 인도양 노선은 20,000km에 24일이 소요되지만, 북극항로를 이용할 경우에는 운송거리는 13,000km로 약 7,000km가 단축되고, 운송시간은 기존의 24일에서 14일로 단축된다는 것이다.[8] 러시아는 이러한 이점들 때문에 향후 이 노선을 이용한 통과운송 물동량이 지속적으로 증가할 것으로 기대하고 있다.[9]

그러나 최근 북극항로의 물동량 증가 추세에도 불구하고 아직은 비교우위를 논할 단계는 아니다. 북극항로의 본격적인 상업화까지는 상당히 많은 한계와 장애 요인이 존재하고 있기 때문이다. 예측할 수 없는 여러 요소들 때문에 과연 기존 항로보다 경제성이 있는지에 대한 근본적인 의문도 제기되고 있다. 쇄빙선 이용의 고비용, 선박운행 안전을 위한 보험 비용, 시간 지연에 따른 신뢰 하락 등 추가 비용 등을 고려하면 북극항로 이용의 효율성이 떨어진다는 주장도 존재한다.

〈그림 1-4〉 북극항로를 연결하는 유라시아 물류 네트워크

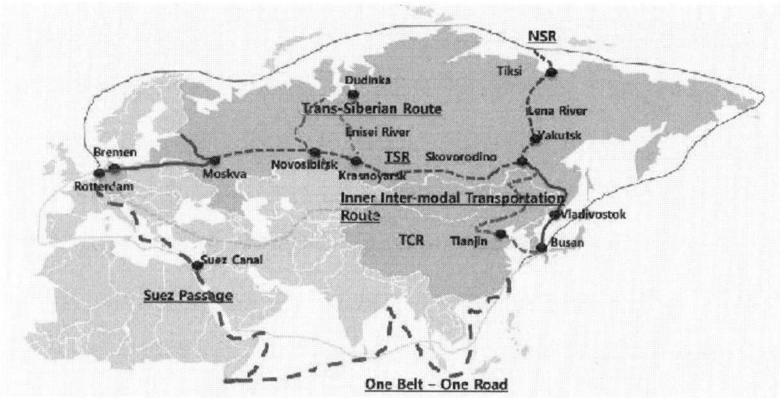

출처: Lee Sung-woo, Yun-hee Hwang, "Possible Business Models Using the NSR: South Korea's Perspective," p. 45.

북극항로 활성화와 관련해서 한·러 교통·물류 부문에서 전략적 협력을 추진할 수 있는 분야는 현대적인 원자력 쇄빙선을 건조하는 것이다. 양국의 기술력을 결합하여 중장기적으로 쇄빙 기능을 갖춘 원자력 컨테이너선 건조를 검토해볼 수도 있다. 또한 북극지역 교통인프라의 미비와 시설 부족이 북극항로의 활성화에 치명적인 한계라는 점을 고려한다면, 북극지역 역외의 주요 통과지역에도 항만시설 신설(확충)과 물류시설의 확충은 불가피하다. 따라서 북극지역의 자원개발과 북극항로의 상업화는 상호 긴밀하게 연관된 문제라는 인식하에 북극 연안국 및 역외 이해당사국 간 다자간 국제협력을 강화할 수 있는 플랫폼을 조기에 구축해야 한다.

V. 결 론

북방의 유라시아 대륙으로 가는 길은 멀고 험하다. 여전히 그곳으로 향한 길은 위태롭고 불안정하지만, 연계를 위한 시도에는 중단이 없다. 중단되었던 속초-자루비노-훈춘 간 한·러·중 '백두산항로'는 2017년 7월 재개될 전망이다. 나진·하산 구간의 철도 현대화로 시작된 TKR-TSR 연결 프로젝트는 적절한 합의만 성사된다면 언제든지 쌍방향으로 현대화 사업을 가속화할 태세다. 중국은 이미 북한으로 통하는 양대 거점인 단둥과 훈춘까지 모두 고속철도로 연결하는 작업을 마친 상태이다. 따지고 보면 일대일로가 언제든 한반도로 확장될 수 있는 지점을 확보한 것이다. 바야흐로 유라시아 대륙은 북극항로와 일대일로라는 거대한 두 개의 국제운송회랑이 감싸고 있는 형국을 하고 있다. 따라서 국면에 따라 진퇴야 있겠지만 북방 대륙과 연계되는 길은 피할 수 없을 것으로 보인다.

현재 일대일로와 북극항로의 교통 연계성 측면에서 중국의 동북3성, 북한, 러시아 극동은 물리적 공백으로 존재한다. 이 사실에 주목한다면 일대일로와 북극항로를 물리적으로 연결할 수 있는 '고리'가 필요하고, 북극항로의 활성화 측면에서 보면 현대적인 중계항만의 건설이 여기에 해당될 것이다. 따라서 북한의 개혁·개방을 유도하면서, 동시에 한반도 통합인프라를 촉진하고, 일대일로와 북극항로의 연결고리로서의 역할을 실현할 수 있는 '유라시아 이니셔티브 2.0'에 대한 깊은 고민이 필요하다.

한국의 '유라시아 이니셔티브'와 결합될 수 있는 최적의 장기 협력 프로젝트는 한반도(남·북한)·중국의 동북3성·몽골·러시아의 극동·시베리아를 내륙수운·철도·도로 등으로 종단하여 북극의 극지철도(예정) 등과 연계되고, 다시 북동항로를 통해 동시베리아해, 베링해를 지나 동해, 동중국해로 순환 연계되는 대규모의 루프(loop)를 구축하는 개발회랑 구상이다. 이러한 국제운송회랑의 구축은 중국 동북3성, 러시아 극동·시베리아, 한국 강원 동해지역, 일본 서안 지역 등 이해당사국의 낙후된 지역 개발과 연관된 윈윈(WinWin) 프로젝트이고, 무엇보다도 '유라시아 이니셔티브 1.0'이 간과했던 문제들, 즉 통과지로서의 북한의 국제적 위상 인정, 북한의 참여를 통한 개혁·개방 기조로의 전환 등의 문제를 해결함으로써 한반도 및 동북아의 국제정치적 불안정 요인을 제거하고 동북아다자협력구상을 실현하는 효과를 기대할 수 있다.

일대일로 구상의 전면적인 실천으로 향후 중국과 러시아가 전개해 나갈 지정학적 경쟁과 협력의 이중구조에서 한국의 전략적 가치를 제고하는 노력이 필요하다. 러시아에게는 '압도적인' 중국을 견제할 균형추가 필요하다. 중앙아시아에게도 과도한 대중국 의존도에서 벗어나고 중·러 간 지정학적 경쟁에서 '균형외교'를 펼쳐 나갈 수 있는 연대의 축이 필요하다. 이런 이유로 한국은 유라시아 대륙에서 그에 합당한 전략적 위상을 찾기 위한 노력을 경주할 필요가 있다.

참고문헌

백남운. 『조선민족의 진로 · 재론』. 서울: 범우사, 2007.

성원용. "시베리아 극동지역의 교통인프라 : 현황, 과제, 발전 전략," 최태강 엮음, 『러시아의 중앙 · 지방관계와 시베리아 지방화 탐색 』. 서울: 엠-애드, 2013.

조영관. "극동러시아 항만 물류 인프라 개발과 한국의 협력 방안." 『ISSUE Report』. 한국수출입은행 해외경제연구소, Vol. 2016-지역이슈-10. 2016년 9월.

Lee Sung-woo & Yun-hee Hwang. "Possible Business Models Using the NSR: South Korea's Perspective," 『KMI International Journal of Maritime Affairs and Fisheries』. Vol. 7, Issue 2. 2015.

Балмасов, С. А. "Основные факторы, влняющне на развнтне транзнтной навнгацнн на СМП," Трансцорт Россннйской Федерацнн, No. 2. 2014.

Ластовцев, А. Ю. н В. И. Королев. "Северный морской цуть как церсцектнвная трасса международного транзнта," Наука н тансцорт, No. 2. 2012.

Пересыцкнн, Всеволод РазвнтнеСеверногоморскогоцутн,"

http://morvesti.ru/analytics/index.php?ELEMENT_ID=13995&sphrase_id=529211(검색일: 2013.4.30)

http://www.yonhapnews.co.kr/bulletin/2017/03/29/0200000000AKR20170329118351014.HTML?input=1179m(검색일: 2017. 3. 30)

http://www.hankyung.com/news/app/newsview.php?aid=201703297951i(검색일: 2017. 3. 30)

미주

1) 백남운, 『조선민족의 진로 · 재론』 (서울: 범우사, 2007).
2) 이하의 논의는 성원용, "시베리아 극동지역의 교통인프라: 현황, 과제, 발전 전략," 최태강 엮음, 『러시아의 중앙 · 지방관계와 시베리아 지방화 탐색』 (서울: 엠-애드, 2013)을 부분적으로 수정한 것임.
3) 조영관, "극동러시아 항만 물류 인프라 개발과 한국의 협력 방안," 『ISSUE Report』 Vol. 2016-지역이슈-10(서울: 한국수출입은행 해외경제연구소, 2016년 9월), 2쪽.
4) 조영관, 위의 책, 13쪽
5) http://www.yonhapnews.co.kr/bulletin/2017/03/29/0200000000AKR20170329118351014.HTML?input=1179m(검색일: 2017.3.30)
6) http://www.hankyung.com/news/app/newsview.php?aid=201703297951i(검색일: 2017. 3. 30)
7) 일부에서는 북극항로(NSR)에 '해적'이 출현할 위험이 없어 보험료 부담을 줄일 수 있다고 주장한다. 이들의 주장에 따르면, 흔히 북극항로에 대해 혹한과 유빙과의 충돌 등 극한조건에서 운항함으로써 많은 위험에 노출될 수 있다는 '편견'이 있지만, 실제로 40년간 북극항로에서 선박 전손 비율이 0.04%인데 반해, 일반적인 상업항로에서 전손 비율은 0.4%로 더 높았다. **Ластовцев & Королев, Северный морской цутькак церсцектнвнаятрасса международноготранзнта,"** 2012. **Наука н тансцорт**, No. 2. С. 28.
8) 러시아는 북동항로에 대해서 비슷한 전망을 하고 있다. 요코하마-로테르담 운송의 경우에 기존의 수에즈운하 통과 노선은 11,205 해리이지만, 북동항로를 이용할 경우에는 3,860 해리, 즉 약 34%의 운송거리를 단

축시키는 효과를 볼 수 있다.

9) 북극항로를 이용한 통과운송 잠재력은 연간 800~1,500만 톤으로 추정된다. 이것은 대략 수에즈 운하와 파나마 운하를 이용하는 물동량 중 약 10%에 해당되는 것으로 추산하고 있다.

제2장

북한 핵·미사일과 신북방전략*

– 러시아 활용 방안 –

박종수

* 이 장은 슬라브 · 유라시아학회 춘계학술대회(2017.3.18)에서 발표한 '북한의 핵·미사일 개발과 러시아의 역할' 및 월간중앙(2017.5월호)에 기고한 '러시아가 바라본 북한의 핵·미사일'을 재구성한 것임.

요약문

북한 정권사는 단적으로 핵개발의 역사였다. 1946년 김일성대에 핵의 이론적 기반을 다지는 물리수학부가 최초 개설되고, 1954년 핵무기 방위부문 설치에 이어 핵물리연구소를 개설했다. 1956년 소·불 간 원자력의 평화적 이용협정 체결 후 1990년까지 두브나연구소에 북한 과학자 250여 명이 연수했다. 북한의 미사일 개발도 전적으로 소련의 지원에 의존했다. 1960년 말 북한의 군사장비 현대화를 위한 장기협정을 체결하고 1962년에 지대공 미사일 SA-2를 공여했다. 물론 '평화적 이용'이라는 전제가 따랐다.

초기단계(1946~1990년)에서 소련은 핵무기 응용 전술과 전략을 북한 측에 전수했지만 핵탄두 개발에 대한 직접적인 기술지원을 차단했다. 그러나 북한은 핵의 군사용 전용을 위해 수단방법을 가리지 않았다. 미사일 개발도 기본적 프로그램은 일차적으로 소련에서 차용했다. 소련 붕괴 후 혼란기를 틈타 무기와 전문가를 불법 반입·초청해 갔다. 1992년 러시아 미사일전문가 20명이 방북 직전 공항에서 체포됐고, 1999년까지 중고 미그-21기 40대를 해체해 북한으로 반입했다. 최근에는 우크라이나 내전의 혼돈상황도 이용했다. 이렇듯 북한은 합법·불법적 방법으로 군사기술을 획득하면서 핵·미사일 프로그램을 업그레이드시켜 왔다.

러시아 해외정보부는 1993년 이미 북한의 핵보유 능력에 대해 경고했고, 이바노프 국방장관은 2006년 1차 핵실험 때 9번째 핵보유국임을 인정했다. 북한은 2020년까지 80여개의 핵탄두를, 5~7년 후에는 고체연료의 대륙간 탄도미사일(ICBM)을 보유할 것으로 전망한다. 미국 트럼프정부가 북한의 핵·미사일 시설을 선제타격 할 때 김정은도 한국의 원자력발전소를 보복 공격할 것이라는 견해가 지배적이다. 북한은 단·중거리 미사일을 실전배치해 미국의 본토를 직접 위협하지 않으면서도 한국 등 동맹국가들을 직접 타격하는 전략이다.

해법은 없는가? 러시아가 2003년 제시한 일괄타결안이다. 첫째, 한반도의 비핵화를 보장하고 둘째, 양자·다자 간 대화를 통해 북한의 안전을 보장하며 셋째, 대북 인도적·경제적 지원 프로그램을 재개하는 것이다. 우선적으로 휴전협정의 평화협정 전환 및 북·미, 북·일 간 수교가 이루어져야 한다. 다행히도 러시아 푸틴 대통령은 러·북, 러·일, 러·중 및 러·미 등 주변 이해당사국 정상들과 우호적인 관계를 유지하고 있다. 역사적으로 이러한 상황도 별로 없었다. 한국은 이 절호의 기회를 활용해 북한의 핵문제를 근본적으로 해결하고 한반도의 평화와 안정을 구축해야 할 것이다.

I. 서론

미국의 트럼프 대통령은 취임 전부터 북한의 핵·미사일 개발에 대해 선제타격 등 단호하게 대처하겠다는 입장을 밝혔다. 북한 김정은은 신년 초 미국 도달의 대륙간탄도미사일(ICBM) 개발 성공을 호언장담하면서 지난 2월 14일 북극성 2호 중거리미사일을 발사하고 다음날 말레이시아공항에서 이복형 김정남을 독살시켰다. 그리고 3월 6일에는 평북 동창리에서 동해상으로 4발의 탄도미사일을, 4월 5일에 함남 신포에서 또 미사일을 발사했다. 북한의 지속된 도발과 미국의 유례없는 초강경 대북정책으로 한반도 정세는 더욱 불안해지고 있고 국제사회의 이목이 집중되고 있다.

그렇다면 오늘날 북한의 핵·미사일 개발능력은 어느 수준인지, 종주국 러시아가 북한의 핵·미사일 개발과정에 어느 정도 관여했는지, 미국의 북핵시설 선제타격과 북한의 맞대응이라는 극한시나리오가 현실화될 개연성은 없는지 등 면밀한 분석이 요구되는 상황이다. 무엇보다도 북한 핵·미사일의 기초를 제공한 러시아의 평가는 오늘날 북핵 상황을 진단하고 전망하는 데 보다 객관적 잣대가 될 수 있을 것이다.

II. 북한의 핵·미사일 개발

1. 배경

1945년 8월 일본 본토에 투하된 핵폭탄의 위력은 빨치산 대장 김일성의 뇌리에 강하게 각인되었다. 김일성은 단 두 발로 일왕을 무릎 꿇게 한 신예무기의 정체에 대해 전율 어린 호기심을 떨쳐 버릴 수 없었다. 비단 김일성만이 아니었다. 스탈린조차도 1945년 7월 포츠담 회담에서 신형무기를 개발했다는 트루먼의 말을 이해하지 못했다. 일본 본토의 원폭 투하 사실을 접하고서야 미국의 핵개발 성공에 큰 충격을 받았다. 선진국의 핵독점과 후발국의 핵개발 추격은 이처럼 1940년대 미·소 간에 시작되어 1950년대 중·소 간, 그리고 1990년 이후 북한을 둘러싼 쟁점으로 되살아났다.

그렇다면 북한은 왜 그토록 핵개발에 올인해야만 했을까.[1] 첫째, 제2차 세계대전 말 일본 본토에 투하된 원폭은 15년간 빨치산부대에서 항일전투를 했던 김일성에게는 신비의 무기였다. 둘째, 미국 지도부가 한국전 개전 초기에 북한군을 신속히 퇴각시키기 위해 핵무기 사용 가능성을 검토했다는 사실이다. 이는 북한이 1961년 소련·중국 두 나라의 핵우산하에 들어가기 위해 동맹조약을 체결한 이유 중 하나였다. 셋째, 김일성은 1962년 10월의 쿠바사태를 지켜보면서 사회주의 동맹국들이 미국과의 핵갈등 상황에 처할 때 소련으로부터 직접적인 지원을 기대할 수 없다고 판단했다. 넷째, 1970년대 남한은 비밀리에 핵개발을 추진하다 미국의 압력 때문에 접었지만, 그 대신 미국은 한국에 핵무기를 배치했다. 다섯째, 1990년대와 2000년대에 사회주의권이 해체되고 중동의 독재국가들이 미국에 굴복하는 것을 목도하면서 의지할 것은 핵무기밖에 없다는 결론에 이르렀다.

2. 과정

(1) 핵

1946년에 설립된 김일성대에는 핵개발의 이론적 기초를 다지는 물리수학부가 동반 개설됐다. 대학 설립위원인 도상록 교수가 초대 학부장을 맡았고, 서울대 리승기 교수와 연세대 한인석 교수가 나중에 합류했다. 이들이 소위 북한 핵연구 1세대의 3인방이다. 리승기 박사는 세계 3번째 합성섬유인 비날론을 개발해 1962년 레닌상을 수상했고 4년 후에는 소련 과학아카데미 명예원사로 추천됐다. 그는 모스크바대에서 핵물리학을 공부했고 1965년 6월 영변에 2MW 연구용 원자로를 가동시키면서 초대 원자력연구소 소장을 역임했다. 그리고 정근, 최학근, 서상국 등 소련 유학파 3인방이 2세대로 이어갔다. 서상국 교수는 1966년 소련에서 28세의 젊은 나이에 박사학위를 취득하고 귀국해 김일성대 물리학과 학과장을 역임했다. 그가 바로 2006년 10월 북한의 제1차 핵실험을 주도했던 장본인이다. 그 이외에도 두브나연구소에서 연수한 핵발전소 건설전문가 계영순과 김일성대 박관오 총장도 북한핵 개발사의 한 페이지를 장식한 인물들이다.[2]

〈그림 2-1〉 러시아 두브나연구소

출처: https://commons.wikimedia.org(검색일: 2016.12.1)

김일성은 한국전쟁 직후 1954년에 인민군을 개편하여 핵무기 방위부문을 설치하고 이듬해에 핵물리연구소를 개설했다. 1956년에는 소련과 '원자력의 평화적 이용 협력협정' 2건을 체결했다. 북한이 모스크바 북방 110km에 위치한 두브나연구소에 연수생을 본격적으로 파견한 시기도 바로 이때였다. 북·러 간 과학협력이 중단된 1990년까지 30여 년간 북한 과학자 250여 명이 이 연구소를 거쳐 갔다.[3]

1964년에 북한은 소련의 지원하에 영변에 핵연구소를 건설했다. 이때부터 북한의 핵연구는 일정한 규모를 갖추게 된다. 이듬해 8월에 소련은 0.1MW 임계실험장비와 2MW 연구용 핵반응로(IRT-2000) 및 광선연료 가공설비를 북한에 제공했다. 1970년대 말에 북한은 핵시설을 급속히 확대하면서 핵무기 제조를 포함한 핵개발 임무를 북한 과학원, 인민군 및 보위부에 국한시켰다.[4] 북한의 핵개발 과정에서 간과할 수 없는 것은 핵개발 업무를 군조직이 주도했다는 사실이다. 만약 '평화적 이용'이 목적이었다면 구태여 군부가 전담할 이유가 없었다.

북한은 1979년에 자체 기술로 실험용 핵반응로 건설에 착수해서 1986년 정식 운전을 시작했다. 1985년에는 영변 핵시설에 이용된 핵연료봉을 사용해서 플루토늄을 추출하는 실험실 건설도 진행시켰다. 그해 12월에는 강성산 내각수상이 모스크바를 방문하여 티호노프와 북한의 핵발전소 건설협정을 체결하고 아울러 북한의 핵확산금지조약(NPT) 가입으로 양국 간 원자력의 평화적 이용분야에서 협력할 수 있는 가능성을 열어 놓았다.[5] 이로써 소련 측이 그간 거부해온 발전소 건설문제도 탄력을 받았다.

1986년 1월에 북한은 영변 핵물리연구소에 5MW 실험용 흑연 원자로를 도입했고, 1987년 영변에 연구센터로서 화학방사실험실 건설이 착수되었으며, 나중에 '사용 후 핵연료' 가공공장으로 활용됐다. 이것은 '사용 후 핵연료'를 연간 약 200톤 가공할 능력을 갖춘 세계에서 두 번째로 큰 시설이다. 1980년대에 오직 영변에만 핵개발과 직·간접적으로 관련된 시설들이 100여 개 이상 건설됐다. 대표적인 것으로 동해안 신포의 핵발전소용 전기원자로 4개(각각 440MW), 군사분계선 북서쪽 48km 지점 평산 북쪽의 우라늄광 채취·가공공장 및 박천의 저농축 우라늄공장 등이다. 더 나아가 1994년 말 영변 북서쪽 30km 지점의 대천시 지구에 200MW 원자로 건설이 1997~1998년 완공 목표로 착수되었다.[6] 이곳 영변이 소련의 지하 핵개발 단지인 크라스노야르스크-26과 매우 흡사하다는 견해가 있다. 지하 약 180m에 건설된 크라스노야르스크-26은 플루토늄 원자로 3기와 폐연료봉에서 플루토늄을 분리하는 방사화학시설 뿐만 아니라 탄도미사일 공장 등을 갖추었고, 다수의 북한 전문가들이 이곳에서 훈련을 받은 것으로 알려졌다.

(2) 미사일

북한의 미사일 개발도 두말할 나위도 없이 소련의 지원 없이 그렇게 괄목할 만한 성과를 거둘 수 없었다. 첫 번째 가시적인 행보는 소련이 1960년 말 북한의 군사장비 현대화를 위해 장기협정을 체결하고 이를 근거로 1962년에 지대공 미사일 SA-2(러시아명 V-75, 사정거리 45km)를 공여했다. 이것이 북한 미사일 잠재력의 기초가 됐다. 북한은 바르사뱌동맹조약 회원국이 아닌 국가로서 자국의 영토에 대공미사일 SA-2를 설치하는 세 번째 국가(중국과 쿠바에 이어)가 되었다.[7]

1962년 말부터 1963년 초 사이에 평양 인근에 최초의 미사일 부대가 설치되었고 소련은 미사일 시스템의 조립, 유지 및 테스트에 대한 책임을 전담했다. 1965년 5월과 1967년 3월에 서명된 협정서에 따라 군사원조가 재개되면서 소련은 북한에 자동조종장치를 갖춘 지상 설치용 미사일 S-2 Sopka, 잠대잠함 미사일 P-20, 그리고 재래장비의 탄도미사일 LUNA-2 등을 공여했다. LUNA-2는 최소 27대에서 최대 63대까지 공여한 것으로 알려졌다. 또한 이동발사체 9대와 보조장비도 제공했고, 1968년에는 무개화차의 지대지 미사일 2K6 LUNA(NATO명 FROG-3/5, 사거리 50km) 6대도 함께 공여했다.[8] FROG는 'Free Rocket Over Ground'의 약자로 NATO가 붙인 이름이다.

〈그림 2-2〉 북한 영변 핵 시설 현황

출처: 『연합뉴스』, 2010년 11월 14일.

1960년대 말 소련과 북한 관계가 다시 소원해지면서 중국의 도움으로 소련 공여의 미사일(SA-2, S-2, P-20)에 대한 재건 및 현대화를 이루었다. 마침내 북한은 1975년부터 미사일의 자체 개발에 착수했다. 즉 북한의 탄도미사일 개발프로그램은 소련의 LUNA급 미사일과 중국 미사일(HQ-2, DongFeng-61)의 현대화였다. 당시 DongFeng-61의 현대화는 북한으로 하여금 보다 장기적 관점에서 첨단기술 수준의 탄도미사일 개발을 보장케 했다. 나아가 북한은 전투용 미사일 LUNA-M(NATO명 FROG-7)을 획득하고 LUNA-2를 개조해 독극물을 장착한 탄도탄 개발에 착수했다.

그러나 당시 소련과의 관계 악화로 북한은 이집트와 미사일 협력협정을 체결하고 이집트 보유의 소련제 스커드급 미사일을 재도입해 개량화하는 우회 전략을 구사했다. 1984년 초까지 시험을 거쳐 1985년 제조에 들어간 중거리 대공미사일 화성-5(S-125 Neva/Pechora, 사정거리 35km)는 이집트 P-17E 미사일의 정확한 복제판이었다. 화성-5(스커드-B)는 소련의 스커드-A를 약간 변형한 것으로, 북한에서 전적으로 조립된 최초의 전투용 미사일이다.[9]

소련은 1987년도에는 대공미사일 SA-5(S-200 Angara/Vega/Dubna, 사정거리 300km)를 공여했다. 소련의 스커드-C급과 동일한 화성-6은 북한의 미사일 프로그램을 재편하는 기초가 됐다. 화성-6은 무수단 기지에서 1990년 6월에 최초 시험 발사된 후 1999년까지 5회 실시되었고 모두 성공했다. 특히 1993년 5월 말에 무수단에서 화성-6 미사일이 3번 발사되었는데, 그중의 하나가 노동 미사일이었다.[10]

그 후 노동미사일 개발은 1988년에 착수되어 1993년부터 1994년 사이에 집중적으로 생산되었다. 3대 기본과제는 첫째, 오키나와 미군기지에 도달할 수 있는 사정거리 1,000~1,500km의 탄두 1,000~1,500kg을 운반할 수 있고 둘째, 기본적인 미사일 개발을 바탕으로 사정거리를 늘리며 셋째, 핵탄두를 운반할 수 있는 수준으로 개발하는 것이다. 화성-6 미사일이 월평균 2~4대 생산됐고, 1999년 말까지 노동미사일 75~150대까지 생산됐다.[11] 러시아는 1994년 1월 18일 북한에 골프-2급 잠함 미사일 10대를 공여했다.[12] 1990년대 초부터 추진된 장거리 미사일 대포동-1, 대포동-2 개발은 화성-6과 노동 미사일의 개발에서 얻은 경험을 토대로 착수됐다.

3. 수준

(1) 핵

1990년 소련의 국가보안위원회(KGB) 클류치코프 의장은 공산당 중앙위 정치국보고서(No.363-K)에서 '영변에서 최초의 기폭장치 개발이 완료되었다. 그러나 북한은 핵무기 제조 사실을 은폐하기 위해 현재로써는 그의 실험을 계획하고 있지 않다'고 밝혔다.[13] 3년 후 러시아 해외정보부(SVR, KGB후신)는 『냉전 후 새로운 도전: 대량살상무기확산』 제하 백서에서 '현재 북한은 핵무기를 보유하지 않고 있다. 다만 상당기간이 지나면 핵분야에서 군사용 프로그램을 발전시킬 것'[14]임을 경고했다.

사실 북한은 1989~1990년간 3차에 걸쳐 영변의 5MW 흑연원자로를 폐쇄했다. 1992년 IAEA에 제출한 보고서에 의하면, 북한은 기술적 이유 때문에 원자로를 폐쇄했다고만 밝혔다. 아마도 이때 일정량의 플루토늄을 추출했거나 가공했을 것으로 추정한다. 러시아 SVR은 미국 CIA와 마찬가지로 IAEA의 기준에 근거하여 핵폭탄 1개 제조를 위해 필요한 최소한의 플루토늄량을 8kg으로 계산했다. 1994년 8월 D.키드 IAEA 의장은 자체 전문가들의 의견을 종합하여 8kg은 너무 높은 수치라고 발표했다. 그는 북한이 낮은 기술 수준의 핵무기 미보유국으로서 플루토늄 3kg으로 1kT의 핵폭탄 1개를 제조할 수 있다고 주장했다.[15] 영변의 5MW 원자로가 1일 5g(연간 1.8kg)의 플루토늄을 생산할 경우, 50MW 원자로는 연간 20kg까지 생산할 수 있고 이는 4~5개의 폭탄을 제조할 수 있다.[16]

북한의 군사용 핵개발은 일련의 경제·기술적 어려움으로 인해서 수차례의 동결과 재개를 반복해 왔다. 1980년대 말 북한이 국제사회로부터 정치·경제적으로 고립되어 감에 따라 핵분야에서의 설비공급 및 연구·개발의 지속성을 유지하는데 어려움에 봉착했다. 특히 북한은 1992년 5월 IAEA 사찰단의 최초 방북 전에 핵개발의 군사부문을 이미 중단했고 NPT조항에 위배되는 기존

활동의 흔적을 감추기 위해 필요한 조치를 단행했다. 그러나 이것은 일시적인 미봉책에 불과했다.

북한은 2006년 10월에 1차 핵실험을 실시했다. 이바노프 국방장관은 북한이 10월 9일 오전 5시 35분 26초(모스크바 시간)에 핵실험을 단행했다고 푸틴 대통령에게 보고했다. 이어 이바노프 장관은 각료회의에서 "북한이 폭발규모 5~15kt의 대규모 핵실험을 성공시켜 9번째 핵보유국이 됐다"고 발표하면서 이는 대량살상무기비확산 규정을 위반한 것임을 지적했다. 러시아는 대북 제재를 위한 유엔 안보리 1718호 결의에 동참했다. 이 결의안에 따라 대북 핵·미사일 기술 및 사치품 수출을 금지하고 북한 관계자들의 러시아 입국을 불허했다.[17] 그 후 북한은 이러한 국제사회의 제재에도 아랑곳하지 않고 고삐 풀린 망아지처럼 핵개발에 박차를 가했다.

〈그림 2-3〉 북핵실험 화대군 무수단리 위성사진

출처: 『연합뉴스』, 2006년 10월 9일.

러시아의 핵 전문가들은 북한의 핵개발을 두 가지 관점에서 평가했다.[18] 즉 '정치적 핵'과 '물리적 핵'이다. 정치적 핵은 문자 그대로 핵개발을 빙자한 외부용 협상카드다. 주로 6자회담 출범 직후에 구사했던 대미 협상전략이다. 북한은 '핵의 모호성'을 유지하면서 핵포기 단계를 최대한 잘게 자르고 각 단계마다 최대한의 보상을 요구하는 전략이다. 두 번째는 물리적 핵 개발이다. 물리적 핵 개발은 정치적 핵의 효력이 극대화되는 순간에 포기될 수 있다. 그러나 지금은 물리적 핵 능력이 가시화됨에 따라 정치적 핵 비중이 상대적으로 줄고 있다.

(2) 미사일

지난 2월 12일의 북극성 2호 중거리 고체연료 미사일, 3월 6일의 탄도미사일 4발, 4월 5일의 미사일 발사는 북한의 핵·미사일 개발수준에 대해 시사한 바가 적지 않다. 러시아 군사전문가 블라디미르 흐루스탈료프는 1966~1970년대의 소련처럼 비약적인 발전이라면서 북극성 2호가 적의 선제공격을 회피하는데 용이하다고 평가했다.[19] 그 이유는 첫째, 콜드론치식 시스템은 발사 후 공중에서 점화되기 때문에 임의의 장소에서도 쉽게 발사할 수 있다. 둘째, 고체연료 시스템은 발사준비 시간을 대폭 단축해 줌으로써 적의 발견-확인-명중할 시간적 여유를 최소화한다. 셋째, 고체연료 시스템은 지원 차량수를 줄일 수 있어 기밀성을 유지할 수 있다. 넷째, 발사체가 크지 않아 현지에 맞게 위장하거나 지하 방공호에 은닉시킬 수 있다.

콘스탄틴 시프코프 지정학아카데미 원장은 "만일 사정거리가 500km였다면 경사로를 따라 비행했을 때 실제 사격거리는 3,000에서 5,000km까지 볼 수 있다"고 평가했다. 국방지 편집장 이고리 코로트첸코는 "충분한 방위역량을 갖춘 핵·미사일 강국의 위상에 완전히 근접했다"고 진단했다. Military Russia 포털사이트 설립자 드미트리 코르네프는 "북한이 대륙간탄도미사일 개발을 위한 과학기술 인프라를 확보하고 있는 점에 의심하지 않는다"고 언급

했다.[20]

오늘날 북한의 미사일 개발수준은 1960년 소련과 무기현대화 장기협정을 체결한 이후 60여 년이 경과하면서 비약적으로 발전했다. 특히 1998년 8월 31일 무수단에서 최초로 발사된 대포동 미사일(광명성 1호)은 북한이 다단계 미사일과 연료·조준 시스템 등을 갖추고 있음이 확인됐다.[21] 2006년 7월 5일 대포동 2호, 2009년 4월 5일 은하 2호(광명성 2호)에 이어 2009년 10월 12일 함북 화대군 무수단리에서 동해안을 향해 KN-02 지대지 미사일(사거리 120km) 5발이 발사됐다. 그런데 이것은 구소련의 이동식 지대지 단거리미사일 SS-21을 개량한 것이다. 2012년 12월 12일 발사된 은하 3호(광명성 3-2호)는 '추진체의 용접이 매우 조잡한 것으로 보아 북한이 직접 제작했다'는 것이 러시아 군사전문가의 평가다.

〈그림 2-4〉 북한 미사일 발사장면

출처: 『연합뉴스』, 2017년 3월 7일.

III. 러시아의 역할

1. 역할과 방임

북한 정권사는 단적으로 핵개발의 역사였다. 김일성의 비핵화 유훈은 위장전술에 불과했다. 그는 생의 마지막 순간까지 핵·미사일 개발에 적지 않는 심혈을 기울였다. 아들 김정일은 물론이요, 손자 김정은도 핵개발에 대한 집념을 잠시도 멈추지 않고 있다. 말할 나위 없이 핵개발의 원천은 바로 종주국 소련이었다. 소련이 북한을 위성국으로 세우면서 핵시설과 기술도 함께 전수했다. 물론 '평화적 이용'이라는 전제와 함께 어떤 경우든 무기화해서는 안 된다는 것이 국경 인접국 소련의 입장이었다. 종주국의 의중을 간파한 북한은 지속적이고, 단계적이며, 우회적인 방법으로 핵기술을 습득해 왔다.

초기단계(1946~1990년)에서 소련은 핵무기 응용 전술과 전략을 북한군 장교들에게 전수했지만 핵탄두 개발에 대한 직접적인 기술지원을 차단했다. 그럼에도 불구하고 북한이 무기급 핵물질을 획득하기 위해 이중용도의 흑연원자로를 이용함으로써 핵프로그램을 군사용으로 전용했을 가능성을 배제할 수 없다. 추가적으로 영변에 핵무기 가공공장을 설립한 사실은 북한에서 무기급 플루토늄 정제가 이루어졌음을 입증했다.[22] 북한은 핵무기 운반체인 미사일 개발과정에서도 기본적인 프로그램을 일차적으로 소련에서 차용했다. 물론 중동국들과의 미사일 거래는 북한으로 하여금 장기간에 걸친 미사일 개발에 필요한 재원을 확보하는 데 일조했음은 부인할 수 없다.

북한 핵·미사일 개발의 중간단계(1991~2010년)에서는 소련 붕괴의 혼란상이 역설적으로 핵·미사일 개발에 기여했다고 할 수 있다. 2016년 2월 8일 발사된 은하 3호에 대해 이병호 국정원장은 비공개 정보위 브리핑에서 '주요 부품을 러시아에서 도입했을 것'이라고 주장했고 드미트리 로고진 러시아 부

총리는 '터무니없는 소리'라고 반박했다.[23]

2016년 10월 발사된 탄도미사일(SLBM)에 대해서도 러시아 군사전문가 바실리 카신은 북한과 이란 간 장거리 미사일 개발협력에 기인한 것이라고 주장했다. 즉 북한의 노동미사일 기술과 부품들이 이란의 샤하브 3호를 완성시켰고 샤하브 3호의 기술이 북한의 대포동 1호를 개발하는 데 큰 역할을 했으며, 대포동 1호 기술은 이란의 세질(Sejjil) 2호를 완성시켰다는 것이다.[24]

그렇지만 러시아가 직접적으로 지원하지 않았더라도 오히려 북한은 소련 붕괴 후 혼란기를 틈타 다양한 무기를 불법적으로 반입해 갔고 다수의 전문가들도 은밀히 데려갔다. 1992년 12월에는 북한 측은 첼랴빈스크의 마케예프 설계국 소속 미사일 전문가 20명을 북한으로 불법 초청하려다가 러시아 연방보안부(FSB)에 의해 공항에서 체포됐다. 1998년 10월에 북·러 국경인 하산역에서 러시아제 군사용 헬기(MI-8T) 5대를 북한으로 반입하려다가 실패했다. 1999년 3월 아제르바이잔 바쿠 공항에서 미그-21기 6대를 해체해 선적한 평양행 AN-124 수송기가 저지당했다.[25] 이런 식으로 북한으로 반입된 중고 미그-21기는 총 40대에 이르렀다. 러시아는 2006년 12월과 2007년 6월 두 차례에 걸쳐 러시아 주재 북한 무관을 무기 밀구입 혐의로 추방했다. 2008년 6월에는 북한이 러시아제 폐함정을 구입해 반입하려다가 저지당했다.

이러한 일련의 사건을 통해 유치해 볼 수 있는 것은, 북·러관계의 부침과는 무관하게 북한이 합법·불법적인 방법으로 군사기술을 획득하면서 핵·미사일 프로그램을 업그레이드 시켜왔다는 사실이다. 북한은 2006년 10월에 1차 핵실험 후 주기적으로 핵과 미사일을 번갈아 가면서 시험해 왔다. 2006년 7월 5일 대포동 2호 미사일, 2009년 4월 5일 은하 2호(광명성 2호) 미사일, 2009년 5월 25일 2차 핵실험과 10월 12일 KN-02 지대지미사일 5발, 2012년 12월 12일 은하 3호(광명성 3-2호), 2013년 2월 12일 3차 핵실험, 2016년 1월 6일 4차 핵실험과 9월 9일 5차 핵실험, 2016년 10월 탄도미사일(SLBM), 2017년 2월 12일 북극성 2호와 3월 6일 탄도미사일 4발 등이다.

한편, 최근에는 북한은 사실상의 핵보유국으로 인정되면서 "핵·미사일 기술 획득을 위해 우크라이나 내전의 혼돈상황을 이용했을 가능성이 매우 높다"고 러시아 군사전문가 블라디미르 예브세예프가 지적했다.[26] 그는 "2014년에는 터키가 우크라이나로부터 보예보드 대륙간탄도미사일 생산기술 문서를 입수하려는 정황이 포착됐으나 미국에 의해 저지당했고 이후 미국은 우크라이나 유즈마시 공장 기술문서를 반출했다"고 주장했다. 또한 그는 우크라이나 정부가 러시아의 대북 지지를 비난하면서도 북한과의 무역에 적극성을 띠고 있다고 비난했다. 유럽안보협력회의(OSEC) 러시아 상임대표 알렉산드르 루카세비치도 2015년 12월 25일부터 2016년 1월 24일까지 우크라이나 공군 무기고에서 180대의 장비들이 도난당했다고 폭로했다.

2. 전망과 해법

러시아 전략문제연구소 블라디미르 노비코프는[27] "북한이 5~7년 후에는 고체연료 대륙간탄도미사일 핵보유국이 될 수 있다. 북극성 2호 발사는 미국 본토를 위협할 수 있는 ICBM 제조의 중간단계로서 가슴 조일 상황으로 첨예화될 것이다. 왜냐하면 미국은 한·일과 군사훈련을 중단하지 않을 것이고, 북한은 자국의 안보를 위협한다는 이유로 비난을 회피하면서 핵·미사일 잠재력을 발전시키는 근거로 삼을 것이기 때문이다"라고 강조했다.

과학아카데미 경제연구소 게오르기 톨로라야 박사는[28] "북극성 2호 발사는 외형적으로는 김정일의 생일 축하였지만 내면적으로는 트럼프 대통령의 관심을 끌기 위한 것이다. 북한의 미사일 발사는 부분적으로 한반도 분쟁을 부추길 수 있다. 가령 미국이 북한의 핵시설을 파괴할 경우에 북한은 한국의 원전을 공격할 수 있다. 북한이 일정한 조건하에서 미국과 대화할 준비가 되어 있어 군사적 시나리오 전개 가능성은 크지 않다"고 주장했다. 한편, 태영호 전 영국

주재 북한공사는 "미국의 선제타격은 현실적 방법이 아닌데도 마치 미국 대통령이 결심하면 가능한 것인 양 호도하고 있다. 설령 선제타격을 강행한다고 해도 북한은 사전에 징후를 관찰할 수 있기 때문에 동요하지 않을 것이다"고 평가했다.

1950년대에 아이젠하워 행정부는 '소련의 군사적 위협에 대해 핵을 선제적으로 사용하겠다'는 대량보복전략을 공개 천명했다. 미국의 핵능력보다 훨씬 열세였던 소련은 미국의 본토를 공격할 수 있는 전략미사일 능력을 발전시키기보다는 우선 동맹인 유럽 NATO 회원국들을 겨냥한 SS-4·SS-5 중거리 핵·미사일을 발전시켰다. 그 당시 소련은 전략핵무기 개발을 위한 잠재력은 있었지만 개발 의지가 없었는데, 아이젠하워의 '선제공격' 천명을 계기로 전략핵무기를 개발할 동기를 갖게 됐다.[29] 소련은 당시 미국 수준의 2차 타격 능력을 갖추지 못한 상태에서 미국의 동맹국들을 인질로 삼아 선제공격을 막고 전략핵무기 개발을 할 시간을 벌어야 했다. 이후 소련은 1960년대 초반부터 미국 본토를 공격할 수 있는 ICBM을 본격 개발했다. 그리고 1970년대 초반 미국과 전략무기제한협상(SALT)이라는 핵 군비통제 협상을 진행할 수 있었다.

이러한 시나리오는 오늘날 한반도에도 적용해 볼 수 있다. 북한이 미국의 본토를 직접 위협하지 않으면서도 한국 등 동맹국가들을 직접 타격할 수 있는 단·중거리 미사일을 실전 배치해 미국과 동맹국들 간 갈등을 유발하는 전략을 구사할 수 있다. 그리고 북한은 시간적 여유를 가지면서 주기적인 추가 탄도미사일 발사를 통해 ICBM 기술을 확보해 나갈 수 있다. 결국 시간의 문제다. 돌발변수가 발생하지 않는다는 전제하에 시간이 경과할수록 북한에게는 유리하고 우리에게는 불리한 안보환경이 조성될 것이다.

극동연구소 한국학센터 알렉산드르 제빈 소장은[30] "미국의 입장에서는 현재 평양과의 관계 악화가 보다 이익이다. 러·중 접경지대에 MD 배치의 정당성을 확보하는데 적절한 구실이 되기 때문이다. 따라서 워싱턴은 북한과 그 어떤 합의도 원치 않는다"고 전제하면서 "서방의 대북제재는 의도한 바를 얻지 못하고 있다. 이제 접근방식을 달리할 시기가 도래했다”고 강조했다.

그러면, 해법은 없는가? 러시아가 2003년 1월 10일 북핵 문제의 중재안으로 제시한 일괄타결안(пакетная инициатива)을 다시 한번 반추해 볼 필요가 있다.[31] 즉 첫째, 한반도의 비핵화를 보장하는 것이다. 둘째, 당사국 간 양자 또는 다자 간 대화를 통해 북한의 안전을 보장하는 것이다. 셋째, 북한에 대한 인도적·경제적 지원 프로그램을 재개하는 것이다. 즉 북한의 완전한 핵개발 포기와 서방의 대북 안전보장 및 경제적 지원이 동시다발적으로 이루어져야 한다는 것이다. 우선적으로 휴전협정의 평화협정 전환 및 북·미, 북·일 간 수교가 이루어져야 한다. 물론 이 시나리오가 채택되려면 서방은 그 당시보다 더 많은 반대급부를 북한에게 제공해야 할 것이다.

Ⅳ. 결론

러시아는 북한 정권 초기부터 핵개발을 위한 하드웨어와 소프트웨어를 전폭적으로 지원했다. '원자력의 평화적 이용'이라는 전제에도 불구하고 러시아는 자국의 의지와 무관하게 북한의 핵·미사일 개발에 직·간접적으로 기여했다. 북한은 핵개발의 기초를 다진 후에 소련 붕괴의 혼란기를 틈타 핵·미사일 장비와 기술을 불법적으로 반입해 갔다. 북·러관계가 최악인 상황에서는 중동의 구사회주의권 또는 중국을 이용하는 우회 전략를 구사했다. 최근에는 우크라이나 내전사태를 역이용하는 정황도 포착됐다.

북핵 실태를 면밀히 관찰해온 러시아 정보기관은 이미 1990년대 초에 북한의 핵개발 수준을 평가하면서 장기적으로 핵·미사일 보유 가능성을 경고했다. 2003년 6자회담 출범을 앞두고 '일괄타결안'이라는 해법도 제시했다. 그러나 서방의 미온적 대처는 사실상 북한의 핵보유를 허용하고 말았고, 이젠 ICBM 핵탄두 개발도 가능하다는 것이 러시아 전문가들의 진단이다.

앞으로 북한은 미국의 본토를 직접 위협하지 않으면서도 한국 등 동맹국들을 타격하는 중단거리 미사일을 실전배치해 미국과 동맹국들 간 갈등을 유발하는 전략을 구사하면서 시간적 여유를 갖고 ICBM 개발과 핵탄두 경량화를 추진할 것으로 예상된다. 소련이 1950년대 NATO 동맹국들을 인질로 삼아 미국의 선제공격을 막고 시간을 벌면서 ICBM 전략핵무기를 개발했던 사례를 답습할 수 있다. 시간이 경과할수록 우리의 선택카드는 제한될 것이다.

참고문헌

김국후, 『평양의 소련군정』, 서울: 한울아카데미, 2008.

박종수, 『21세기의 북한과 러시아-신화, 비화 그리고 진화』. 서울: 오름, 2011.

시모토마이 노부오(이혁재 옮김), 『북한정권 탄생의 진실』. 서울: 기파랑, 2000.

신효숙, 『조소과학기술협력위원회 자료와 북러협력 동향분석』. 서울: 과학기술부, 2004.

오진용, 『김일성 시대의 중소와 남북한』. 서울: 나남출판사, 2004.

유영철, "소련과 북한간의 군사협력 관계," 『한국과 러시아관계: 평가와 전망』. 서울: 경남대 극동문제연구소, 2001.

이재승, 『북한을 움직이는 테크노크라트』. 서울: 일빛, 1998.

이종석, 『북한-중국관계 1945-2000』. 서울: 중심출판사, 2000.

홍완석, 『현대 러시아 국가체제와 세계전략』. 서울: 한울아카데미, 2005.

Burmydez, Joseph. New Developments in North Korea's Missile Program. Wsdhington: Jane's Intelligence Review, 1990.

Burmydez, Joseph. North Korea's Air Defense Missile Forces, Defense Asia Pacific. Honolulu, 1988.

Department of Defense. Soviet Military Power. Washington, 1988.

IAEA. IAEA Director General Completes Official Visit to DPRK. Vienna: Press Release, 1994.

Jacobs, Gorden. North Korea' Arms Industry: Development and Progress. Seattle: Asian Defense Journal, 1998.

North Korea Advisory Group. Report to t Speaker US House of Representatives, Washington, 1999.

СВР, Новый вызов цосле холодной вонны:рацространенне оружня массового уннчтоження, Доклад службы внешнейразвенкн РФ. М, 1995.

Ланьков. КНДР Вчера н сегодня, М, Восток-Зацад, 2004.

Лнчная церецнска КнмИрсена н И.В.Сталнна на цротяженнн 1950-1953 гг. Презндентскнй Арнхтв РФ. Ф.07, Он.89в. П.1,1

МИД РФ. Отношення Советского Союза н КНДР в 1945-1980-х годах. Документы нматерналы, М, 1981.

Ковш А.В. "Проблема расцространення ядерных н ракетных технологнйв КНДР в 1970-1990-е годы," С-Петербург: СПбГУ, 2004.

Паннн А.&Альтов В. Северная Корея:Эцоха Кнм Чен Ира на закатеМ,ОЛАМА-ПРЕСС.2004.

https://kr.sputniknews.com/opinion/201702192125104(검색일: 2017.02.23)

https://kr.sputniknews.com/opinion/201701142018356(검색일: 2017.01.26)

https://kr.sputniknews.com/opinion/201602101064885(검색일: 2017.02.10)

https://kr.sputniknews.com/opinion/201610061807316(검색일: 2017.02.25)

http://www.cast.ru/main/index.php?m=88&lang=#2(검색일: 2009.02.20)

https://kr.sputniknews.com/opinion/201602101069108(검색일: 2017.02.10)

https://kr.sputniknews.com/opinion/201702182124805(검색일: 2017.02.22)

https://kr.sputniknews.com/opinion/201702182124427(검색일: 2017.02.23)

https://kr.sputniknews.com/opinion/201702182124360(검색일: 2017.02.25)

https://kr.sputniknews.com/politics/201702112101067(검색일: 2017.02.13)

https://kr.sputniknews.com/opinion/201702232138167(검색일: 2017.02.26)
https://kr.sputniknews.com/opinion/201601201003977(검색일: 2017.02.20)

미주

1) Лнчная перепнска Кнм Ирсена н И.В.Сталнна на протяженнн 1950-1953 гг. Презндентскнй Арнхтв РФ. Ф.07, Он.89 в.П.1,1. pp. 6-7. КовшА.В. Проблема распространення ядерных н ракетных технологнй в КНДР в 1970-1990-е годы. С-Петербург: СПбГУ, 2004. С. 137-138.
2) 이재승, 『북한을 움직이는 테크노크라트』(서울: 일빛, 1998), 105-157쪽.
3) КовшА.В., "Проблема распространення ядерных н ракетных технологнй в КНДР в 1970-1990-е годы," Вопрос нсторнн Корен. С-Петербург: СПбГУ, 2004. С. 139.
4) СВР, "Новый вызов после холодной вонны:рапространенне оружня массового уннчтожения," Доклад службы внешнейразвенкн РФ. М., 1995. С. 12.
5) ПаннnА. &Альтов В. Северная Корея : Эпоха Кнм Чен Ира на закате, М., ОЛАМА-ПРЕСС, 2004. С. 82.
6) КовшА.В., Вопрос нсторнн Корен, С. 140-141.
7) Burmydez, Joseph, North Korea's Air Defense Missile Forces, Defense Asia Pacific (Honolulu: May 1988), p. 15.
8) Burmydez, Joseph, New Developments in North Korea's Missile Program (Wsdhington: Jane's Intelligence Review, July 1990), p. 18.
9) Department of Defense, Soviet Military Power (Washington: 1988), p. 17
10) 박종수, 『21세기의 북한과 러시아- 신화, 비화 그리고 진화』(서울: 오름, 2011), 289쪽.
11) Jacobs, Gorden, North Korea's Arms Industry: Development and Progress (Seattle: Asian Defense Journal, 1998), p. 31-32.
12) Ковш А.В., Вопроснсторнн Корен, С. 150.
13) Отношення Советского Союза нКНДР в1945-1980-х годах. Документы н матерналы, М., 1981. С. 250.
14) СВР, Новый вызов после холодной вонны:рапространенне оружня массового уннчтожения, Доклад службы внешнейразвенкн РФ. М., 1995. С. 3-4.
15) IAEA, IAEA Director General Completes Official Visit to DPRK. Press Release. (Vienna: August 1994, p. 24.
16) СВР, Доклад службы внешнейразвенкн РФ. p. 26.
17) Деннсов В.И., Россня-Корея на путн к добрососедству н взанмовыгоному сотруднnсесту необхонмы нскренность ндоверне, Позицнн Росснн в АТР, М., 2008. С. 219-220.
18) 박종수, 『21세기의 북한과 러시아- 신화, 비화 그리고 진화』, 257-258쪽.

19) https://kr.sputniknews.com/opinion/201702192125104(검색일: 2017.02.23)
20) https://kr.sputniknews.com/opinion/201701142018356(검색일: 2017.01.26)
21) 박종수, 『21세기의 북한과 러시아- 신화, 비화 그리고 진화』, 290쪽.
22) Ковш А.В.(2004), pp. 165-167.
23) https://kr.sputniknews.com/opinion/201602101064885(검색일: 2017.02.10)
24) https://kr.sputniknews.com/opinion/201610061807316(검색일: 2017.02.25)
25) http://www.cast.ru/main/index.php?m=88&lang=#2(검색일: 2009.02.20)
26) https://kr.sputniknews.com/opinion/201602101069108(검색일: 2017.02.10)
27) https://kr.sputniknews.com/opinion/201702182124805(검색일: 2017.02.22)
28) https://kr.sputniknews.com/opinion/201702182124427(검색일: 2017.02.23)
29) https://kr.sputniknews.com/opinion/201702232138167(검색일: 2017.02.26)
30) https://kr.sputniknews.com/opinion/201601201003977(검색일: 2017.02.20)
31) 박종수, 『21세기의 북한과 러시아- 신화, 비화 그리고 진화』, 251쪽.

제3장

자원·에너지 신북방전략

– 푸틴의 아시아 에너지 슈퍼 링 구상과 한·러 협력 –

윤성학

요약문

러시아 푸틴 대통령은 2016년 남·북·러 전력연계, 일본과의 에너지 브리지 사업을 포괄한 아시아 '에너지 슈퍼 링(Energy Super Ring)' 전략을 제시했다. 장기적으로 남북한과 일본 뿐만 아니라 중국과 몽골을 포함한 동북아 통합 전력망을 주도한다는 것이다. 러시아는 이미 북한에 전력 수출을 적극적으로 추진하고 있으며 한국·일본을 잇는 해저송전망 사업을 검토하고 있다. 일본과는 사할린과 홋카이도를 연결하는 프로젝트가 본격화될 것으로 예상된다.

한국의 입장에서는 북한을 경유하는 남·북·러 전력망 연계를 적극적으로 검토해야 한다. 이 프로젝트가 2005년 처음으로 제기되었을 때는 HVDC라는 신기술이 충분히 검증되지 못했고 나아가 러시아의 발전 능력도 뒷받침되지 못했다. 그러나 지난 10년 동안 HVDC 기술이 급속도로 상용화되었고 러시아는 최대 수력발전소인 부레야발전소를 신설하면서 공급 능력을 확보했다. 동시에 한국은 더 이상 반환경적인 발전소를 지을 수 없는 상황이다. 이러한 조건이 맞아 떨어지면서 러시아의 저렴하고 친환경적인 전력을 수입하여 북한과 한국이 사용하는 것은 경제적으로 합리적이며 상업적으로도 다자간 프로젝트의 타당성을 부여한다. 에너지의 97%를 수입하는 우리나라는 대륙을 연계하는 에너지 수급 시스템 구축이 반드시 필요하다. 에너지 수입원 다변화와 경제성 담보, 그리고 통일비용 감소를 위해서라도 남·북·러 전력망 연계를 적극 추진해야 한다. 나아가 한국은 북한의 대규모 인프라 구축을 통해 북한을 개방으로 유도하고 남북 간 화해와 협력의 전기를 마련할 수 있다.

남·북·러 전력망 연계사업이 현실화되면 관련 국가들은 연간 수십억 달러의 경제적 이득이 발생할 것으로 예상된다. 한국은 러시아의 저렴한 수력발전 전력을 수입하여 발전소 건설을 둘러싼 사회적 갈등도 피할 수 있으며 비싼 에너지자원을 수입해 가공하는 과정에서 환경파괴 문제도 피할 수 있게 된다. 러시아 전력을 kWh 당 0.05 달러 정도에 수입하면 한국은 전력 원가를 10~20%

정도 낮게 수입하게 된다.

러시아도 원가가 저렴한 수력 발전에 의한 전력 수출을 통해 극동지역의 경제를 활성화시킬 수 있으며 향후 중국과 일본 시장을 연결하는 동북아 슈퍼 그리드 조성에도 유리한 환경을 갖게 될 것이다. 절대적으로 전력이 부족한 북한의 경우, 러시아 전력의 한국 통과 비용으로 필요한 전력을 이용할 수 있으며, 상황에 따라 러시아 전력을 손쉽게 구매할 수도 있게 될 것이다. 북한은 러시아 전력의 자국 통과를 조건으로 그에 해당하는 전력을 공급받을 수 있게 될 것이다.

남·북·러 전력계통이 연계될 경우에 한국은 전력계통 측면에서 고립된 섬 상태를 탈피하고 남북 경제협력과 남북관계 개선에도 큰 도움이 될 것이다. 한국이 주도하여 아시아 슈퍼그리드가 현실화될 경우 전력망 광역화를 통한 공급 신뢰도 제고와 미래 성장동력 창출은 물론이며 한국이 동북아 다자간 협력을 선제적으로 주도할 수 있을 것이다.

I. 서 론

푸틴 대통령은 2015년 9월 4일 동방경제포럼(Eastern Economic Forum)에서 "러시아는 극동지역을 아시아·태평양 경제권에 하루 빨리 통합시키고, 러시아의 자원과 아시아의 기술이 조화를 이루어야 한다"고 주장했다.[1] 그는 또한 "아태지역 국가들은 세계 경제의 견인차이자 상품 및 서비스 시장이며, 이 지역 국가들과의 관계 강화는 러시아에 전략적 의미를 가지는 일"이라고 강조했다.

러시아는 이러한 전략적 목표를 위해 동시베리아-태평양 송유관(ESPO, Eastern Siberia-Pacific Ocean Oil Pipeline) 부설, 극동 가스관 설치, 동북아 전력계통 연계를 핵심적인 전략으로 추진했다. 송유관과 가스관 노선이 결정된 2016년부터는 전력계통 연계를 핵심적인 사항으로 설정하고 북한과는 남·북·러 전력 연계, 일본과는 '에너지 브리지' 사업을 추진하고 있으며 장기적으로는 '아시아 에너지 슈퍼 링' 구상을 제시했다. 이 논문은 푸틴의 동북아 전력계통 연계 구상에 대한 실상을 제대로 파악하고 이를 바탕으로 한국의 대(對)러시아 자원 에너지 협력 전략의 가능성을 모색하는 것이다.

러시아는 2014년 이후 유가 하락과 우크라이나 사태 개입에 따른 서구의 제재 속에서 2000년 이후 최악의 경기 침체를 겪고 있다. 2015, 2016년 경제성장률은 실질적인 마이너스를 기록했다. 이러한 상황에서 중국을 중심으로 고성장하고 있는 극동과 동아시아 지역은 러시아 경제의 탈출구로 부상하고 있다. 자원 의존적인 러시아 경제의 구조적 취약성을 지정학적 접근으로 해결하려고 하는 것이다.

그러나 러시아의 '아시아로의 회귀(pivot to Asia)'는 서방측의 제재 조치와 압박 속에서 국제적 고립을 탈피하고자 하는 전술적 차원의 움직임만은 결코 아니다. 우크라이나 사태 이전에도 러시아는 수년 전부터 이미 유럽 시장의 발전 가능성에 회의를 느끼며 상대적으로 성장 가능성이 높은 아시아를 주목했다. 지난 몇 년 동안 러시아의 대(對)EU 에너지자원 수출은 소폭 증가하고 있지만 중국을 비롯한 아시아와의 교역은 크게 증가하고 있다. 중국, 한국, 일본, 인도, 베트남 등 아시아 국가들은 러시아의 에너지자원 수출 시장으로 높은 가능성을 갖고 있으며 이 지역의 경제성장 또한 러시아의 입장에서는 매력적이다.

〈그림 3-1〉 가스 · 송유관 매설

출처: 『Sputnik 코리아』, 2016년 10월 17일.

러시아는 성장하고 있는 동아시아 시장에 참여하여 유럽으로 경사된 경제구조를 바로잡고 국토의 균형 발전을 통해 장기적으로 강대국 러시아의 발전을 노리고 있다. 러시아 정부의 이 같은 노력은 '신동방정책(New East Asia policy)'[2]으로 요약된다. 푸틴의 신동방정책의 핵심적인 전략은 러시아가 압도적인 우위를 갖고 있는 자원을 바탕으로 새로운 시장을 개척하고 동북아 국가 간의 협력을 촉진하는 것이다. 특히 에너지 혁명시대의 핵심인 전력[3]을 바탕으로 러시아는 동북아 협력을 추진하고 있다. 한국, 일본, 중국 등은 세계적인 전력 소비국이며 환경 문제 등으로 발전소의 추가 설립이 용이치 못한 국가이기도 하다. 반면 풍부한 유휴 전력을 갖고 있는 러시아는 이를 바탕으로 동북아 국가 간의 경제협력을 적극적으로 추진하고 있다. 푸틴은 이를 위해 북·러, 러·일 등 양자 간 협력을 추진하면서 장기적으로 한국, 중국, 몽골이 참여하는 동북아 에너지 협력 거버넌스를 구축하는 전략을 제시하고 있다.

II. 러시아의 동북아 에너지 연계 전략

러시아 극동개발의 실질적인 문제점은 개발에 필요한 막대한 재원 확보이다. 2012년 푸틴은 블라디보스토크 아시아태평양경제협력체(APEC) 회의에서 16개 프로젝트를 제안했지만 재원 조달 계획 중 민간 재원 의존이 약 1조 7천억 루블(86%)이나 되어 재원 조달이 의문시되어 왔다. 푸틴은 최근 극동개발을 관장하는 극동개발부의 예산과 인력을 대폭 감소시켰으며, 극동의 주지사, 시장 등의 업무 태만과 재원 낭비에 대해 질타했다. 또한 극동개발부를 중심으로 재원 조달을 위한 외국인 투자 유치를 촉구하고 있다. 러시아는 부족한 재원 조달을 위해 무엇보다 중국, 한국, 일본 등을 끌어들일 수 있는 투자 유치에 주력하고 있다.

러시아는 어떤 다른 나라보다 한국과의 협력을 우선적으로 추진했다. 러시아는 2008년 한국을 전략적 협력동반자 관계를 선언하면서 새로운 협력을 추구했지만 이에 걸맞은 협력의 심화는 이루어지지 못했다. 러시아는 한·러 협력의 장애요인인 북한을 경제협력의 틀에 끌어들이기 위해 노력하고 있다. 북·러 간에는 2014년 제7차 경제공동위원회가 개최되었고, 북·러 기업협의회도 발족되었다. 양국 간에는 나진·하산 철도연결, 포베다 프로젝트(Pobeda project: 북한 철도 현대화 사업), 나진항 개발, 나진·하산 전력공급, 원유·식량 원조, 북한 노동력 송출, 연해주 농업협력, 북한 주요 산업 현대화 지원, 자원개발 등 다양한 사업들이 협약되거나 추진되고 있다. 그러나 이 프로젝트들은 대부분 경제성이 낮아서 사실상 탄력을 받지 못하고 있다. 무엇보다 핵개발에 올인하는 김정은 정권의 높은 정치적 리스크로 인해 실질적인 협력 추진이 쉽지 않다.

한국은 향후 남북 간 통합경제권을 시야에 두고 현실 가능성이 높은 '남·북·러 3각 협력'[4]을 모색했다. 주요 사업으로는 대륙철도 연결사업, 나진항 종합

개발사업, 남·북·러 송전망 연결사업, 광역두만강개발계획 추진사업, 두만강 국제관광구 조성사업, 연해주 농업협력사업, 그리고 남·북·러 가스관 연결사업 등이 있었지만 김정은 정권의 핵개발로 인한 국제 제재로 관망 상태에 머물고 있다.

러시아는 2015년 북한 핵실험으로 나진항 개발이 중지되자 2016년부터는 전력 연계를 핵심적인 사업으로 추진하고 있다. 남·북·러 전력망 연계사업의 1단계로 북·러 간 전력망 연계는 2015년부터 추진되었다. 러시아는 이미 구체적으로 연해주와 북한 나선경제특구 간 계통 연계 타당성 조사를 실시했다. 송전선의 러시아 내 구간은 블라디보스토크에서 크라스키노까지 250km이고 북한 구간은 크라스키노부터 청진까지 130km이다.

인터 라오(INTER RAO UES)[5]는 블라디보스토크에서 청진까지의 송전을 위해 500kV, 50Hz, 500MW 송전설비를 건설해 초기에는 북한 송전 전압인 220kV로 운전할 예정이다. 북한의 표준 주파수는 60Hz이지만 변환설비 비용관계로 북한에서 50Hz를 사용할 계획이다. 러시아는 이 프로젝트를 위해 건설기간 3년을 포함하여 10년간의 전기요금을 보장해주는 협약을 요구하고 있다.[6] 전력공급 가격이 1kWh당 0.05 달러, 10년간 총 송전 용량을 약 3백만kW로 가정한다면 8~10년 내에 투자비 회수가 가능하다는 것이다. 러시아는 이미 2015년 블라디보스토크 소재 보스토치나야열병합발전소가 가동을 시작해서 충분히 공급 가능한 전력을 확보했기 때문에 전력 요금만 보장된다면 경제성이 있다고 보고 있다.[7]

문제는 송전선 건설비용과 북한의 지불 능력이다. 블라디보스토크-청진 간 송전선의 건설비용은 타당성 조사비와 설계비를 포함해 1억 6천만~1억 8천만 달러로 추정되고 있다. 최근 유가하락으로 경제위기를 맞고 있는 러시아 입장에서는 자체 자금으로 송전선 공사를 전액 부담하기는 쉽지 않다. 사업을 주관하는 루스기드로(Русгидро : 러시아 수력발전공사)의 계열사인 РАО ЭС Востока(러시아 동부전력)은 공사에 기술적 어려움은 없지만 자금 조달은 지불능력이 있는 한국이 참여하기를 희망하고 있다.

건설비용도 문제지만 더 큰 문제는 실제 전력 사용자인 북한이 사용료를 지불할 만한 경제적 능력이 없다는 것이다. 북한은 전력 요금을 대신해 러시아에 광산 및 철도 개발권을 주거나 북한 노동력 공급을 제안하고 있다. 그러나 최근 국제 원자재 가격의 폭락과 막대한 개발 자금이 소요되는 물류 인프라의 특성상 러시아가 이중 투자를 감당할 능력이 없다. 러시아는 북한과 함께 한국도 이 프로젝트에 참여해 재무적인 문제를 해결해 주기를 희망하고 있다. 그러나 한국 정부는 북핵문제가 해결되지 않은 상황에서 북한에 대규모 인프라 투자에 나서는 것을 부담스럽게 생각하고 있으며, 남북관계가 급진전되지 않는 이상 북한의 러시아 전력 사용에 대한 지불이나 보장을 해줄 수는 없다는 입장을 견지하고 있다.

북·러 송전선의 경제성은 남·북·러 전력망 연계로 확장 연결할 때 오히려 경제성이 담보된다. 한국 정부는 2005년에 북한에 핵 프로그램의 포기에 따른 대가로 200만kW의 전력 공급을 제안하였으나 대내외적 반대에 부딪혀 무산된 적이 있다. 무엇보다도 당시 1조 5천억 원에 달하는 천문학적인 건설비용도 문제지만 북한 또한 자국의 전력 공급체계가 한국에 의존하게 된다는 것을 받아들이기 쉽지가 않아서 결국 이 제안은 유야무야되고 말았다.

그러나 10년이 지난 지금 대내외 환경이 급격하게 변하고 있다. 일단 전력 공급을 한국이 아닌 러시아가 책임질 수 있는 상황이 되었다. 한국은 더 이상 화력발전소를 건설하여 북한에다 전력을 공급할만한 환경이 되지 못하고, 반면 극동러시아는 지난 10년간 수력·화력발전소가 급격하게 증가하면서 충분한 공급 능력을 갖추고 있다. 무엇보다도 기술적으로도 대규모 장거리 송전이 가능한 HVDC(초고압직류송전, High Voltage Direct Current)가 상용화함으로써 경제성이 높아졌다.[8] 10년 전만 하더라도 장거리 송전에 따른 전력 손실 문제 때문에 러시아 전력은 고작해야 함경북도에만 공급이 가능했다. 그러나 HVDC 기술은 러시아에서부터 경기 북부까지 손실 없이 전기를 보낼 수 있다.

러시아와 한국을 연결하는 HVDC 송전선은 북한의 전력 부족도 해소하고 한국의 전력 수요 충당에도 크게 도움이 될 것이다. 러시아 극동의 전력을 한국으로 끌어오기 위해서는 러시아와 북한을 잇는 50만kW급 송전선로를 10배 정도의 용량으로 확장하고, 한국에서 북한으로 잇는 송전선로와 연계하여 평균 4백만kW 이상을 건설하는 안이 제기되고 있다.[9] 이 계획은 블라디보스토크, 평양, 서울 3곳에 변환소를 설치해 다단자망 HVDC 시스템을 구성하는 방식이다. 연계선로는 ±500kV 직류 가공선로를 이용해 블라디보스토크를 시작으로 북한을 거쳐 남한까지 연결되며 선로길이는 전체 1,000km 내외이다. 전력융통 패턴은 러시아가 남한과 북한에 전력을 기저부하로 공급하지만, 피크부하 시점의 차이 등을 감안해 계절에 따라서 역송전도 가능한 것으로 가정했다.

〈표 3-1〉 러시아 극동의 발전 용량

	2006~2010		2011~2015		2016~2020	
	GW	%	GW	%	GW	%
NPPs		-	-	0.7	18.4	
HPPs	1.2	80.0	1.0	15.6	2.2	57.9
TPP, including	0.3	20.0	5.4	84.4	0.9	23.7
coal-fired	0.3	20.0	4.3	67.2	0.5	13.2
gas-fired	-	-	1.1	17.2	0.4	10.5
Total	1.5	100.0	6.4	100.0	3.8	100.0

송전선은 발전소를 건설하는 것보다 비용이 덜 들며 친환경적이다. 한국이 북한을 통해 러시아 전력을 수입하게 되면 발전소 건설비용과 환경 문제를 해결할 수 있다. 또한 러시아 수력 발전의 특성상 겨울철에 부족한 발전 용량을

한국은 화력과 신재생 발전을 통해 북한에다 수출할 수 있다는 상호 보완성을 가질 수 있다. 한국은 여름철에 전력 사용량이 최대치를 기록하고 러시아는 반면 겨울철에 전력 사용량이 가장 많다는 것을 고려한다면 상호 계절 간 전력융통을 통해 양국 모두 전력 사용의 효율성을 극대화할 수 있는 부가적인 효과를 기대할 수 있는 것이다.

위의 <표 3-1>에서 보듯이 러시아는 극동 남부지역 통합전력시스템이 보유한 기존의 전력설비 능력으로 매년 2~3십억kWh의 전력을 수출할 수 있는 물량을 갖고 있다. 2007년 부레야수력발전소 완공 이후 러시아는 연간 4~5십억kWh의 전력을 생산할 수 있다. 여기에다 연간 6십억kWh의 발전이 가능한 수력발전소 사업들이 계속 진행되고 있다. 특히 야쿠치아(Yakutia) 남쪽의 우추르(Uchur)강과 팀프톤(Timpton)강에 건설되는 대규모 수력발전소와 하바롭스크 지역의 투구르(Tugur)에 대규모 조력발전소도 예비 전력이 될 수 있다.

러시아가 2백만kW의 전력을 공급하여 북한에다 50만kW를 제공하고 나머지 150만kw를 한국에 판매한다면 극동러시아 경제에 커다란 도움이 될 것이다. 한국은 러시아가 중국으로 수출하는 전기요금 kWh당 0.05 달러 수준으로 전기를 수입한다면 경제에 도움이 될 뿐만 아니라 환경에 유해한 발전소를 짓지 않아도 된다. 북한의 경우, 러시아 전력의 자국 통과를 허용함으로써 러시아 전력을 일부 무상으로 사용할 수 있고 필요하다면 러시아 전력을 쉽게 구매할 수 있다는 장점이 있다. 남·북·러 전력망 연계 프로젝트는 북핵문제를 건드리지 않으면서도 경제성이 담보되기 때문에 실현 가능성이 높다. 러시아의 에너지시스템연구소(ESI, Energy System Institute) 및 미국의 Nautilus Institute도 남·북·러 전력망 연계가 이뤄질 경우 막대한 경제적 이득이 발생할 것으로 예상하고 있다.[10]

〈표 3-2〉 남·북·러 송전선 대안 비교

노선	길이	변환소	장점	단점
청진-강원도 북부	1,000km	2개	적은 비용, 공기 단축	후생/산업 효과 미흡
청진-평양-경기북부	1,200km	4개	후생/산업 효과 극대	비용 과다, 공기 확대

남·북·러 전력망 연계사업은 <표 3-2>에서 보는 것처럼, 크게 두 가지 방안으로 추진될 수 있다. 첫번째 방안은 러시아 크라스키노에서 청진을 거쳐 강원도로 연결하는 방안이다. 송전선의 총 길이는 약 1,000km이며 변환소[11] 2개 건설이 필요하며 2~5GW 규모의 HVDC 가공 송전선이 구축되어야 한다. 변환소는 전력이 실제 사용되는 청진과 강원도 북부에 설치해야 한다. 이 방안은 비교적 단순하고 건설비용이 두 번째 방안보다 상대적으로 덜 들지만 북한과 한국에 미치는 효과가 제한적이다.

두 번째 방안은 크라스키노에서 청진을 거쳐 평양으로 연결되었다가 다시 경기도 북부로 연결하는 방안이다. 송전선의 총 길이는 약 1,200km이며 2~5GW 규모의 HVDC 가공 송전선이 구축되어야 한다. 변환소는 청진, 평양, 경기 북부 등 전력이 사용되는 지역에 4개가 설치되어야 한다. 이 방안은 북한의 산업 발전에 큰 도움을 주며 한국 경제에도 미치는 영향이 크다. 문제는 러시아나 북한에서 전기 공급에 차질이 생기면 한국의 산업 및 기반 시설이 일부 마비되는 사태가 올 수가 있다는 것이다. 또한 러시아가 한국과 북한에 공급하는 전력 가격 또한 이 사업의 관건이라고 할 수 있다.

III. 푸틴의 아시아 에너지 슈퍼 링 구상과 전략

러시아는 최근 일본을 적극적으로 끌어들여 동북아 에너지 브릿지 사업을 추진하고 있다. 푸틴은 2016년 제2차 동방경제포럼에서 러시아와 한국, 일본을 잇는 해저 송전망(에너지 브릿지) 사업을 검토하기 위한 정부 간 워킹그룹 신설을 제안하면서 한·일 등 각국에 "경쟁력 있는 가격으로 (전력을) 제공코자 한다"고 말했다.[12] 푸틴의 제안에는 동북아 국가 중에 북한은 빠져 있으며 가장 우선적인 협력 대상자로 일본을 주목했다.

러시아는 러시아-일본-한국-중국 간의 전력 연계 구축의 첫 번째 단계로서 사할린과 홋카이도 간의 에너지 브릿지를 적극적으로 추진하고 있다. 일본은 극동지역의 에너지, 교통인프라, 의료, 농업, 목제가공업 등에 관심을 갖고 있으며 실제로 하바롭스크와 사하공화국의 카갈라시 선도개발구역에서 대규모 온실을 건설하여 농작물을 재배하고 있다. 또한 블라디보스토크 자유항에서는 일본 기업이 연해주 파르티잔 지역에 특별 환적시설 프로젝트를 진행 중이다. 일본은 러시아가 우크라이나의 크림반도를 병합하자 미국과 유럽 주도의 경제제재에 참여했다. 북방4도와 관련된 영토문제로 러시아와 갈등을 빚어왔음에도 불구하고 일본은 2016년 5월, 아베 총리와 푸틴 대통령의 소치정상회담에서 '새로운 접근법'을 내세우며 관계 정상화를 위해 노력하고 있다. 최근 일본은 한국보다 더 적극적으로 러시아 극동지역의 개발에 참여하고 있다.

러시아의 최대 국영 수력발전회사인 루스기드로와 일본 종합상사 미쓰이와 합작으로 추진하는 약 60억 달러 규모의 러·일 에너지 브릿지 프로젝트는 러시아 사할린 섬과 일본 홋카이도 해협 사이에 약 43km 구간에 해저케이블을 매설하고 사할린, 홋카이도 지역에 각각 발전소 1기를 건설해서 양국 간에 전력망을 잇는 것이다. 전력망 연계는 러시아가 가장 기대하는 사업이다. 러시아는 동시베리아와 극동러시아의 지하자원과 전력 개발에 박차를 가하고 있다. 한편 일본은 동북아 지역에서 가장 많은 전력을 소비하면서 전기요금도 가장 높아 유력한 전력 수출지역으로 꼽히고 있다.

2016년 푸틴은 남·북·러 전력연계, 일본과의 에너지 브릿지 사업을 포괄한 아시아 에너지 슈퍼 링(Energy Super Ring) 전략을 제시해 동북아 통합 전력망(그리드)을 주도해 나가고 있다. 여기에는 한국, 북한, 일본 뿐만 아니라 중국과 몽골을 포함하고 있다. 러시아는 이미 북한에 적극적인 전력 수출을 추진했다. 2015년 4월 22일 서울을 방문한 갈루쉬카 극동개발부 장관은 북한뿐만 아니라 한국을 포함시키기 위해 한국수자원공사(K-Water)를 중심으로 삼성그룹, 롯데그룹, 대우조선해양을 적극적으로 설득했다.

극동 연해주 지역은 러시아 최대의 수력발전소인 부레야발전소 등 아무르, 우수리 부레야강 등의 풍부한 수자원을 바탕으로 전력생산에 유리한 여건을 갖고 있다. 북한 전력 공급을 위해 러시아는 첫 번째 단계로 북한 나선시에 60MW를, 두 번째 단계로는 이를 350MW로 확장할 계획이며, 세 번째 단계는 북한 전역에 화력발전소 건설을 포함해 2~3GW 수준의 전력을 공급할 예정이다. 또 2단계가 완료되는 시점에서 남한으로까지 한반도 전체의 망 구축을 통해 전력 수출 가능성을 타진한다는 것이다. 이 사업을 위해 러시아, 북한은 각각 15억 루블(313억 원), 20억 루블(417억 원)을 투자할 계획이고 전체 전력망 길이는 63km로 러시아 국경에서 나진까지 45km, 연해주를 따라 18km 전선을 부설할 예정이다. 북·러 간 에너지 프로젝트는 나선 에너지 브릿지, (구리 광물을 대가로 한) 북한 동해안 에너지 공급, 러시아와 남북한을 잇는 에너지 브릿지 프로젝트 등 세 가지가 서로 연계돼 있는 것이다. 이 가운데 나선 프로젝트는 한반도와 연결되는 에너지 브릿지 건설 과정의 첫걸음으로 간주되고 있다. 알렉산드르 아브라모프(Alexander Abramov) 극동연방대학교 자연대 수리경제학과 교수는 "러시아·한반도 그리고 사할린·일본을 잇는 전력 연계망 건설로 동해를 둘러싼 '통합 전력 그리드'를 구축함으로써 이

지역의 에너지안보 협력이 강화될 것이며 현재로서는 석탄, 가스, 석유를 원료로 내다 파는 것보다 전력을 파는 것이 나은 선택"이라고 지적했다.[13]

전력시장의 측면에서 본다면, 동북아는 상호 보완을 통한 성장이 가능한 매력적인 지역이다. 러시아 동시베리아와 극동러시아는 막대한 가스, 석유 및 수력 그리고 조력 자원을 보유하고 있기 때문에 석탄 위주인 중국 동북지역보다 에너지의 절대량과 청정도 측면에서 경쟁력을 보유하고 있다. 전력요금이 비싼 한국과 일본도 유망한 시장이다. 러시아와 동북아 국가 간 계통연계는 상호 간에 시너지 역할을 할 수 있는 환경을 구비하고 있다.

동북아의 전력망 계통연계 프로젝트는 일본 소프트뱅크 손정의 회장이 '아시아 슈퍼그리드(ASG, Asia Super Grid)' 사업을 제안하면서 시작되었다. 2011년 후쿠시마 원자력발전소 사고 이후 손정의는 러시아, 인도, 중국, 한국, 일본까지 아시아 각국을 송전선(그리드)으로 연결하고, 풍력, 태양광 등의 신재생에너지로 발전한 전력을 거래한다고 하는 아시아 슈퍼그리드를 제안했다. 손정의는 이를 위해 몽골의 고비사막에 대규모 태양광 발전에 직접 투자하겠다고 선언했다.

〈그림 3-2〉 손정의 회장의 아시아 슈퍼그리드 구상

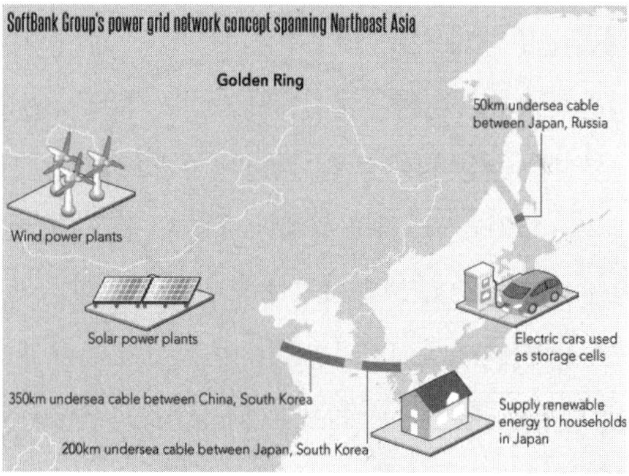

출처: 『Nikkei Asian Review』, 2016년 4월 11일.

유럽과 같은 단일 공동체가 없는 아시아 지역에 전력망을 통합한다는 구상은 처음에는 비현실적으로 보였지만 가능성과 비전은 점차 인정받고 있다. 시진핑 주석은 2015년 9월 유엔개발정상회의에서 글로벌 에너지 문제 해결을 위한 방안으로 녹색에너지에 기반을 둔 '글로벌 에너지 연계(Global Energy Interconnection)'를 제안했다. 현재 추진 중인 1차 시범사업은 몽골-중국-한국-일본을 잇는 전력망 구축으로 7조~8조 원이 투입될 전망이다. 몽골에서 2GW급 태양광·풍력 단지를 조성하고, 중국 산둥성-한국-일본 서부를 잇는 해저 전력망을 구축하는 것이다. 여기에는 한국전력공사, 중국 국가전력망공사(SGCC), 일본 소프트뱅크, 몽골 뉴컴이 핵심 사업자로 참여한다.[14]

2016년 3월 30일 한국의 한국전력공사(KEPCO), 중국의 최대 송전회사인 국가전망(電網)공사, 일본의 소프트뱅크그룹(SBG), 러시아 송·배전 회사인 러시아 그리드 등이 다국 간 송전망 연결 사업에 대한 타당성 조사를 하기로 양해각서를 체결했다. 이 사업은 원전이나 화력발전에 비해 상대적으로 불안정한 재생에너지 공급을 국제적인 유통을 통해 안정화하고, 소비국의 전기요금 인하를 도모하자는 것이다. 국가 간 전력계통을 연계하면 부족한 전기를 사오고 남는 전기를 되팔 수 있다. 불필요한 발전소 건설을 하지 않아도 되고, 전력의 생산과 소비를 효율적으로 할 수 있게 된다.

아시아 슈퍼그리드 사업의 가장 큰 기술적인 난관은 송전이다. 몽골의 초원이나 산림지대에서 생산된 전기를 수천km 떨어진 서울, 도쿄 등 소비지로 연결하기 위해서는 전력손실 없이 대규모로 송전해야 한다. 이에 대한 해결 방식이 초고압직류송전(HVDC)이다. HVDC는 발전소에서 발전되는 고압의 교류전력을 반도체 스위칭 소자를 이용해 고압의 직류전력으로 변환시켜 송전한 후 전력이 필요로 하는 지역에서 다시 전력 변환기를 이용해 교류전력으로 재변환하는 공급방식이다. 직류송전방식은 교류송전의 문제점이었던 전력 손실을 크게 줄일 수 있다. 최근 미국, 중국, 브라질, 인도 등에서 HVDC 기술이 점차 상용화되고 있다. HVDC 송전망의 단점은 고압의 대용량 전력용 반도체를 이용한 설비이기 때문에 변환설비 장치와 유지보수에 많은 비용이 발생한다는 점이다. 그러나 반도체 기술의 발전은 경제성 문제를 충분히 해결할 수 있는 것으로 확인되었다.

아시아 슈퍼그리드의 가장 큰 문제점은 HVDC, 신재생에너지 개발과 같은 하드웨어가 아니라 이것을 운영하는 소프트웨어와 거버넌스이다. 국가 간 전력거래를 위한 장기선도계약과 현물시장 등 다양한 방식이 조합된 전력거래 시스템, 도소매 전력거래 모델 등이 마련돼야 한다. 동시에 국가 간 전력연계를 위한 거버넌스가 구축 되어야 한다. EU가 철강공동체에서 시작하였듯이 아시아 국가들도 슈퍼그리드 구축을 통해 지역공동체로 발전해 나갈 가능성이 있다.

Ⅳ. 한·러 에너지 협력의 필요성과 전략

남·북·러 전력망 연계사업은 2005년 북핵문제의 해결 과정에서 북한에 절대적으로 부족한 전력을 공급하는 차원에서 처음 제기되었다. 전력 공급이 가능한 한국과 러시아가 북한에다 전력을 공급하기 위해서는 국가 간 상이한 전력 계통을 연계해야 한다. 2006년 한국과 러시아 정부는 전력·에너지 분야 협의를 위해 주관기관으로 한전과 러시아의 해외 전력판매를 담당하고 있는 INTER RAO UES를 지정했다. 2008년 한·러정상회담은 양국 간의 전력망 연계를 주요 의제로 삼았으며, 2009년에는 이를 실무적 차원에서 뒷받침하기 위해 한·러 에너지장관회담을 열고 양국 간 전력계통 연계 타당성 연구, 발전소 및 송전망 건설 협력 등의 과제를 제시했다.[15]

〈표 3-3〉 한·러 전력계통 연계의 주요 추진경과

날짜	주요 의제
2005.07	대북 '중대제안', 북한의 핵 포기를 전제로 한국이 북한에 전력송전 제안
2006.10	제7차 한·러 자원협력위원회(계통 연계 협의기관 지정 협의)
2008.09	한·러정상회담(협의체 구성: 양측 정부 및 전력회사)
2009.06	한전·INTER RAO UES간 MOU 체결 및 타당성 연구 시작
2010년	남북한 간 긴장상태로 타당성 연구 중단
2011.10	제11차 한·러 자원협력위원회(타당성 연구 재개 논의)
2012.09	한국 정부 정책과제로 한·러 전력계통 연계 타당성 연구 착수
2013.06	제12차 한·러 자원협력위원회에서 한전 · INTER RAO 전력망 연계 관련 합의
2015.06	한·러 전력망 연계 예비타당성조사 공동연구 MOU 체결

2010년에는 남북한 간 긴장관계로 타당성 연구가 일시 중단되었지만 2011

년 다시 연구가 재개되었으며 한전을 중심으로 '동북아 계통연계를 위한 예비타당성조사 연구'가 진행되었다. 2013년 제12차 한·러 자원협력위원회에서는 한전-INTER RAO UES 전력망 연계 관련 합의가 이루어졌고 이를 바탕으로 2015년 6월에는 '한·러 전력망 연계 예비타당성조사 공동연구 MOU가 체결되어 구체적인 연구에 착수했다.

또한 남·북·러 전력망 연계사업은 북핵문제를 건드리지 않고서도 북한의 개방을 유도할 수 있다는 장점이 있다. 지금까지 대부분의 대북 사업이 선행 조건으로 북한의 핵문제 해결을 우선적으로 요구함으로써 실질적인 사업 진척이 어려웠다. 북한은 북핵문제를 조건으로 어떠한 협력 사업도 받아들이지 않는다. 반면 남·북·러 3각 전력망 연계사업은 상업적 기반의 다자간 협력 사업으로 국제사회에서 의심을 해소할 수 있으며 북한의 실질적인 개방을 유도할 수 있다. 한국과 러시아가 북한에 송전선을 개설하는 작업 과정을 통해 북한의 개방에 큰 역할을 할 수 있을 것이다.

남·북·러 전력망 연계사업은 2011년 후쿠시마 원전 사태 이후 동북아에서 탈원전 바람이 불고 온실가스 감축 압력이 강화되면서 아시아 슈퍼그리드라는 비전으로 새롭게 조명 받고 있다. 한국의 경우 아시아 슈퍼그리드의 허브에 위치해 다양한 수익모델을 창출할 수 있을 것으로 기대된다. 아시아 슈퍼그리드의 핵심은 남·북·러 전력망 연계이다. 이 프로젝트는 극동러시아의 풍부한 전력을 북한과 한국의 경기 북부지역까지 공급해 실질적인 남·북·러 협력사업을 구축하는 것이다. 지정학적인 목표는 러시아 아무르주 부레야강 상류 지역에 있는 부레야수력발전소에서 생산한 전기를 한반도로 송전하는 것이다. 이 수력발전소는 연간 전력 생산량이 71억kWh로 충주댐의 8배에 달한다. 북한도 전력 부족을 부레야수력발전소의 전력공급으로 해결할 것을 기대하면서 2011년 김정일이 직접 방문했다. 러시아와 북한은 이를 위해 블라디보스토크-청진 구간에 송전선 시설을 설치하여 연간 30~50kW의 전력을 북한에 송전한다는 MOU를 체결했다. 송전선 건설의 일환으로 러시아 수력발전기업인 라오 에

스 보스토카(Rao Es Vostoka)는 현재 타당성 조사를 실시하고 있다.

남·북·러 전력망 연계사업은 사업적 타당성에도 불구하고 북핵문제와 남북의 긴장관계 때문에 여러 차례 논의가 중단되었다. 실제로 국가 간 슈퍼 그리드가 구축된 유럽이나 북미 지역의 경우 안정적인 정치적 기반을 전제하고 있다. 대규모의 자금과 수년간의 건설 기간이 소요되는 국가 간 전력망 연계사업에는 정치적 안정과 장기계약에 대한 신뢰성이 보장되어야 한다. 그런데 북한의 경우 북핵문제로 국제사회에서 경제제재를 받고 있으며 재무적인 신뢰도 거의 없는 상황이다. 남·북·러 전력망 연계사업의 가장 큰 문제는 역내 국가 간 공감대 미흡과 협력사업의 완료 시점까지 장기간이 소요되는 반면 실질적인 진전을 위한 국가 간 합의가 아직 없다는 것이다. 무엇보다도 다자간 사업에 필수적인 성공적인 장기계약을 위한 제도적 조건을 갖추지 못하고 있다.

남·북·러 전력망 연계 프로젝트를 진행하기 위해서는 우선 정치적 리스크를 해소해야 한다. 한국의 입장에서는 러시아로부터 전력을 공급받을 경우 에너지 안보(Energy security) 위협이 발생하는 상황을 대비해야 한다. 경제적으로 저렴한 에너지를 받더라도 만약 정치적 갈등이 발생해 에너지 공급이 중단될 경우에 국내 혼란이 불가피하기 때문이다. 북한은 전력사용에 대한 지불능력 문제는 물론이고 남북한 간 긴장상황 시 송전선을 볼모로 한국을 위협하지 않아야 한다는 신뢰가 보장돼야 한다.

기술적으로도 남·북·러 전력망 연계는 아직 해결되어야 할 과제들이 많다. 국가 간 계통 운영상의 기술기준 차이가 크며 운영방식도 상이하기 때문이다. 무엇보다 북한의 기존 전압 및 주파수 상황은 매우 불안전하며, 이에 따라 지금 방식대로의 단순한 연계는 전력 효율성을 크게 떨어뜨릴 것이다. 그러나 최근 전력 송전에 관한 혁명적인 기술 변화가 일어나고 있다. HVDC를 활용한 연계 기술이 바로 그것이다. HVDC 송전 기술의 발전은 남·북·러 전력망 연계를 둘러싼 정치적·재무적인 문제를 해결하는데 큰 역할을 할 것으로 기대된다. HVDC 기술은 러시아의 저렴한 수력 발전을 한국에서도 이용할 수 있게 만들며, 그 과정에서 북한 또한 전력 통과 수수료로 일정 정도 무상으로 전력을 공급받을 수 있다.

전력 공급을 담당하고 있는 러시아도 가격과 공급 면에서 매력적인 조건을 제시해야 할 것이다. 한국의 입장에서는 HVDC 송전선에 대한 대규모 투자가 불가피한 상황에서 전력 요금이 국내 요금보다 비싸다면 경제성이 문제가 될 수가 있기 때문이다. 러시아가 중국에 파는 전력 가격인 kWh당 0.03~0.04 달러 정도이며, 북한에 공급하기로 한 요금은 kWh당 0.05 달러이다. 2015년 기준 한국의 소비자 전기요금이 kWh당 0.06 달러인 점을 감안한다면 전력 요금은 이 수준에 맞춰야만 프로젝트의 경제성이 보장될 수 있다. 나아가 러시아는 공급 안정성과 북한 통과의 리스크를 어떻게 해결해야 할지에 대한 청사진도 제시해 한국의 에너지 안보에 대한 우려를 해소해야 할 것이다.

HVDC 송전 방식을 통한 남·북·러 전력망 연계는 다섯 가지의 장점이 있다. 첫째, HVDC 송전 방식은 전압과 주파수가 다른 러시아, 북한, 한국을 하나의 계통으로 연결할 수 있다. 현재 북한은 66, 110, 220kV 방식의 송전전압을 사용하고 있는 반면 한국은 154, 345, 765kV을 운영하고 있다. 배전전압은 한국이 22.9kV, 북한은 3.3-22kV로 남북이 서로 다른 송배전 체계를 유지하고 있다. 특히 북한은 주파수가 극히 불안하고 전압도 기준치 보다 현격히 낮다. 한국의 주파수는 60Hz인데 러시아는 50Hz이어서 세 나라 사이의 송전망 연계는 HVDC 또는 유연송전기술만이 가능하다. 특히 HVDC는 조류 제어가 가능해 전압이나 주파수가 다른 두 교류계통 사이를 연결해 계통의 안정도를 향상시킬 수 있고 교류계통 고장 시 인접 연결 계통으로 사고가 확산되는 것을 막을 수 있다.

둘째, HVDC 송전방식은 북한의 낡고 노후화된 송배전과 연결할 수 있다. 북한의 송배전 설비는 노후화와 기준 미달로 고장이 잦고 대부분 성능미달이다. 전신주는 내구연한이 훨씬 지났으나 이마저도 1990년대부터 전선을 잘라 팔아먹는 바람에 동선, 절연재, 전주의 설비가 부족하여 전력 손실률이 무려

30%에 달하고 있다. 또한 북한은 배전설비 노후화로 피복 없는 나선을 그대로 사용 중이며, 배전반에는 차단기나 퓨즈 대신 철사로 전기를 이어놓았다. 과전류나 고장전류가 발생해도 무방비상태이다. 따라서 북한의 기존 송배전선을 대신할 수 있는 HVDC를 활용한 직류 연계망 구축은 필수적이다.

셋째, HVDC 송전 방식은 러시아로부터 경기 북부까지 장거리 송전이 가능하다. 최근 미국, 유럽 등 선진국 뿐만 아니라 중국, 브라질 등도 장거리 대용량 송전선로에 HVDC 송전방식을 추진하는 사례가 증가하고 있다. 미국은 노후 HVDC의 교체 및 업그레이드 수요와 함께 신재생 연계용 대용량·장거리 송전 프로젝트가 눈에 띄게 증가하고 있다. 특히 중국, 인도 등의 경우에는 발전소와 전기 사용자 사이의 거리가 1,000km 이상이기 때문에 HVDC 보급이 급속하게 확산되고 있는 실정이다. 중국 양자강 상류지역 댐의 수력발전소에서 생산된 전기가 상해, 광주 등 동부 해안과 남부지역 부하 중심지로 연계하기 위한 HVDC 송전선이 이미 구축되어 있다. 2013년 인도는 수력 발전을 이용해 Champa-Kurukshetra(1,350km), Raigarh-Pugalur-New Trichur(1,600km)에 이르는 HVDC 송전선을 구축하는데 성공했다. 한국도 제주-진도 간 해저 케이블을 이용한 HVDC(±180kV) 선로를 1998년부터 운전하고 있다.

넷째, HVDC의 또 다른 장점은 풍력과 태양광 등 신재생에너지 보급 및 확대에도 유리하다. 육지에 비해서 상대적으로 풍력 에너지가 풍부한 해상풍력 발전단지는 점차 대형화되고 육지에서의 거리도 증가하는 추세이기 때문에 향후 해상풍력발전단지의 전력전송을 위한 HVDC의 수요는 더욱 높아질 것이다. 또한 태양광, 풍력 등 신재생에너지와 에너지 저장장치(ESS) 등 직류를 쓰는 전기 시스템이 증가하고 있다. 수력발전의 특성상 겨울철에 충분한 전력을 러시아가 보내지 못할 경우, 한국은 신재생에너지에서 생산된 전력을 북한과 러시아에 송전하기 위해 양방향 네트워크를 지원하는 HVDC 송전망을 반드시 구축해야 한다.

다섯째, HVDC 송전 방식은 친환경적이다.[16] 직류로 송전하면 전자파 발생이 없고 지하에 매설할 때도 편리하다. 전자파가 발생하는 교류는 터널을 건설해 매설해야 하지만, 직류 송전선은 그냥 묻으면 되는 것이다. 전자파를 발생시키지 않는 HVDC는 밀양 송전탑 사건과 같이 고주파에 의한 건강유해 논란을 해소할 수 있는 장점도 있다. 남·북·러 송전선의 통과 구간에는 자연보호 지역이나 청정구간이 적지 않다. 이런 지역에는 HVDC를 지중화하면 환경 파괴의 문제가 해결된다.

마지막으로 한국은 2030년까지 온실가스 배출전망치(BAU, Business As Usual) 대비 온실가스 37% 감축이라는 약속을 지키기 위해 러시아로부터 전력 도입은 불가피하다. 한국은 1990년 대비 온실가스 18% 감축에 성공함으로써 경제성장과 탄소배출 증가 사이의 관계를 끊어버린 EU의 사례에서 적극적으로 배워야 한다. 문제는 한국 내에서 충분한 재생에너지의 보급이 불가피한 상황이다. 특히 전기차 보급 증가에 따른 추가 전기 수요를 화석연료나 원자력발전소 증설이 아닌 재생가능 에너지로 충당하기 위해서는 러시아 전력 도입은 불가피하다.

HVDC 방식은 송전선로 양단에 설치하는 막대한 변환소 건설비용 때문에 한국과 같은 송전선로가 짧은 경우에는 경제적 가치가 별무하다. 그러나 송전거리가 300㎞ 이상 넘어가면 송전 비용이 오히려 저렴해진다. 누설 전류가 거의 없어 송전 효율이 높기 때문이다. 1,000km가 넘는 남·북·러 송전 과정에서 전기 손실이 없다는 것은 사업의 경제성을 높여준다,

남·북·러 전력망 연계 프로젝트는 장기적으로 동북아 스마트그리드 시장의 출발이다. 스마트그리드는 전력 공급과 소비를 효과적으로 통제하는 기술이다. 슈퍼그리드는 이를 국가 간, 대륙 단위로 확장시킨 개념이다. 국가 간 전력망을 연계하면 부족한 전기를 사오고 남는 전기를 되팔 수 있다. 불필요한 발전소 건설을 하지 않아도 되고, 전력의 생산과 소비를 효율적으로 할 수 있게 된다. 이러한 장점들로 인해 현재 유럽, 아프리카, 북미, 아시아 시장에서

슈퍼그리드 사업이 추진되고 있다.

슈퍼그리드는 국가 간 단순한 전력계통 연계가 아니라, 전력을 손쉽게 사고팔 수 있는 시장을 만드는 것이다. 따라서 하드웨어 구축 못지않게 소프트웨어 구축도 중요하다. 인프라와 전력망 운영기술이 마련되면 국가 간 전력거래를 위해 장기 선도계약과 현물시장 등 다양한 방식이 조합된 전력거래 시스템, 전력거래 모델, 국제시세에 연동된 전력가격 시스템, 전력요금 결제와 관련된 금융시스템 등 새로운 시장이 형성될 것이다. 한국이 주도하여 남·북·러 전력망 연계 시스템을 구축하고 나아가 중국, 일본과 결합된 동북아 슈퍼그리드를 형성하게 되면 이 지역의 안정성과 경제성이 증대되고 한국은 새로운 시장을 개척할 수 있을 것이다.

V. 결 론

러시아의 신동방정책은 주로 에너지·자원 분야, 교통·물류 분야, 산업협력 분야 등 주로 경제협력을 중심으로 진행되고 있다. 러시아는 경제협력의 파트너로 중국과 한국을 염두에 두고 있으며 북한을 적극적으로 끌어들이려고 하고 있다. 한국의 입장에서도 남·북·러 협력사업은 남북의 긴장을 완화하고 한국경제의 신성장 동력 확보를 위해 중요하다. 최근 러시아가 석유가격 하락으로 경제위기에 빠지면서 남·북·러 3각 협력에서 한국의 역할이 보다 중요해졌다. 한국은 이제 단순히 수동적인 방관자에서 벗어나 주도적으로 남·북·러 3각 협력을 주도해야 한다. 이를 위해 대북관계를 전향적으로 개선하고 북한과의 실질적인 경제협력을 추진해야 할 것이다.

남·북·러 전력계통 연계는 상호 보완성이 높은 프로젝트로서 실질적인 후생효과와 함께 동북아의 긴장 완화와 아시아 슈퍼그리드의 출발점이 될 수 있는 메가 프로젝트이다. 2005년 처음 이 프로젝트가 제기되었을 때는 HVDC라는 신기술이 충분히 검증되지 못했고 나아가 러시아의 발전능력도 뒷받침되지 못했다. 그러나 지난 10년간 HVDC 기술이 급속도로 상용화되었고 러시아는 대규모 수력을 중심으로 공급 능력을 확보했다. 동시에 한국은 더 이상 반환경적인 발전소를 지을 수 없는 상황이다. 이러한 조건이 맞아 떨어지면서 러시아의 저렴하고 친환경적인 전력을 수입해 북한과 한국이 사용하는 것은 경제적으로 합리적이며 상업적인 다자간 프로젝트의 타당성을 부여한다.

에너지의 97%를 수입하는 우리나라는 대륙을 연계하는 에너지 수급 시스템의 구축이 반드시 필요하다. 에너지 수입원의 다변화와 경제성 담보, 그리고 통일비용 감소를 위해서라도 남·북·러 전력망 연계를 적극적으로 추진해야 한다. 나아가 한국은 북한의 대규모 인프라 구축을 통해 북한을 개방으로 유도하고 남북 간 화해와 협력 분위기를 조성할 수 있다. 우리 정부도 원전 마피아,

전력 마피아 집단의 논리에서 벗어나 미래지향적으로 바뀌어야 한다.

남·북·러 전력망 연계사업이 현실화되면 관련 국가들은 연간 수십억 달러의 경제적 이득이 발생할 것으로 예상된다. 한국은 러시아의 저렴한 수력 발전을 수입해 발전소 건설을 둘러싼 사회적 갈등도 피할 수 있으며 비싼 에너지자원을 수입해 가공하는 과정에서 환경파괴 문제도 피할 수 있게 된다. 러시아 전력을 kWh 당 0.05 달러 정도에 수입하면 한국은 전력 원가를 10~20% 정도 저렴하게 수입하게 된다.

러시아도 저렴한 원가의 수력 발전에 의한 전력 수출을 통해 극동지역의 경제를 활성화시킬 수 있으며 향후 중국과 일본 시장을 연결하는 동북아 슈퍼 그리드 조성에도 유리한 환경을 갖게 될 것이다. 러시아는 북한과 한국시장에 러시아 전력을 수출함으로써 지역경제를 활성화시키고 한국 가격으로 중국과 몽골을 압박할 수 있을 것이다. 러시아가 남·북·러 송전선을 통해 최소 200만kW에서 한국의 수요 증가로 700만kW까지 증가시킬 수 있다.

절대적으로 전력이 부족한 북한의 경우, 러시아 전력의 한국 통과 비용으로 필요한 전력을 이용할 수 있으며, 필요시 러시아 전력을 손쉽게 구매할 수도 있다. 북한은 러시아 전력의 자국 통과를 조건으로 그에 해당하는 전력을 공급받을 수 있으며, 한국과 러시아에서 필요한 전기를 현금으로 구매할 수도 있을 것이다. 초기단계에서 50만kW의 송전은 얼마든지 확대 가능하다.

남·북·러 전력계통의 연계는 한국으로 하여금 고립된 섬 상태를 탈피하고 남북 경협과 관계개선에도 탄력을 줄 것이다. 한국의 주도하에 아시아 슈퍼 그리드가 실현될 경우, 전력망 광역화를 통한 공급 신뢰도가 제고되고 미래 성장동력이 창출될 것이다. 더 나아가 한국이 동북아 다자간 협력을 선제적으로 주도해 나갈 수 있을 것이다.

남·북·러 전력망 연계는 한·러 에너지협력을 'Energy Silk Road' 실천의 단계로 전환할 뿐만 아니라 양국 간 전략적 협력동반자 관계에 실질적 내용을 부여하는 사업이다. 오랜 기간 논의 수준에 머무른 남·북·러 3각 협력을 실제

가동함으로써 한·러 협력구도를 한 단계 진전시키고 교통·물류·에너지 등에서 다양한 협력을 모색하는 계기를 가져올 것이다. 궁극적으로 북한의 개혁·개방을 유도함과 동시에 동북아의 지역협력 구도를 다자협력으로 진전시키는 계기를 마련할 것이다.

참고문헌

김학기 외, 『남-북-러 삼각 경제협력 방안 연구』, 산업연구원. 2014.

안병민, 『극동러시아지역 교통, 물류 인프라 현황, 개발전략과 전망』, 교통개발연구원, 2008.

윤성학, 『한국의 러시아 극동 투자 추진 방안』, Acta Russia, 2013.

윤재영, "동북아 SUPERGRID 구상과 전망", 『세계 에너지시장 인사이트』. 13-8호. 2013.

오영일, 『AIIB 출범: 아는 만큼 활용한다』, 포스코경영연구소, 2015.

지식경제부, 『한-러 에너지협력 액션플랜 서명식 개최 보도참고자료』, 2009년 8월.

토니세바, 『에너지혁명 2030』, 교보문고, 2015.

한국전기연구원, 『동북아 국가간 계통연계 기술개발 예비타당성 연구』, 2002.

한국전기연구원, 『동북아 계통연계 정책방안 검토』, 2011.

한국전력공사, 『200만kW 남북한 계통연계 연구』, 2007.

카라프코 & 미나코브, 『블라디보스토크-청진 500kV 송전선로 건설하자』, 2005.

윤갑구, 『50만kW 송전선로를 700만kW급으로 남한까지 건설하자』, 2005.

A.I. Gromov. Strategic development of the Russian gas industry for the year 2030, International seminar Natural gas markets 2009 Grenoble, France.

Alexander Burgansky, Irina Elinevskaya. Russian gas: It ain't Oil. Renaissance Capital. 2004.

Bulatov, Alexander S. Russian direct investment abroad: main motivations in the post-Soviet period. Transnational Corporations. 1998. Volume 7, № 1.

Kheyfets, Boris A. Russian Investment Abroad. The Basic Flows and Features. The Hungarian Academy of Sciences Institute for World Economics Working Papers, 2008. № 184.

Kuznetsov, Alexey V. Inward FDI in Russia and its policy context, 2012. Columbia FDI Profiles, July 21 Available at: http://www.vcc.columbia.edu. 2012.

Кузнецов Алексей В. 2011. "Нужна лн поддержка россннйскнх ннвестнцнй за рубежом." Международнаяжнзнь, No. 7.

С. П. Попов, К.А. Корнеев, Е.В. Ершова. 2015. "Долгосрочные тенденцнн на рынках энергоноснтелей Восточной Азнн." Энергетнка Росснн в XXI веке. Инн-овацнонное развнтне н управленне, 1-3 сентября 2015 г., Иркутск.

www.friendsofthesupergrid.eu(검색일: 2016.3.1)

www.interao.ru(검색일:2016.7.11)

www.hvdc2015.org(검색일: 2016.8.24)

미주

1) http://sputniknews.com/radio_red_line/20150904/1026602258.html(검색일 : 2015.9.6)

2) 장덕준(2014), 보완필요 신동방정책의 기본 골격은 2012년 2월 '러시아와 변화하는 세계'라는 제목으로 러시아 일간지에 게재된 푸틴의 기고문과, 동년 5월에 발표된 '대외정책 실행 조치에 관한 행정명령'에 잘 나타나 있다. 이 문건들에서 러시아 연방정부는 중국 한국 일본 등 동북아 주요 국가를 포함한 아태 지역 국가와의 경제 및 외교적 협력을 심화해 나갈 것임을 천명했다. 그러나 러시아 정부가 공식적으로 '신동방정책'(New

Eastern Policy)이라고 명명한 적은 없다. 러시아 외교 전문가들은 신동방정책을 '아시아로의 중심축 이동(pivot to Asia)'으로 표현하였다. 19세기 극동으로의 러시아의 팽창적인 대외정책을 동방정책이라고 한다면 2012년 푸틴의 아태지역으로의 본격적인 진출 정책을 '신동방정책'으로 부를 수 있을 것이다. p.230.

3) 토니세바, 『에너지혁명 2030』. 서울: 교보문고, 2015, p.17.
4) 남 · 북 · 러 협력 프로젝트는 1990년대 후반 러시아 극동에서 나타났다. 1998년, 러시아 극동 정부는 러시아의 자원과 한국의 자본과 기술, 북한의 노동력이 결합한 '삼위일체 공생농업'을 국가정책으로 채택하였는데 이것이 남 · 북 · 러 협력사업의 기초가 되었다. 이 프로젝트는 러시아 극동지역에서 북한의 저임금 노동력과 러시아의 자원과 영토, 한국의 자본과 경영능력을 결합시키는 것으로 극동 연해주 농업개발과 건설 인프라 개발 사업에 적용되었다.
5) INTER RAO UES는 러시아 국영전력회사인 RAO UES(Unified Energy System)의 전력 수출을 담당하는 자회사로서 RAO UES가 지분 60%, Rosenergoatom(러시아 국영원자력 회사)가 40%을 갖고 있다. 주요 업무는 해외로 전력 수출 및 수입, 국내외 전기판매, 투자활동, 해외자산관리 등이며, 1997년에 설립되었다.
6) 카라프코 & 미나코브, "블라디보스토크-청진 500kV 송전선로 건설하자," Electric Engineers(2005. 11)
7) http://russiafocus.co.kr/business/2015/01/26/46503(검색일: 2015.11.25)
8) HVDC는 발전소에서 발전되는 고압의 교류전력을 반도체 스위칭 소자를 이용하여 고압의 직류전력으로 변환시켜 송전한 후 전력이 필요로 하는 지역에서 다시 전력 변환기를 이용하여 교류전력으로 재변환시켜 전력을 공급하는 방식이다. 이러한 직류송전방식은 무엇보다도 교류송전의 문제점이었던 전력 손실을 크게 줄일 수 있게 되었다.
9) 윤갑구, "50만kW 송전선로를 700만kW급으로 남한까지 건설하자," Electric Engineers(2005. 11)
10) 한국전기연구원(2002), p. v.
11) HVDC 송전선은 소비자에게 전달하기 위해서는 직류를 교류로 전환시키는 변환소가 필수이다.
12) https://forumvostok.ru/en/asian-energy-super-ring-project-to-be-discussed-at-the-eef(검색일: 2016.12.12)
13) http://2korea.hani.co.kr/429567(검색일: 2016.12.21)
14) http://biz.chosun.com/site/data/html_dir/2016/11/30/2016113001858.html(검색일: 2016.12.12)
15) 지식경제부, "한-러 에너지협력 액션플랜 서명식 개최 보도참고자료," (검색일: 2009.8.7)
16) 미국 Nautilus Institute가 분석한 "러시아 · 중국 · 북한 · 남한" 연계선로에 대한 분석결과를 살펴보면 연계계통 운영으로 인하여 연간 CO_2 2000만t, SO_2 36.5만t 이상의 절감효과가 발생하며, 전체 전력공급 비용을 절감되는 CO_2량으로 나누면 \$2.52/teCO_2에 해당된다. 이러한 분석결과는 신규설비 투자비 및 연료비용 절감 등 국가 간 계통연계의 다른 이익 부분을 배제하고 환경측면 만으로도 본 시나리오가 경쟁력이 있다는 것을 의미하고 있다. 한국전기연구원(2002), "동북아 국가 간 계통연계 기술개발 예비타당성 연구," p. iv.

제4장

국방·안보 신북방전략

– 한·러 군사협력 평가와 발전방안 –

유영철

요약문

한·러 군사관계는 1990년 국교정상화 이후 어느 분야보다도 빠른 속도로 발전하는 추세를 보였다. 1991년 양국은 무관부를 설치했고 본격적인 군사협력을 시작했다. 수교 이후 27년간 한·러 군사협력은 상당한 발전과 성과가 있었다고 평가되고 있다. 그러나 아직도 해결해야 할 문제들은 여전히 존재하고 있다고 분석된다.

현재 한·러 군사협력은 13건의 정례적인 교류가 이루어지고 있으며, 군수방산협력도 정례적으로 5건의 교류가 행해지고 있다. 우크라이나 사태 이후 한·러 군사협력은 상당한 타격을 입었다고 평가되고 있으나, 2016년 이후 점차적으로 회복되고 있다고 판단된다. 2017년 한·러 군사협력은 2013년의 관계를 회복할 것으로 보인다.

군사관계의 꽃이라고 할 수 있는 방산협력도 1·2차 불곰사업을 마무리하고 3차 불곰사업을 진행하고 있으나, 2010년 이후 성과를 거두지 못하고 있다. 이런 가운데 한·러 간 방산협력은 여러 가지 문제점을 표출하고 있다. 러시아제 무기 장비를 도입하는 과정에서 정부 부처 간 상호 이해관계의 상충으로 그 효력이 반감되는 현상이 발생하고 있는 것이다. 이는 러시아와의 군사협력을 강화하기 위해서는 우리가 반드시 극복해야 할 문제점으로 파악되고 있다.

한·러 군사협력을 강화하기 위한 방안으로 첫째, 대(對)러시아 정책 수행에 필요한 네트워크화(Network化)가 필수적이라 할 수 있다. 이는 효율적인 대러 군사협력에 필수불가결한 요소이다. 둘째, 러시아와 차관 상환을 위한 한·러 방산협력을 적극적으로 추진할 필요성이 있다. 아직까지 시스템이 구축되지 않고 있다는 것은 효율적인 대러 정책을 수행하는데 가장 큰 걸림돌이 되고 있다고 판단된다. 이와 같은 시스템 구축의 미비로 인해 청와대, 정부 및 실무부처에서 수행하는 회의 및 고위급 인사 교류에 있어서 동일 주제의 반복과 시기 역시 겹치는 등 부작용이 발생하고 있다. 따라서 효율적으로 한·러 협력을 발전시키기 위한 토대 구축의 일환으로 국방부, 합참, 각 군의 대러 정책 수행에 필요한 네트워크화가 반드시 선결 조건이 되어야 한다. 둘째, 한국 측은 차관 상환과 관련한 방산물자 도입을 자국 국방예산과 연계시켜 기술협력을 병행 추진함으로써 러시아로 하여금 차관 문제를 보다 용이하게 해결할 수 있도록 하는 한편, 러시아는 대(對)한국 기술 이전을 정책적으로 적극 장려함으로써 한국과의 군사협력을 장기적인 안목에서 접근할 필요가 있다. 셋째, 북한 핵문제를 해결하기 위한 방법으로 군사협력 관계를 발전시켜야 한다. 군사협력은 고도의 정치적 긴밀성이 있어야 가능한 만큼 군사협력을 계기로 한·러관계를 더욱 발전시켜 나가는 촉매제로 활용할 필요가 있다.

I. 서 론

냉전체제하에서는 생경하게만 느껴지던 러시아와의 군사교류 및 협력은 1980년대 말부터 시작된 국제질서의 변화로 말미암아 그 물꼬를 트기 시작했고 소연방 해체 이후 괄목할 만한 관계 진전을 가져왔다.

그간 우리의 구소련에 대한 여러 분야 연구 중, 특히 군사 분야는 그 관심의 정도에 비해 실질적인 성과는 별로 크지 않았다고 할 수 있다. 이것은 과거 소련이라는 대상 자체가 한국이 처한 위치에 비해 지나치게 강대한 면이 있었고, 소련의 한국에 대한 군사적 위협 정도가 북한이라는 직접적 위협에 비해 상당 부분 간접적으로만 작용했기 때문이다. 또한 실질적인 연구도 미국을 비롯한 일부 서방국가들을 중심으로 수행된 연구에 의한 간접적 경험을 통해 축적했다는 것이 일반적인 평가이다.

특히 소련과의 군사교류 및 협력은 냉전체제하에서는 다른 어떤 분야보다도 우리에게 생소하였을 뿐 아니라 실현되기 어려운 개념이라고까지 인식되었다. 그러나 한·소 및 한·러 군사관계는 1990년 국교정상화 이후 과거 정치적 이념의 벽을 허물면서 다른 어느 분야보다도 빠른 속도로 발전하는 추세를 보였다. 이는 동일 사회주의권이면서 북방정책의 결실로 이루어진 중국과의 국교정상화와도 차이점을 내포하고 있다. 중국과의 관계가 정치·군사적인 변화에 앞서 경제적인 면을 중심으로 진행되었다면, 러시아와의 관계는 정치·군사적인 변화를 축으로 진행되면서 경제협력 및 전반적인 관계발전으로 이루어졌다는 것이다.

그러나 한·러 군사협력이 개시되면서 발생한 문제점에 대해서도 아직 해결이 되지 않는 부분이 많다는 점은 우리가 향후 무엇을 해야 할 것인가에 대해 다시 한번 생각하게 하는 계기가 되어야 할 것이다.

Ⅱ. 본 론

1. 한 · 러 군사협력 실적 및 성과

현재까지 한·러 간 군사관계는 약 27년에 걸친 다양한 교류와 협력을 전개하는 과정에서 상당한 부침을 겪은 것도 사실이다. 1991년 양국 군 간 무관부가 개설(주러 한국 무관부: 1991년 10월 1일, 주한 러 무관부: 1991년 9월 20일)된 이래 한·러 간 군사교류는 국방장관 회담을 비롯해 군 고위급뿐만 아니라 실무급에 이르기까지 매우 활발하게 이루어졌다. 특히 수교 초기 1992년 11월 옐친 대통령의 방한 시 수행한 그라쵸프 국방장관은 당시 최세창 국방장관과의 회담에서 "한·러 양국은 동북아와 한반도 평화를 위해 노력하며, 북한 핵무기 개발 저지에 공동으로 노력한다"는 옐친 대통령의 발언을 재확인하고, "향후 북한과의 기존 군사기술협력 및 대(對)북한 첨단 군사기술 판매·전문가 파견 등을 재검토하겠다"고 밝혔다. 이는 러시아와 북한과의 방산협력 및 군사교류를 축소한다는 의미와 함께 러시아가 한반도에서 더 이상 한국과 적대적 관계를 유지하지 않고 평화를 지향한다는 매우 의미 있는 발언이었다.

양국 군 간 교류와 협력을 위한 제도적 기반도 지속적으로 이루어졌다. 1994년 6월 양국 외무장관 간 '영해 바깥해상에서의 사고방지에 관한 협정'이 서명됨으로써 한·러 해군 간 직접적인 대화채널이 마련되었다. 또한 1996년 11월에는 양국 국방장관 간 '군사협력 양해각서'를 체결하고, 1997년 11월 이정린 국방차관의 방러 시 '군사기술 분야·방산 및 군수협력에 관한 협정'에 서명함으로써 향후 양국 군 간 군사 교류협력 및 방산협력에 대비하기 위한 제도적 기초가 마련되었다. 또 2004년 9월에는 한·러 군사기술 협력 MOU가 체결되어 양국은 방산협력을 제도화하는 기틀을 마련했다. 또한 2001년 국방부 간 군사 정보협력에 관한 합의각서도 체결됐다.

〈그림 4-1〉 불곰사업 도입의 러시아제 공기부양정

출처: 『연합뉴스』, 2014년 11월 6일.

이와 함께 방산협력도 이루어졌다. 수교 이후 소련에 제공한 총 14억 7천만 달러 규모의 경협차관을 러시아가 국내 경제난 등으로 인해 정상적인 상환이 어려워지자 양국 정부는 협상을 통해 이 중 일부를 원자재와 군사장비로 상환하기로 합의했다. 이에 따라 1차[1], 2차[2] 불곰사업을 통해 7.5억 달러 상당의 러시아산 신예전차 T-80U, BMP-3 장갑차, METIS-M 대전차 유도탄 및 IGLA 지대공 미사일 등이 도입됐다. 이외에도 러시아는 우리의 대공 방어무기체계 및 차세대 전투기사업에 상당한 관심과 기대를 가지고 접근하고 있다. 그러나 북한으로부터의 군사적 위협과 이에 대응하는 한·미 연합전력의 중요성은 러시아와의 본격적인 방산협력을 보다 장기적인 관점에서 바라볼 것을 요구하고 있다.

실무급에서도 다양한 교류가 이루어졌다. 2014년 우크라이나 사태로 인해 한·러 국방부 및 군 간 정례적인 교류가 거의 단절되는 사태가 발생했으나, 2015년부터 일부 회의가 재개되고 있으며 2016년에는 이미 계획되었던 교류 및 회의가 상당 부분 진행됐다. 2017년에는 2013년과 비슷한 수준의 교류가 이어질 것으로 전망되고 있다.

〈그림 4-2〉 안토노프 러시아 국방차관-박노벽 주러 대사 면담(2016.4)

출처: 『Sputnik 코리아』, 2016년 4월 15일.

군사교육 분야에서는 1994년부터 한국군 장교들의 러시아 군사교육기관내 위탁교육이 시행되고 있다. 현재 정확한 숫자는 파악되지 않고 있으나 총참모대학원, 지상군·공군·해군 지휘참모대학 및 민간대학 학위과정에서 현재까지 지속적인 교육파견이 이루어지고 있다. 아울러 양국 간 군 인사들의 상호 이해와 우호를 증진하기 위해 매년 일정 수의 장병들이 휴가 기간 중 상호 방문해 자국의 문화를 소개하는 프로그램도 실행되었으나 현재는 중단된 상태이다.

한·러 군사협력에 대한 한국과 러시아의 전략적 접근 방법도 상이하다고 평가된다. 한국 측은 고위급 중심의 실적 위주 및 비정례 방문을 희망하는 경향이 있고, 러시아는 오히려 고위급 방한에 대해 소극적인 입장을 견지하고 있다. 이는 러시아가 활발한 실무 위주 교류로 교류협력의 지속성을 유지하고자 하는 의지가 반영됐다고 평가된다. 현재 우리는 1994년부터 러시아에 위탁

교육을 정례적으로 수행하고 있으나, 러시아는 아직 한국에 교육을 위한 학생·장교를 파견하지 않고 있다. 그러나 우리 측의 꾸준한 노력으로 러시아 측도 긍정적으로 검토중인 것으로 알려졌다.[3]

〈표 4-1〉 한·러 군사협력 실적

구 분	내 용	비 고
정례 교류 (13건)	고위급 상호 방문 (장/차관, 의장, 각 군 총장)	연 1회
	국방정책 실무회의 (국방부)	연 1회
	합참 본부장급회의 (합참)	연 1회
	정보교류회의 (국방정보본부)	연 1회
	합동군사위원회 (합참)	연 1회
	해상사고방지협정 이행협의회 (해군)	연 1회
	러 동부 군관구 – 제1군 교류 (육군)	연 1회
	러 태평양함대 – 해작사 (해군)	연 1회
	육군 대 육군회의 (육군)	연 1회
	공군 대 공군회의 (공군)	연 1회
	상호 훈련참관 (육군)	연 1회
	친선군사사절단 상호교환방문 (국방부)	연 1회
방산군수협력(5건)	한·러 군사기술협력 사업 (가칭 3차 불곰사업)	추진중
	한·러 군사기술 및 방산·군수 공동위원회	연 1회
	1·2차 불곰사업 후속 군수지원협력	수 시
	한·러 목록체계 협력	수 시
	군사기술협력 (ADD)	지 속
기타 교류협력 (3건)	국방학술세미나	연 1회
	함정 및 항공기 교류	수 시
	군사교육 교류	매 년

2. 한·러 방산협력 평가

한국과 러시아 간 방산협력사는 사반세기 정도의 짧은 역사이지만 한러수교 이후 양국관계를 가장 쉽게 풀어주는 매개체로서의 역할을 했다. 그러한 임무를 직접 수행한 국방부는 예산과 전력 운용면에서 상당한 어려움을 겪어 왔고 심지어는 피해 의식을 느끼고 있었는지도 모른다. 그러나 전반적인 국가이익의 차원에서는 불곰사업과 같은 러시아 무기 도입사업을 통해 여러 분야에서 다양한 형태로 많은 혜택을 받았다고 할 수 있다. 한·러 방산협력이 우리에게 주는 의의는 대체로 다음과 같다.

〈표 4-2〉 시기별 한·러 방산협력

일 시	내 용
1994~1999년	러 방산물자 도입(1차 불곰사업)
1997년 11월	한·러 군사기술, 방산 및 군수협력 협정 체결
2004년 9월	푸틴 대통령, 한·러 군사기술협력 제안
2007년 12월	한·러 군사기술협력(3차 불곰사업) MOU 체결
2010년 10월	한·러 군사기술협력 프로그램 서명
2010년 11월	한·러 군사기술협력 2개 과제 가계약 체결
2014년 2월	한·러 재무당국 간 경협차관 연계조건 협의

한국 국방부가 추구하는 한·러 군사관계의 목표는 한반도에서의 전쟁억제와 평화안정에 기여하고, 군사기술·방산·군수 분야의 협력을 통해 러시아의 첨단군사과학기술 도입, 양국 간 군사 교류협력 확대 및 상호 이해를 증진하는데 있다고 하겠다.[4] 이러한 목표달성을 위해 협력이 필요한 여러 분야 중 군사기술 및 방산·군수 분야의 협력은 가장 실질적이고 가시적인 성과를 기대할 수 있다는 점에서 매우 높은 발전 가능성을 가지고 있다. 이러한 시기에 1·2차 불곰사업과 3,000톤급 잠수함 구매 사업(636사업)을 추진한 것은 군사외교관계

를 획기적으로 개선할 수 있는 좋은 계기였다고 본다. 그러나 1차 불곰사업은 후속 군수지원 문제로, 636사업은 한국의 도입 취소로, 2차 불공사업은 정부간 경협차관 상환협정 체결의 난항으로 인해 기대에 미치지 못한 부분이 아쉬움으로 남아 있다.

〈표 4-3〉 1, 2차 불곰사업 비교

일 시	금 액	종 류
1차 불곰사업 (1994~1999년)	2.14억 달러 (100% 차관상계)	T-80U 전차, BMP-3 장갑차, METIS-M 대전차유도탄, IGLA 대공미사일 등
2차 불곰사업 (2002~2006년)	5.34억 달러 (차관 2.5억 달러, 현금 2.8억 달러)	IL-103 생도실습기, 공기부양정, KA-32A 헬기, METIS-M 대전차유도탄, T-80U 전차, BMP-3 장갑차

3. 극복되어야 할 과제

지난 사반세기 동안 한국의 대러시아 군사외교는 양적인 발전과 많은 성과를 거두었다고 분석되지만 그간 지적되었던 문제점은 근본적으로 해결되지 않고 있다. 이러한 문제점들이 계속 상존할 경우에 한·러 군사외교는 현재와 같은 답보 상태를 유지할 수밖에 없을 것이며, 오히려 주변 여건 및 환경의 변화에 의해 악화될 수 있을 것으로 판단된다.[5]

첫째, 러시아와의 관계강화를 추구해 나갈 때 더욱 절실해지는 것은 우리가 러시아에 대한 영향력을 행사할 수 있는 수단과 통로에 관련된 문제이다. 한국은 우리의 의도를 러시아에 관철 시킬 수 있는 수단을 거의 가지고 있지 못하다. 이러한 여건은 러시아도 마찬가지라고 할 수 있다. 사드 배치에 대해 중국과 러시아가 동시에 반발하고 있지만, 러시아는 중국과는 달리 우리에게 직접적인 영향력을 행사할 수 있는 수단을 갖고 있지 못하다는 것이 이번에도 증명되었다. 한국과 러시아 간 무역 구도는 상호 수출과 수입이 거의 절반인 상태로 나누어져 있어 가장 이상적인 형태를 보이나, 양국 어느 한쪽도 결정적인 영향력을 행사하기에는 역부족이라고 할 수 있다.

둘째, 한국의 대러 군사협력에 대한 중장기적 관점에서 목표 설정의 문제이다. 전술했듯이 우리의 대러 정책이 단기적 현안에 대한 관심과 이를 해결하기 위한 것으로만 표출되었다는 것이다. 한소수교 당시 소련에 제공했던 차관의 상환 문제가 가장 대표적인 사례로 꼽히고 있다. 우리가 이를 유연하게 사고하고 대러 영향력 행사를 위한 수단으로 활용했다면 한·러 관계는 상당 부분 신뢰가 축적될 수도 있다는 분석이 제기되고 있다. 또한 소련 붕괴 후 러시아의 북한에 대한 영향력 감소를 목도하면서 취한 우리의 정책도 근시안적인 것이라는 평가를 면할 수는 없을 것이다. 이러한 관점에서 한·러 군사협력의 기틀이 조성되고 추진해야 하는 당위성도 아울러 존재한다. 즉 한반도에서 러시아의 긍정적인 역할을 유도할 수 있는 거시적이고 장기적인 전략이 필요하다. 따라서 대러 군사외교에 있어서도 목표에 대한 중장기적인 비전을 가지고 이에 따라 대러 군사협력의 목표와 수준을 설정할 필요성이 제기된다. 러시아가 주변열강이기 때문에 군사협력이 필요하다는 단순 논리에서 벗어나, 러시아의 중요성을 중장기적으로 냉정하게 분석할 필요성이 현재 상황에서 더욱 절실히 요구되고 있다.

셋째, 한·러 군사협력의 또 다른 문제점은 방산협력을 추진하는 과정에서 제기되는 문제점들이다. 우리는 러시아의 군사기술 위주로 방산협력을 추진하고 있으며, 러시아는 완성품 위주의 공급을 원하는 입장을 견지해 왔다. 이 과정에서 한국과 러시아 간 불협화음이 지속되고, 이는 한·러 간 쉽게 풀리지 않는 문제점으로 지적되고 있다. 이러한 점을 해결하기 위해서는 우선 한국과 러시아 간 방산협력이 진행될 시점에서부터 상호 면밀한 회담과 실무자 간 다층적인 회의가 필요하다. 회의를 거치면서 국제관례에서 크게 벗어나지 않는 선에서 양국이 합의를 도출하고, 이러한 신뢰를 바탕으로 향후 문제점을 착실히 해결해 나가는 방안이 필요하다고 판단된다. 한·러 방산협력 시 오히려 군사문제가 전반적인 양국 관계에도 영향을 미칠 수 있음을 인지할 필요가 있다. 단적인 사례로서 1998년 외교관 맞추방사건은 우리가 러시아산 KILO급 잠수함을 구매하지 않겠다고 발표한 직후에 일어난 것이다. 이는 러시아의 보복성 외교조치로 분석되기도 한다. 그러나 이러한 대형 외교마찰 사건이 군사관계에서 비롯된 것임에도 불구하고 이를 군사외교적 측면에서 해결하지 못하고 한·러 간 전반적인 문제로 비화되었다는 것은 우리의 대러 군사외교의 한 단면을 보여주는 사례라고 할 수 있다.

넷째, 한·미동맹에서 오는 한계이다. 우리는 현재 러시아가 가장 큰 경쟁국으로 인식하는 미국과 동맹관계를 유지하고 있으며, 향후에도 우리의 안보의 근간은 한·미동맹으로 유지될 것이라는 점을 확실시 하고 있다. 특히 러시아는 미국이 추구하고 있는 글로벌 미사일방어(Missile Defense, MD)에 대한 안보 위협을 가장 심각하게 인식하고 있다.[6] 이러한 관점에서 러시아는 한국내 사드 배치를 반대하는 것이며, 사드 배치가 현실화될 경우에 동북아 지역을 새로운 군사적 긴장지대로 간주하고 군사적 대응책을 마련할 것으로 판단된다. 이는 러시아가 유럽에 배치된 미국의 MD에 대응하기 위해 이스칸데르-M 미사일을 러시아 국외 영토인 칼리닌그라드에 배치했듯이, 한국 내 사드에 대한 대응으로 연해주 지역이나 남쿠릴열도 등에 새로운 타격 부대를 배치할 가능성도 있다고 판단된다. 이와 같은 사실을 뒷받침하는 사례로서 러시아 상원 국방위원회 제1부위원장 예브게니 세레브레니코프는 "러시아는 한국이 미국 MD를 배치하기로 결정한 것을 향후 군사계획에 반영할 계획이다. 지상 부대 및 미사일 배치와 같은 구체적인 결정을 내릴 것이다"라고 밝혔다.[7]

현재 진행되고 있는 대북제재에서 러시아는 현재보다는 소극적인 입장을 취할 가능성도 점쳐지고 있다. 이는 북한에 대한 국제 제재의 연대가 느슨해지는 것이라고 판단할 수 있으며, 향후 북한 핵문제 해결에도 좋지 않은 영향을 미칠 수 있다고 분석된다. 따라서 우리가 한·미동맹을 유지·강화하려 하는 정책을 수정하지 않는 이상 러시아의 다극화 국제질서 추구와 상충하는 부분은 분명 존재한다고 할 수 있다. 러시아는 한국의 상황을 이해한다는 태도를 보이고 있지만 굳건한 한·미동맹이 결코 자국의 안보 상황에 도움이 되지 않는다고 판단하고 있다.

그러나 2016년 11월 미국 대선에서 트럼프가 당선됨으로써 미·러관계가 극적으로 반전될 수 있는가에 대해 관심이 쏠리고 있다. 트럼프는 대선 유세 기간 중 러시아와의 관계를 개선하겠다는 적극적인 행보를 보여 왔고 푸틴도 이에 화답하듯이 트럼프에 대한 지지를 지속했다. 향후 미·러관계의 개선에 대해 그 수준을 전망하기는 아직 시기상조이나, 미·러관계가 개선된다면 한·러관계 역시 크게 개선될 가능성이 크다고 판단된다.

4. 한·러 군사협력 추진 방향

한·러 군사관계는 짧은 기간에 비추어 괄목할 만한 발전을 이룩했다는 평가를 받고 있다. 양국 군은 상호이해의 계기를 마련했으며, 동북아의 인접 국가로서 서로 위치에 걸맞은 관계수립을 위한 기반을 구축했다. 그럼에도 불구하고 현재까지 진행된 양국 군 관계에는 적지않는 문제점들이 노정되고 있다. 무엇보다도 양국 군이 추구하는 군사관계의 목표가 상이해 상호 만족할 만한 수준에 이르기가 쉽지 않다는 점을 들 수 있다.

한국은 한·러 군사관계의 초점을 북한 핵문제 해결 과정에서 러시아의 협조와 한반도에서 무력 분쟁의 발발을 억지한다는 데 집중하고 있다. 한편 러시아는 한반도에서의 영향력 확대와 한국과의 방산협력에 초점을 맞추고 있다. 즉 한국은 안보적인 면에서 러시아와의 군사관계를 추진하고 있는 반면, 러시아는 아태지역으로의 영향력 확대와 방산협력을 통한 경제적 실익을 확보하는데 중점을 두고 있다. 특히 러시아는 최근에 한국을 아태지역 진출의 교두보로 보고 그 역할을 중요시하고 있는 실정이다. 러시아는 아태지역에서 중국 이외의 다른 파트너를 구하는데 있어서 한국이 가장 중요한 파트너가 될 수 있다고 판단하고 있다.

양국 군이 지향하는 목표의 상이점은 결국 한·러 군사협력에 장애요인이 될 수 있다는 분석도 가능하다. 양국 군이 목표의 상이함을 어떤 방식으로 접근시킬 수 있을 것인가 하는 문제가 향후 한·러 군사협력의 발전 정도를 가늠해 볼 수 있는 잣대가 될 것이다. 그러나 현재의 상황을 살펴보면, 이러한 문제가 결코 쉽게 해결되지 않을 것이라는 부정적 견해가 우세하다. 즉 지난 사반세기 동안 한·러 군사협력의 문제점으로 존재해 왔던 것들이 현재도 크게 개선되지는 않고 있기 때문이다. 주러 한국대사관 무관부에 근무했던 예비역 대령은 한·러 군사협력에 대한 간담회에서 현재 노정되고 있는 문제점이 과거 10년 전에도 동일하게 제기되었던 것이라고 밝히면서 한·러 군사협력 발전에 대한 어려움을 토로했다.

〈그림 4-3〉 불곰사업으로 도입한 산불진압용 KA-32T 카모프 헬기

출처: 『중앙일보』, 2011년 11월 24일.

양국 간 방산협력은 과거보다는 효용성이 떨어졌으나 여전히 잠재력이 크다고 본다. 우선 한국의 입장에서는 예전보다 기회가 많이 상실되었으나 아직

선진국들이 이전을 회피하는 러시아의 첨단군사과학기술에 접근할 수 있다. 따라서 한국은 주변 안보환경에 영향을 미치지 않도록 단계적으로 그리고 점진적으로 러시아와 방산협력을 추진해 나가야 할 것이다. 그리고 한·러 간 방산협력이 현재보다 활성화될 경우에 양국 군 간 상이한 목표도 상쇄될 수 있다고 평가된다. 러시아 역시 한반도 평화와 안정을 위한 적극적인 노력이 병행될 경우에 양국 군 간 협력 증대는 물론이요 전반적인 한·러관계를 이끌어내는 견인차가 될 것으로 분석된다.

수년에 걸친 상호 교류에도 불구하고 양국 군 일각에서는 아직까지도 서로 다른 시각으로 상대방을 바라보고 있다. 1991년 사회주의체제에서 자본주의 체제로의 급속한 이행에도 불구하고 상당수의 러시아군 인사들은 미국과의 관계를 적대적으로 인식하고 있고 이러한 시각의 연장선에서 한국군을 바라보고 있다. 러시아군 일각에서는 한·미 간 및 미·일 간 군사동맹관계는 러시아로 볼 때 또 다른 나토(NATO)로 변모할 가능성이 크다고 보고 있는 것이 사실이다.

또한 우리도 냉전시기의 소련에 대한 부정적인 시각을 상당부분 그대로 가지고 있다. 냉전이 종식되었다고는 하지만 그 유산인 남북한 대치상황이 여전히 존재하고 있으며 전쟁의 가능성이 상존하고 있는 현실에서 우리로서는 러시아와 북한과의 관계에 대해 민감하지 않을 수 없다.

상기한 문제점이 해소되고 양국 군 간 보다 발전적인 군사관계를 이룩하기 위해서는 우선 서로를 잘 이해할 수 있는 계기가 마련돼야 할 것이다. 군 고위급·실무급의 다양한 교류가 이루어져야 할 것이며 더 나아가 정례화·제도화도 고려돼야 할 것이다. 한·러 양국의 지정학적 위치와 역사적 배경을 고려해 볼 때 양국 간 긴밀한 대화채널의 구축은 역내 안정에 중요할 것임은 새삼 재론할 필요가 없다. 그러나 그간 비약적인 양국 군 관계의 발전에도 불구하고 거기에 걸맞은 대화채널의 구축은 미흡한 실정이다. 특히 최근 북한의 조기 붕괴론 등 한반도 주변에서 긴급사태가 발생할 가능성이 어느 때보다 높다. 양국 국방의 최고책임자 간 역내 안보문제와 양국 군 간 협력문제를 논의할 수 있는 제도화된 장치는 반드시 구축되어야 한다고 평가된다.

(1) 전략 목표

러시아의 전략적 활용을 위한 우리의 목표는 크게 아래와 같이 구분할 수 있다. 첫째, 한반도 평화통일 실현을 위한 우방국으로의 전환이다. 현재 러시아는 동북아 안보환경에 대해 냉전적 구도가 잔재하고 있다고 판단하고 중국, 북한과 관계 강화를 유지하고 있다. 그러나 향후 동북아 안보 정세의 변화와 함께 러시아의 대(對)동북아 및 한반도 정책의 변화를 예측해 본다면 러시아와 협력은 상당 부분 강화될 수밖에 없다고 분석된다. 따라서 향후 러시아 연방의 대동북아 정책의 변화 가능성을 예측하고 이를 러시아에 대한 전략적 활용 방안의 목표로 삼을 수 있다. 또한 러시아의 영향력 신장을 고려하여 본다면 한반도 급변사태 시 러시아가 한반도에 대한 직접적인 개입은 유보하더라도 중국의 과도한 개입(군사개입)을 막을 수 있는 유용한 카드가 될 수도 있다는 점에 주목하여야 한다.

둘째, 더욱 현실적인 문제로서 러시아와 전략적 협력을 위한 당위성은 러시아를 에너지자원의 안정적 공급의 필수 공급원으로 활용할 필요가 있다는 점이다. 자원 고갈의 시대를 대비해 안정적인 에너지자원의 공급 국가로서 러시아의 중요성을 인식해야 한다. 해상교통로(SLOC) 보호 상의 어려움과 높은 물류비용을 감안할 때 극동·시베리아 자원 개발과 확보 경쟁에의 참여는 우리의 중·장기적인 필수 과제라고 할 수 있으며, 21세기 자원 고갈의 시대를 맞이해 러시아 연방을 한국의 전략적 예비 지역으로서의 기능을 인식할 필요가 있다.

셋째, 동북아 다자안보협력 구도 창출을 위한 러시아와의 협력이다. 중장기적으로 한반도 냉전 구도를 해체하고, 한국 주도에 의한 평화적 통일을 지향하기 위해 한국은 남북한과 주변 4강을 포함한 동북아 다자안보체제를 구축하는 것이 바람직하다고 할 수 있다. 따라서 우리는 북한의 태도 여하를 지켜보면서 동북아 다자안보협력을 지속적으로 주장하고 있는 러시아 연방과 협력을 강화할 필요성이 제기되고 있다.

넷째, 자주국방을 위한 러시아 첨단 국방과학기술 잠재력의 유용이다. 러시아는 서방 선진국이 이전을 기피하는 핵심기술을 획득할 수 있게 하는 거의 유일한 국가라고 할 수 있다. 따라서 자주국방을 표방하는 우리는 불확실한 21세기 안보위협에 대비해 첨단 군사기술의 획득 창구를 다변화할 대상 국가의 하나로 러시아를 활용할 필요성이 증대되고 있다. 따라서 대러시아 관계에 있어서 우리의 최종 목표를 달성하기 위해서는 현재 러시아 측이 가장 절실히 요구하는 것이 무엇인지를 파악하고 이를 일부 수용하는 자세가 필요하다. 이와 같은 문제점의 해소 방안으로서 러시아와의 방산협력 증대와 3차 불곰사업(현재 한·러 군사기술협력 사업)의 재개도 필요하다고 본다. 현재 한국과 러시아 연방은 방산협력을 진행하는 가운데 우리 측은 기술협력을 원하는 반면 러시아 측은 완제품 구매를 요구하는 상황이 지속적으로 반복되고 있다. 따라서 합참 및 각 군은 편의적인 사고에서 벗어나 러시아제 무기의 장단점 분석을 통해 최소한으로라도 소요 제기가 필요한 상황이다. 한·러 군사기술협력 사업은 2011년 10월 12일 당시 방위사업청장이었던 장수만 청장이 모스크바에서 가서명까지 했으나 현재도 타결을 보지 못하고 있다. 이는 상호 상대방에게 주요한 잘못이 있다고 설명하고 있지만, 우리 측은 러시아의 기술 이전에 대한 비용이 지나치게 과다하다는 평가를 내리고 있다.

(2) 단기 추진 방향

전략적 목적을 달성하기 위한 단기 방안으로서 첫째, 대러시아 정책 수행에 필요한 네트워크화가 필수적이라 할 수 있다. 이는 효율적인 대러 군사협력에 필수불가결한 요소임에도 불구하고 아직까지 시스템이 구축되지 않고 있다는 것은 효율적인 대러 정책을 수행하는데 가장 큰 걸림돌이 되고 있다. 이와 같은 시스템 구축의 미비로 인해 청와대, 정부 및 실무 부처에서 수행하는 대러 회의 및 고위급 인사 교류에 있어서 같은 주제의 반복과 시기 역시 겹치는 등 부작용이 발생하고 있다. 따라서 효율적으로 한·러 협력을 발전시키기 위한 토대를 구축하기 위해 국방부, 합참 및 각 군의 대러시아 정책 수행에 필요한 네트워크화가 반드시 선결 조건이 되어야 한다.

또한 한국 측은 차관 상환과 관련한 방산물자 도입을 자국 국방예산과 연계시켜 기술협력을 병행 추진함으로써 러시아로 하여금 차관 문제를 보다 용이하게 해결할 수 있도록 하는 한편, 러시아는 대(對)한국 기술 이전을 정책적으로 적극 장려함으로써 한국과의 군사협력을 장기적인 안목에서 접근해야 할 것이다. 현재 러시아제 무기 도입과 관련하여 가장 심각한 문제로 식별되고 있는 '후속 군수지원' 및 수리 문제에 대해서 러시아 측과 협의를 통해 블라디보스토크에 보수센터(maintenance center) 건설을 제의해 볼 수 있다. 시간과 비용을 절감할 수 있는 방편이 될 것이며, 러시아 측의 책임을 좀 더 비중 있게 다룰 수 있는 명분으로 활용이 가능하다고 분석된다. 또한 한국과 러시아 간 군사과학기술 협력은 민·군겸용기술을 중심으로 수행하는 것이 바람직하다고 평가된다. 러시아는 현재 연방 출범 초기와는 달리 대외 군사장비·기술 판매에 대한 통제를 상당히 심화시키고 있는 상황이며, 따라서 획득이 어려운 기술이라면 먼저 민·군겸용기술을 준용할 수 있는지를 따져보고 첨단 기술을 도입하는 방안을 고려해야 할 것이다.

(3) 중장기 추진 방향

중장기적인 러시아의 전략적 활용 방안으로 첫째, 남·북·러 3각 경제협력을 추진할 필요가 있다. 러시아는 남북한 및 러시아 간 3각 경제협력이 러시아의 경제·통상 이익의 확대는 물론 대(對)한반도 외교·안보 이익의 확대에도 도움이 될 것으로 판단하고, 남북한 지도자와의 회합 때마다 3각 경제협력의 실현을 적극적으로 주장하고 있다. 한국 정부도 러시아의 이 같은 주장을 긍정적으로 수용하고, 수차례 정상회담 등을 통해 3각 경제협력 방안을 러시아와 협의하는 한편 북한에도 당위성을 인식시키는 노력을 경주했다. 그러나 북한은 3

각 경제협력이 경제에는 도움이 될지 모르나 체제 유지에는 악영향을 미친다는 판단으로 이를 수용하는데 주저하는 상황이다. 남·북·러 3각 경제협력은 북한 핵문제가 평화적으로 해결되고 북한에 대한 국제사회의 지원이 있을 경우에 구체적으로 진행될 가능성이 있다. 즉 북한에 대한 전력 및 가스 공급 등에 대해 러시아는 상당히 구체적인 계획을 수립하고 있어 우리 정부의 적극적인 정책 의지가 반영될 경우 그 효용성은 더욱 증대될 것으로 분석된다.

둘째, 원유 및 가스 공동 개발 사업을 추진하는 것이다. 러시아는 군사독트린 및 외교개념에서 자국의 천연자원에 대해 안보 차원에서 접근하고 있으며, 21세기를 '천연자원 고갈의 시대'로 규정하고 세계적인 자원 고갈 위기로 인해 서양의 여러 국가가 부족한 천연자원을 러시아에서 획득하려는 변화에 대해 민감하게 반응하고 있다. 또한 동북아에서도 군비증강보다는 에너지자원을 무기로 자국의 입지를 확보하려고 노력할 것으로 평가되고 있다. 러시아에서는 자원개발에 대한 두 가지 견해가 상충하고 있다. 첫째는 개발 우선주의로서 해외자본을 유입해서라도 경제발전을 위해 자원을 빨리 개발해야 한다는 입장이다. 둘째는 자원민족주의로서 자원에 대한 러시아인의 배타적 이익을 강조하고 있으며, 현재 러시아의 경제가 호전됨에 따라 자원민족주의가 더욱 힘을 얻고 있는 추세라고 할 수 있다. 이 같은 러시아 연방의 에너지 정책에 대해 늦은 감은 있지만 한국은 사할린 유전개발 사업, 동시베리아 가스개발 사업에 적극적으로 참여할 필요성이 증대되고 있다.

러시아와의 협력을 위한 한국의 전략적 정책 및 대안 제시는 항상 한국의 이익을 극대화하는 선에서 계획되고 진행되었던 것으로 평가된다. 이같은 한국의 정책은 러시아에 오히려 한국을 불신하게 하는 측면이 다분히 있다고 분석된다. 따라서 향후 중장기적으로 러시아와의 협력을 유도해 내기 위해서는 상호 공동의 이익을 발굴하고 이를 추진하는 전략을 구사할 필요가 있다. 즉 러시아가 현재 가장 필요로 하는 것이 무엇인지를 파악하고 우리가 수행 가능한 전략을 구사함으로써 이를 극복해야 한다고 판단된다.

III. 결 론

러시아와 러시아인처럼 이해하기 힘들고 애증이 엇갈리는 국가와 민족도 별로 없는 것이 사실이다. 이 같은 해석은 러시아를 바라보는 이중적인 잣대에 의해서 결정된다. 즉 사회주의 종주국으로서의 러시아에 대한 호오(好惡), 문화와 예술의 나라 러시아, 야만과 폭력성이 강한 러시아 등 하나의 기준으로 설명이 잘 되지 않는 것이 러시아적 특성이라 할 수 있다. 데이비드 존스(David Jones)는 러시아의 이 같은 독특한 문화에 대해 아래와 같이 말했다.

"만일 러시아 군부 인사들이 자국의 군사가 다른 국가들의 그것과 전적으로 다르다고 느끼고 있다면, 그리고 만일 이들이 자국의 군사적 방법들을 분명히 구별되게 정의하려고 노력한다면, 다른 나라의 군사기구들과 비교하여 조직적이며 실제적인 유사점에도 불구하고 안보정책 및 군사적 실제의 방식이라는 두 근본적인 이슈들에 대한 접근은 기회가 주어질 때마다 이러한 구별을 더욱 확신시켜 줄 것이다. 이러한 사실만으로도 그것이 제정 러시아든 소련이든 상관없이 러시아에 대한 러시아 전략문화의 개념 적용을 정당화해 줄 것이다. 소련이 붕괴된 지 한 세대 이상의 세월이 흘렀음에도 불구하고 러시아 지도자들이 러시아인들의 감정을 자극하는 언사를 계속 사용하고, 현실주의적인 또는 자유주의적인 이론보다는 오히려 러시아 자체의 국가적 경험이라는 입장에서 행동하는 사례들로 미루어 볼 때 독특한 러시아의 전략문화가 여전히 존재함을 알 수 있다"

또한 러시아는 세계에서 가장 큰 영토를 갖고 있고, 이로 인해 필연적으로 가장 긴 국경선과 가장 많은 국가와 국경을 접하고 있으며, 가장 많은 민족으로 이루어진 국가이다. 따라서 미국 및 서방이 소련의 행위를 예측하고자 했을 때 기존의 합리적 선택 이론 및 게임 이론만으로는 역부족이라는 사실에 전적으로 동의하지 않을 수 없다. 즉 러시아는 서방의 합리적인 사고로 해석될 수 없는 전략적인 결정을 내리는 경우가 있으며, 이는 주로 러시아의 자존심에서 기인하는 경우가 허다하다. 즉 손해를 감내하는 경우가 있더라도 자존심을 다치고 싶어하지 않는 경향이 있다. 이러한 맥락에서 우리가 러시아에 대한 전략을 구상할 경우 위의 사항은 필수적인 고려 요소가 되어야 할 것이다.

안보·군사적 측면에서도 러시아의 동북아 및 한반도에서의 안보 환경에 대한 인식을 고려해야만 한다. 우리는 현재 러시아가 가장 큰 경쟁국으로 인식하고 있는 미국과 동맹관계를 맺고 있고, 중장기적으로도 이를 유지함으로써 국가안보를 확보한다는 정책을 수행하고 있다. 이는 러시아의 다극화 국제질서 추구 및 동북아 다자안보체제 구축과 분명히 상충되는 부분이 존재하고 있다. 주한미군에 대해서도 한국은 대북 억지력을 보완함으로써 한국의 안보와 한반도 정세 안정에 중요한 역할을 담당하고 있다고 인식하고 있는 반면, 러시아는 그 역할을 어느 정도는 인정하고 있지만 현재 남북한 간에 군사균형이 이루어졌다는 이유로 주한미군의 한반도 주둔에 대해서는 달갑지 않다는 인식을 가지고 있다. 특히 러시아는 한국 정부가 통일 이후에도 주한미군의 지속적인 주둔이 필요하다는 인식에 대해 민감한 반응을 표출하고 있다.[8]

북한 문제에 대해서도 러시아는 정치적 고려에 의한 것이라고는 하나 미국 및 일본과는 분명 다른 인식을 표출하고 있다. 대표적인 예로써 북한의 미사일 개발에 대해서 미국과 일본은 동북아 평화를 저해하는 심각한 위협이자 주변국들에 대한 도전이라고 인식하는 반면, 러시아는 주권 국가의 권리라고 공식적으로 발표하고 있다. 또한 북한 핵문제에 대해서 러시아 연방은 한반도 비핵화를 주장하고 있으나, 국제사회의 북한 제재에 대해서는 북한 사회가 붕괴되는 정도의 수준에는 반대의 입장을 분명히 하고 있다. 북한에 대한 제재는 북한의 고립 심화로 인한 급변사태를 유발시킬 수 있는 단초를 제공할 수 있어 오히려 동북아의 안정을 저해할 수 있는 동인이 될 수 있다고 러시아는 주장하고 있다. 따라서 우리가 러시아와의 관계 개선과 이를 통한 전력적 활용 방안을 강구한다면 큰 틀에서 위의 사항을 인식하고 고려하여야 할 것으로 판단된다.

첫째, 한·미 연합훈련은 계속 시행하더라도 방어적 성격을 강조하며 러시아로 하여금 한·미동맹에 대해 경각심을 가지게 해서는 안 될 것으로 판단된다.

둘째, 우리가 미·일의 MD 계획에 직접적으로 참여하는 문제는 상당히 신중하게 접근해야 한다고 판단된다. 러시아는 미국의 MD 계획에 대해 노골적으로 반발하는 국가이며, 미·러관계가 가장 악화되었던 시기가 미국이 동구권에 MD 기지를 설치했을 때라고 분석된다.[9] MD 계획이 미국이나 일본 입장에서는 방어체제이지만 러시아의 입장에서는 공격적인 성격을 가지게 된다. 따라서 MD에 참여하지 않겠다는 현재 한국 정부의 입장을 고수할 뿐 아니라, 미국과 일본이 이를 구축하는 것을 지지한다고 선언하는 것도 신중히 고려해야 할 사항이다.[10]

셋째, 중·러관계의 이완을 고려할 필요도 제기된다. 현재 중·러관계는 자국의 안보환경과 정치적 고려에 의해 밀월관계를 유지하고 있으나, 향후 동북아 안보정세의 변화 및 자국의 입장에 따라 관계 약화도 가능하다는 분석이다. 특히 중·러관계에 대한 회의적인 반응이 러시아 측에서 먼저 제기되고 있다는 사실이다. 일부 러시아 전문가들은 현재의 중·러관계에 대해 러시아는 주로 안보현안 문제에 집착하고 있는 반면 중국은 에너지와 무기·군사기술 협력을 통해 실질적인 이익을 향유하고 있다고 평가하고 있다.[11] 더나아가 중국이 '전략적 관계'라는 수사와 '다극적 세계질서'라는 환상을 증진시키면서 러시아의 비위를 맞추고 있는 형국을 러시아가 간과하고 있다는 지적도 나오고 있다. 또한 2008년 8월 그루지야와의 전쟁 이후 압하지아와 남오세티아의 독립 인정을 중국이 거부하자, 러시아를 제외한 상하이협력기구(SCO) 국가들이 모두 압하지아와 남오세티아의 독립을 거부한 사례를 중앙아시아 국가들은 러시아가 아닌 중국을 추종하는 사례로 분석하기도 하고 있다. 따라서 아직도 중앙아시아 지역이 자신의 배타적 영향하에 있다고 생각하는 러시아와 에너지자원 및 시장 확대를 위해 중앙아시아에 진출하려고 하는 중국 사이에 마찰이 발생할 것이며, 이 같은 상황이 발생할 경우 양국의 협력은 더 이상 진전될 수 없을 것이라는 분석도 제기되고 있다.

넷째, 우리가 고려하고 주목해야 할 점은 북한에 대한 러시아의 정책 변화 가능성이다. 러시아는 한반도 문제에 대해 남북한 등거리 외교를 지향하고 있으며 균형잡힌 정책을 수행하고자 노력하고 있다. 이는 연평도 포격사건이 발발한 직후 러시아가 과거와는 달리 높은 톤으로 북한을 비난하는 성명을 발표한 것도 참고할만 하다고 분석된다. 그러나 러시아가 일방적으로 북한을 비난하고 추가 제재에 동참할 것이라고 판단되지는 않는다. 러시아 지도부는 6자회담의 재개를 주장하면서도 실질적인 효과가 없다는 이유를 들어 북한의 제재에는 분명히 반대한다는 입장을 고수하고 있다. 특히 그간 정치적 고려에 의해 북한을 옹호하는 정책을 수행했던 러시아가 자국의 필요성에 의하여 좀 더 중립적인 역할을 자임할 것으로도 평가된다. 이런 맥락에서 러시아는 북핵 해결 논의과정에 있어 북한이나 중국과의 정책 공조보다는 자국의 목소리를 낼 가능성을 배제할 수 없다고 판단된다. 즉 러시아는 현재의 3+3 형태의 6자회담에서 자국이 캐스팅보트(casting vote)를 쥐는 4+2 형태로 6자회담의 세력 균형을 모색할 수도 있다는 것이다.

위의 사항들을 종합해 보면, 우리가 러시아를 전략적으로 활용하는 방안을 강구할 경우에 협력요인은 상당히 추상적인 반면 갈등 요인은 구체적인 이슈에 근거하고 있다는 점에 유의할 필요가 있다고 판단된다.

미주

1) 1차 불곰사업은 우리 국방부의 연구개발과 관련하여 장비 제안을 하였지만 러시아는 장비에 따라 십수 대 부터 백여 대까지 소수 다량 장비 구입의 방향을 제안했었다. 1차 사업 당시 우리 국방부는 전투기로 MIG-29, BMP 계열의 보병전투차량, 300㎜ 다련장포인 SMERCH, 자주대공체계인 TUNGUSKA, 공대공미사일인 AA-7/8계열, T-72S와 T-80U 전차계열, 소총장갑차 BTR계열, 152㎜ 자주포, AT계열 대전차 유도탄 등을 요구하였다. 그러나 소량다종 제시에 러시아는 불가 판정을 내렸고 결국에는 T-80U 전차와 BMP-3 전투차 몇 대대 분량과 그 외로 대전차 유도탄인 METIS-M과 지대공 유도탄인 IGLA를 추진하는 것으로 결정되었다.
2) 2차 불곰사업비는 총 5억 3천 4백만 달러로 그 중 50%인 2억 6천 7백만 달러는 지급하고 나머지를 경협차관에서 상쇄하는 것으로 되어 있다. 이미 널리 알려진 바 있지만 육군용으로는 1차에 이어 METIS-M 대전차 유도탄 150여대와 BMP-3 전투차량 30여대, T-80U 전차 2대와 해군의 상륙작전용 공기부양정 Murena 3척과 공군에서 사용할 탐색구조헬기(KA-32) 7대와 생도실습기인 IL-103의 20여대가 도입된 것으로 파악되고 있다.
3) 2014년 우크라이나 사태로 인해 한 · 러 군사협력이 상당 부분 약화되었으나, 2017년 2월 한국국방연구원 대표단이 러시아 연방 총참모대학 방문 시 러시아 학생 장교를 한국에 파견하는 방안을 검토 중이라고 러시아 국방부 입장을 밝혔다.
4) 국방외교지침에는 러시아와의 군사협력 관계를 우리 안보에 사활적인 협력관계로 인식하고 있다.
5) Торкунов А.В//Современные международные отношення н мнровая полнтнка. 2005 г М:Просвещенне, С.308
6) http://kr.sputniknews.com/politics/201610111817563(검색일: 2016.12.10)
7) http://kr.sputniknews.com/politics/20160708/1595967.html(검색일: 2016.11.10)
8) 대체적으로 러시아 전문가들은 통일 이후 한반도는 중립적인 위치에 있어야 발전과 안보 위협에 더욱 잘 대처할 수 있다고 평가하고 있다.
9) http://russiafocus.ru/military_and_tech/2014/10/10/2020_45757.html(검색일: 2016.10.8), 빅토르 예신 러시아 전략미사일군 전 총사령관 인터뷰에서 '미국의 전략은 대미사일 요격미사일을 잠재적 적의 탄도 미사일 발사대에 최대한 가깝게 배치해 적의 미사일 발사를 막는 것이다. 독일에서 Pershing-2 미사일이 모스크바까지 7~10분 내에 날아간다면, 발트해 연안국에서 발사된 신형 요격미사일은 이 거리를 그 시간의 절반 내에 커버할 것이다. 이 정도 시간 간격이면 러시아 MD 시스템은 그저 속수무책일 것이다' 고 주장
10) http://russiafocus.ru/military_and_tech/2014/10/10/2020_45757.html(검색일: 2016.10.9)
11) http://kr.sputniknews.com/politics/201610111817342(검색일: 2016.12.30)

제5장

경제·산업 신북방전략

– 러시아 극동개발정책과 한·러 협력 –

변현섭

요약문

러시아 경제는 원유·가스 등 자원 수출이 전체의 70%를 차지해 원자재 가격에 민감하다. 영세한 은행들이 많고 특정 은행에 자산과 예금이 집중되어 글로벌 신용경색에 취약할 뿐만 아니라 은행 본연의 기능을 제대로 이행하지 못하는 구조적 취약점을 안고 있다. 또한 주요 산업은 독과점 구조로 인해 시장 경쟁력이 떨어지고 외국기업의 진입에 장애요인이 된다. 노동가능인구의 감소와 빠른 고령화로 인해 경제성장의 잠재력이 저하되고 있다.

푸틴 대통령은 자원의존형 경제구조 탈피를 위해 외국투자 유치, 경제 현대화와 수입대체산업 육성 및 극동지역 개발 등에 주력하고 있다. 주요 육성산업은 항공, 우주, 제약·의료, 조선, 전자, 농업 등이다. 극동지역 개발을 위해 선도개발구역, 블라디보스토크 자유항, 극동개발펀드, 극동 인적자본개발청, 극동헥타르, 동방경제포럼 등 제도를 구비하고 있다.

한국의 대러시아 협력방안은 첫째, 중장기적 경협 로드맵을 설정하고 세부 협력사업을 발굴한다. 예를 들면 대기업 차원의 자본과 기술력이 필요한 항공·조선업과 중견·중소기업도 쉽게 참여할 수 있는 제약·의료 분야 등이다.

둘째, 한·러 FTA 체결 이외에 '무역투자개발협정(TIDA)'과 같은 새로운 형태의 국제협력 방안을 강구한다. 이는 기존의 지역 간 협정을 넘어 국가 간 산업협력을 위한 정책조정 메커니즘, 전략적 산업협력을 위한 공동자원 조성 등을 포함한다. 즉 기존의 '시장개방' 중심에서 '공동산업정책'을 추구하는 방향으로 진화하는 것이다.

셋째, 한·러 간 산업협력의 분야별 특성을 고려한 현지 투자 또는 수출 확대를 위한 구체적인 협력 모델을 발굴한다.

넷째, 블라디보스토크 자유항 체제를 북극항로 개발에 전략적으로 활용한다. 북극항로 거점항구에 극지 항해용 선박수리 및 검사장 건설, 극지용 어로장비 및 선용품 개발 등 공동 사업모델을 창출하고, 북극 항해·선박 관리 및 자원수송 전문인력 양성 등 인적 교류기반을 구축한다.

다섯째, 러시아의 극동지역 개발과 한국 기업의 진출을 위한 금융지원에 협력한다. 러·일 간 도시환경발전펀드 및 해양바이오양식펀드, 러·중 간 투자펀드 및 극동지역 농공업개발펀드 등을 벤치마킹한다. 한국도 양국이 합의한 투융자기금 30억 달러를 적극적으로 활용한다.

여섯째, 극동지역 인력개발을 위해 협력한다. 러시아의 인적자본개발청과 한국의 고용노동부·한국고용정보원과 협력해 직업훈련학교 운영, 채용사이트 개발·운영 등에 주력함으로써 향후 한국의 대러시아 진출 기업에 맞춤형 인력을 공급한다.

끝으로, 양국 간 협력 사업의 지속적 관리를 위해 정부 차원 또는 민·관 합동의 '한·러 협력사업 모니터링위원회'(가칭)를 설치한다.

I. 서 론

러시아 경제는 원유·가스 등 자원 수출이 전체의 70%을 차지해 원자재 가격에 민감하다. 영세한 은행들이 많고, 특정 은행에 자산과 예금이 집중되어 글로벌 신용경색에 취약할 뿐만 아니라 은행 본연의 기능을 제대로 이행하지 못하는 구조적 취약점을 안고 있다. 또한 주요 산업은 독과점 구조를 갖고 있어 시장 경쟁력이 떨어지고 외국계 기업의 진입에 장애요인이 된다. 노동가능인구의 감소와 빠른 고령화로 인해 경제성장의 잠재력이 저하되고 있다.

푸틴 대통령은 자원의존형 경제구조 탈피를 위해 외국투자 유치, 경제 현대화와 수입대체산업 육성 및 극동지역 개발에 주력하고 있다. 그는 2014년 12월 18일 연례 기자회견에서 지난 20년간 경제구조를 다변화하지 못한 점을 지적하고 원유·가스 등 자원산업에 집중된 한계를 극복해야 한다고 강조했다. 우크라이나 사태와 글로벌 유가 하락에 따른 러시아 경제위기는 구조적 한계성을 다시 한번 노출시켰다. 러시아 산업의 투자재원은 대부분 서방은행의 대출에 의존했으나 대러시아 경제제재 조치로 치명상을 입었다. 게다가 미국의 셰일가스 생산 및 이란 제재 해제에 따른 석유 수출 증가는 더 이상 고유가의 수혜를 기대할 수 없다. 이러한 상황변화는 기존의 성장 전략이 한계에 봉착하고 러시아 정부의 산업다각화 정책을 강하게 요구하고 있다.

에너지자원 수출주도형의 경제성장은 외부적 충격에 취약하다는 치명적 위험요소를 내포하고 있다. 석유나 가스 등 에너지상품의 국제가격은 제조업 상품에 비해 그 변동이 대단히 심하다. 이에 정부는 안정적이고 일관된 경제정책을 수행하기 어렵고, 장기적이며 지속적인 경제성장을 기대할 수 없다.[1] 이를 극복하기 위한 효과적인 처방법은 기존 제조업의 경쟁력을 높이고 새로운 성장산업을 육성하는 등 경제구조의 다변화에 있다.

러시아 경제의 다변화 정책은 우리 기업에 있어서 기회의 요인이 될 수도 있다. 한국의 제조업은 중국 등 후발공업국에 시장을 빼앗기고 있으며, 선진국의 경쟁력을 적절히 추격하지 못하는 위기적 상황을 맞고 있다. 또한 우리 기업의 수출 여건도 녹록지 않다. 최대 시장인 중국이 사드 보복과 함께 경제체질 전환을 시도하고 있어 당분간 성장세의 둔화가 예상된다. 일본기업들은 엔화 약세를 배경으로 공격적인 수출확대 전략을 추진하고 있다. 그리고 글로벌 분업화의 포화, 선진국의 생산기지 자국 이전 등과 같은 구조적 요인으로 세계 교역량 정체가 지속될 개연성이 적지 않다.[2] 게다가 최근 한국의 수출은 감소세로 전환했고 수출 부진이 상당기간 지속될 수 있다. 러시아도 우크라이나 사태로 인한 미국, EU 등 서방의 대러 경제제재 지속과 국제유가의 하락으로 심각한 경제적 타격과 금융시장의 불안을 야기하고 있다. 이를 타개하기 위해 러시아 정부는 다양한 국가발전 프로그램을 통한 산업정책을 추진 중이다. 한국기업은 러시아를 수출·투자의 잠재적 전략시장으로 삼을 필요가 있다. 이는 경제적 측면에서 뿐만 아니라 북방정책의 중요한 파트너가 될 수 있다는 측면에서 의미를 지닌다.

이제까지 우리 기업은 주로 운송·물류 관련 인프라 구축, 에너지 개발 등 대규모 사업 위주의 장기투자에 주력한 측면이 있다. 이러한 사업은 불확실성의 내재, 대단위의 사업규모 그리고 북한문제 등 경제 외적인 장애요인이 적지 않다. 반면 제조업 중심의 산업협력은 다양한 사업 규모와 기간, 경제 외적인 요인 감소 및 기업의 실질적 이해관계 등의 추동요인으로 단기적 성과를 이룰 수 있다. 신북방정책은 단기적 성과의 지속적 축적을 통해 장기적 동력을 확보할 수 있는 산업분야 협력에 중점을 두어야 한다.

지역적으로는 극동지역 개발정책을 활용한 산업협력을 모색해 볼 수 있다. 푸틴 대통령은 소위 신동방정책을 표방하면서 극동지역 개발을 러시아의 최우선 과제 중의 하나로 추진하고 있다. 그는 "극동·시베리아 지역을 어떻게 개발하느냐가 러시아 전체의 발전과도 밀접히 관련되어 있다"는 점을 강조했다. 2012년 5월 푸틴 3기 정부의 출범과 동시에 정부 조직을 개편하면서 극동개발부를 신설하고, 2013년 8월 31일 트루트네프를 극동연방관구의 대통령 전권대표 겸 부총리로 임명했다. 또한 '비즈니스 러시아'의 공동대표인 알렉산드르 갈루쉬카를 극동개발부 장관으로 임명하는 등 극동지역 개발에 대한 강한 의지를 보여 왔다.

푸틴정부의 극동지역 개발은 서방과의 갈등으로 인한 경제위기를 극복하는 전략이며 극동지역의 많은 경제·사회·인구·지정학적 문제들을 해결하는 열쇠이다. 러시아 조야에서는 투자 재원을 확보하기 위해 역동적으로 발전하고 있는 아시아 국가들과의 새로운 파트너 관계를 구축하는 것이 중요하며 이를 통해 현재의 침체 상황에서 벗어날 수 있다고 생각한다. 이러한 측면에서 선도개발구역과 블라디보스토크 자유항 제도는 투명한 비즈니스 환경, 낮은 조세부담 등 매력적인 투자여건을 제공할 수 있다.

II. 푸틴 3기 정부의 산업정책

푸틴 대통령은 3기 출범과 함께 러시아경제의 구조적 한계를 극복하기 위해 '러시아 2020 사회경제 발전 전략'을 수정했다. 이어 푸틴 3기의 주요 정책 방향을 집대성한 '5월의 포고령'을 발표했다. 이 포고령에는 경제·사회 정책, 보건, 교육·과학, 서민주택 보급, 인구정책, 군사 현대화 등 11개 분야 218개 세부사항이 포함됐다. 무엇보다도 주목되는 '장기 경제정책에 관한 포고령'의 주요 내용은 첫째, 2020년까지 2,500만 개의 생산성 높은 일자리를 창출한다. 둘째, 2018년까지 투자 규모를 GDP의 27% 확대한다. 셋째, 2018년까지 GDP에서 하이테크 및 기술집약 산업 비중을 2011년 대비 1.3배 확대한다. 넷째, 2018년까지 노동생산성을 2011년 대비 1.5배 증가시킨다. 다섯째, 2018년까지 세계은행의 비즈니스 환경 순위를 20위로 격상[3]시킨다.

상기의 장기정책 수행을 위한 경제 현대화 및 혁신적 발전 분야의 세부 산업 발전 프로그램에는 경제 발전·혁신 프로그램, 산업 발전·경쟁력 제고, 항공·우주산업 발전, 제약·의료산업 발전, 조선·전자·무선 산업 발전, 농업 발전 및 농산품 시장 규제 등이 포함되었다.

이러한 정책의 추진방안을 마련하고 실행계획을 모니터링하기 위해 2012년 6월 대통령 직속의 '러시아경제 현대화·혁신발전 평의회'를, 2012년 7월에 대통령 직속의 '사회경제발전 지표성과 모니터링위원회'(일명, 11개 포고령 위원회[4])를 설립했다.

〈표 5-1〉 주요 산업 발전 프로그램별 목표

프로그램 명칭	지표	2012년 현재	2020년 목표
경제발전 및 혁신 프로그램	총 고용인구 중에서 중소기업과 개인 기업의 고용인력 평균수 비중(%)	25	29.3
	세계은행 Doing Business 순위	120	20
	중앙정부·지방자치단체의 서비스 질에 대한 국민들의 만족도(%)	70	90
	전체 업체 수에서 기술혁신을 실행하는 업체수 비중 증가율	9.1	25
	통계작업 계획에 설정된 기간보다 늦지 않게 통합 부처 간 정보·통계 시스템에 공표된 데이터·지표 비중 증가율	70	95
산업발전 및 경쟁력 제고	2011년(100) 대비 산업생산지수	105.1	134.6
	산업생산 규모에서 기술혁신 지출 비중(%)	2	2.5
	전체 산업생산 업체에서 기술·조직·마케팅 혁신을 실행하는 업체 비중(%)	24	60
	러시아의 첨단기술 제품 수출 비중(%)	0.4	2
	러시아 국가 및 국제표준 간 조화 수준(%)	46	56.5
2013~2020 제약·의료산업 발전 프로그램	의약품 수출(10억 루블)	17	105
	제약·의료 산업에서 기술혁신 실행 기업수 비중 (전체 생산업체중, %)	26	50
	의약품 생산 R&D, 기술 혁신 투자규모(10억 루블)	8	120.4
	발명기술의 상용화에 의한 국내 의약품 생산규모 (10억 루블)	0	361.3
	전략적으로 중요한 생활필수 의약품 중 국내생산 의약품 비중(%)	63	90
2013~2020 농업발전 및 농산물시장 규제	농업 생산성 지수(전년대비, %)	-4.8	2.1
	농업 고정자본투자 규모 지수(전년대비, %)	2.2	5.1
	농업업체 수익률(보조금 포함, %)	12	15
	농업 종사자의 월평균 임금(루블)	14,935	25,500
	노동생산성(전년대비, %)	-	4

출처: 러시아 연방 국가프로그램 포털사이트

〈표 5-2〉 정부 추진 주요 프로그램의 예산 배정 및 집행률

(2014년 예결산 기준, 단위: 백만 루블)

목적 프로그램 명칭	목적 프로그램에 확정된 예산	2014년 예산법		예산집행	예산집행률(%)
		2013년 12월 2일자	2014년 6월 28일 수정		수정 예산법 대비
경제발전 및 혁신경제	132,650.7	132,650.7	131,039.2	189,337.8	1.4배
중소기업 발전	21,569.8	21,569.8	20,569.8	69,374.8	3.4배
혁신 장려	8,623.8	8,623.8	9,624.9	13,036.5	1.4배
스콜코보 혁신센터 건설 및 발전	26,802.5	26,802.5	26,024.5	26,024.5	100
산업 발전 및 산업경쟁력 제고	152,964.4	152,964.4	158,199.6	153,578.8	97.1
2013~2025년 항공산업 발전	58,249.1	58,249.1	58,249.1	59,107.6	101.5
2013~2030년 조선산업 발전	24,618.1	24,618.1	24,618.1	24,707.3	100.4
2013~2025년 전자·무선전자 산업 발전	15,140.5	15,140.5	15,140.5	14,690.3	97
2020년 제약·의료산업 발전	14,654.0	14,654.0	14,654.0	13,487.7	92
러시아 우주산업	178,108.9	178,108.9	179,996.6	151,469.4	84.2
2013~2020년 농업발전 및 농산품 시장 규제	170,150.2	170,149.2	170,150.2	186,589.7	109.7

출처: 러시아 재무부, 2014년 연방예산 집행 및 예산제도, 2015

정책의 실천 의지는 예산으로 반영된다. 위에서 논의된 다양한 정책들이 푸틴 대통령의 실질적인 핵심정책인지 여부는 예산의 배분과 각 정부 부처의 이행 실적으로 판가름할 수 있다. <표 5-2>는 러시아의 재무부 자료로서 국가발전 프로그램에 배정된 예산 규모를 나타낸다. 각 프로그램은 법적으로 뒷받침되었고 확정법안의 예산이 삭감 없이 그대로 각 회계연도의 예산에 반영됐다. 더욱 중요한 점은 반영된 예산이 거의 대부분의 프로그램에서 약 100% 집

행률을 보였다. 특히 경제발전 및 혁신경제, 중소기업 발전, 혁신 장려 프로그램의 경우에 기존 예산보다 훨씬 많은 예산이 집행된 것을 알 수 있다.

〈표 5-3〉 러시아 수입대체산업 육성 분야

산업분야	프로젝트 수	비중(전체 프로젝트 대비)
경공업	31	1.4
항공산업	408	18.1
임업	34	1.5
화학산업	35	1.6
무선전자산업	534	23.7
운송기계 제작	19	0.8
자동차 산업	67	3
농업 및 임업 기계 제작	51	2.3
식품기계 제작 및 가공 산업	15	0.7
도로 건설 및 비행장 장비	15	0.7
철강 제련	15	0.7
비철금속 제련	14	0.6
제약산업	601	26.7
의료산업	111	4.9
중공업	47	2.1
에너지기계 제작, 전기 및 케이블 산업	45	2
석유·가스기계 제작	43	1.9
공작기계 제작	61	2.7
조선	107	4.7
일반 무기산업	2	0.1

출처: 러시아 산업통상부, 산업통상부의 목적 및 임무에 대한 보고, 2015

구체적인 산업정책으로서 2014년 4월에 러시아 산업발전 및 산업경쟁력 제고 국가 프로그램이 확정됐다. 이 프로그램의 목적은 선진 산업기술 개발 및 응용을 통해 경쟁력있고 구조적으로 균형 잡힌 산업을 육성하는 것이다. 이 국가 프로그램에 포함된 주요 산업별 하위 육성분야는 다음과 같다. 즉 자동차산업, 농업기계, 특수장비 생산기계, 경공업, 방위산업, 운송장비, 공작기계, 경공업기계, 고압전력 및 에너지장비, 금속가공, 임업가공, 화학, 복합물질 생산, 희토류산업, 바이오산업, 엔지니어링 및 산업 디자인, 어린이 상품 발전 등이다. 특히 기술기반 갱신 산업, 신기술 및 재료 발명을 위한 R&D, 글로벌 시장에서 경쟁력을 갖춘 러시아 기업, 높은 부가가치 수출상품, 정부지분의 단계적 축소를 통한 경쟁력 제고 등의 주요 과제를 해결하는 산업 분야를 지원토록 했다.[5]

〈표 5-4〉 러시아 주요 산업의 해외수입 의존도 추정

주요 산업	수입의존도(%)
공작기계	90
중공업	60~80
경공업	70~90
전자산업	80~90
제약 및 의료산업	70~80
식료품산업기계	60~80

출처: 러시아 산업통상부 차관 인터뷰 내용, 2014

흥미로운 점은 이러한 목표 달성을 위해 2014년 9월 러시아 산업통상부가 수입대체산업 육성분야를 선정했다. 여기에는 총 20개 산업의 2,255개 프로젝트가 포함되었으며 특히 제약, 무선전자, 항공, 의료, 조선 등 경제 현대화 및 혁신적 발전 분야에서 핵심 산업으로 선정된 5개 분야의 프로젝트가 1,761개로 78.1%를 차지했다. 수입대체산업 육성을 위한 지원 정책으로는 R&D 비용에 대한 보조금을 지급하고 운영자금 및 생산활동 금융에 대한 이자에 보조금을 중앙은행 기준금리의 70% 내에서 지급하며 산업발전기금에서 투자금액의 최대 80%까지 금융지원을 할 수 있다. 이러한 수입대체산업 육성을 통해 70~90% 수준의 높은 수입의존도 산업을 2020년까지 50~60% 수준으로 낮

출 것을 목표삼고 있다. 특히 이것은 수입 의존도가 높은 산업인 공작기계, 중공업, 경공업, 전자산업, 제약 및 의료산업, 식료품 산업기계 등에 대한 투자 진출 확대를 시사하기도 한다.

수입대체산업 육성정책은 아직 탄력을 받지 못하고 있다. 이 정책의 이행과정에서 적정수준의 투자가 이루어지지 못하는 현실은 러시아 산업정책의 전망을 어둡게 한다. 러시아의 전체 상품 수입에서 기계·장비 비중이 거의 절반을 차지하며 최근 5년간 7천억 달러 규모였다. 수입대체산업 육성정책은 이 정책이 성공적으로 추진될 경우에 예산의 상당 부분이 러시아 기계제작 산업에 투자될 수 있다는 희망에 근거하고 있다.

〈표 5-5〉 러시아 상품수입의 기계장비 · 운송수단 규모 · 비중

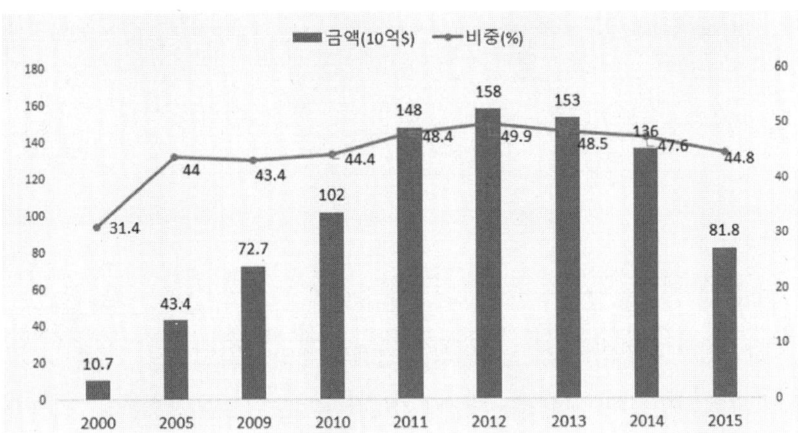

출처: 러시아 통계청, 2016년 통계

그러나 최근 러시아의 고정자본 투자 증가율은 2011년 이후 지속적으로 하락세를 보이다가 2014~2015년 연속 역신장률을 시현했다. 기계장비 부문의 투자는 전체 고정자본 투자의 1%에도 못 미치는 실정이다. 낮은 경쟁력으로 판매는 부진하고, 투자재원이 부족하며, R&D 및 장비 현대화에 대한 투자는

이루어지지 않고 있다. 그 결과 기술력은 떨어지고 생산 장비의 마모가 심해져 국내외 시장에서 입지가 약화되는 악순환을 반복하고 있다. 정부의 적극적인 재정지원에도 불구하고 민간의 투자를 유인하지 못하고 있다. 또한 서방의 경제제재로 인해 외국인 직접투자의 유입 역시 원활하지 못한 상황에서 러시아의 산업정책은 현재 상당한 고비를 맞고 있다.

〈표 5-6〉 고정자본투자 증가율 및 제조업 · 기계장비 부문 투자비중

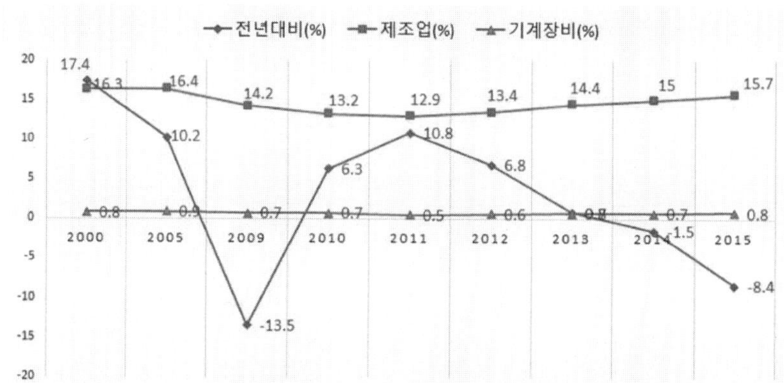

출처: 러시아 통계청, 2016년 통계로 본 러시아

특히 최근 유가의 흐름은 자원의존 경제의 취약성을 그대로 노정하고 있으며 이는 산업정책의 원활한 이행에 커다란 제약요인으로 작용한다. 러시아 중앙은행의 보고서에 의하면, 국제유가가 배럴당 100~110 달러 수준에서 40~50 달러 이하의 새로운 균형점으로 옮겨가고 있다. 이에 러시아 경제는 원유시장의 변화된 현실에 적응해야만 한다. 2014년 1월부터 2015년 7월간 루블은 달러 대비 42%의 약세를 보였고, 실질 실효환율은 17% 하락했다. 루블의 변동환율제가 유가변동의 영향을 감소시키고 국제수지를 안정시키고 있다. 그럼에도 불구하고 유가 하락은 러시아 경제의 전반적인 구조를 변화시키고 경제 흐름은 새로운 부문으로 노동과 자본의 유입을 동반할 것이다.[6]

이러한 산업구조의 전환은 장기간을 요할 것이며 상당히 복잡한 사회경제적 변화를 수반할 것이다. 결과적으로 러시아 경제가 효과적인 잠재 생산력을 축적하지 못하고 노동생산성의 향상을 실현하지 못하는 상황에서 일상적인 통화·금융정책으로 대처하는데 한계가 있다는 것이 중앙은행의 자체 평가다.

III. 최근 러시아의 주요 극동개발정책

러시아는 2014년 서방의 대러 경제제재 조치로 투자유치를 위해 아시아 국가들과의 협력이 불가피했다. 러시아 경제의 동방으로의 방향전환은 대외정책의 우선순위가 되었다. 아태지역은 전세계 GDP의 약 60%, 국제교역 및 외국인 직접투자의 절반을 차지하는 세계 정치·경제의 중심지이며 그 역할이 강화되고 있다.

러시아가 아태지역 국가로서 수출 증대에 기반한 극동지역의 새로운 사회·경제발전 모델을 추진하는 것은 자연스러운 현상이다. 이를 통해 2025년까지 극동지역의 총생산을 2011년 대비 2배 증가, 즉 5조 5억 루블을 달성코자 한다. 러시아 경제개발부가 전망하고 있는 2025년까지의 연평균 성장률 2.5%를 적용할 경우, 극동지역의 총생산은 3조 5억 루블에 그칠 것이며 추가적인 2조 루블은 새로운 발전모델이나 성장동력 없이는 불가능하다. 이에 푸틴정부는 선도개발구역과 블라디보스토크 자유항을 설립해 수출지향적 비원자재 생산업체를 유치하고 극동지역의 사회·경제발전을 촉진하겠다는 전략을 내세웠다.

2012년 블라디보스토크에서 개최된 아시아태평양경제협력체(APEC) 정상회담은 극동지역 개발의 중요한 계기가 되었다. 당시 총리였던 푸틴은 APEC 정상회담을 준비하는 과정에서 수차례 극동지역 개발의 중요성을 강조했다. 2012년 5월 3기 출범과 함께 극동지역 개발을 전담하는 부처를 신설하면서 극동지역 개발은 푸틴정부의 최우선 과제가 됐다. 이러한 과제 실현을 위한 정책 수단으로서 선도개발구역과 블라디보스토크 자유항 제도가 도입된 것이다.

선도개발구역은 2013년 12월 12일 푸틴 대통령이 연두교서를 통해 제안하면서 가시화 되었다. 물론 '2025년 극동·바이칼 지역의 사회·경제발전 프로그램'에도 선도개발구역에 기초해 지역 간 불균형 발전을 해소하겠다는 목표가 제시되어 있다. 2015년 3월 30일부로 발효된 선도개발구역법[7]을 근거로 러시아 정부는 극동의 지역적 특성을 고려해 운송·물류, 제조업, 농업 등의 분야로 특화해 지정했다.

러시아 정부는 2017년 3월 11일 연해주 파르티잔스키 구에 네프쩨히미체스키 선도개발구역 설립을 승인함으로써 현재 극동지역에 15개의 선도개발구역이 지정되었다. 또한 하바롭스크주의 니콜라예프스크-나-아무레에 니콜라예프스크(생선가공 및 물류 특화)와 아무르주에 스바보드니(가스화학 특화) 선도개발구역 설립이 최종 승인을 앞두고 있다. 또한 극동지역 외에 경제침체가 심한 모노시티(monocity, 단일산업도시)에서도 예외적으로 선도개발구역 설정을 허용함으로써 별도의 19개 선도개발구역이 존재한다.[8]

2014년 12월 4일 푸틴 대통령은 연두교서에서 블라디보스토크에 투자유치를 위해 관세 완화의 자유항 지위를 부여하는 법안제정을 제안했다. 그 결과 블라디보스토크 자유항법은 2015년 7월 3일 국가두마(하원), 7월 8일 연방소비에트(상원)를 통과하고 7월 13일 대통령 서명 후 10월 12일 발효되었다.[9]

블라디보스토크 자유항은 블라디보스토크의 15개 행정구역을 1차로 지정했으나 2016년 7월 27일 하원에서 확대하는 개정안을 의결했다. 즉 기존 블라디보스토크 15개 행정구역에 라조프스키구를 추가해 16개로 확대했고 여타 지역인 하바롭스크주의 바니노, 사할린주의 코르사코프, 캄차트카주의 페트로파블로프스크-캄차트카, 추코트카주의 페벡 등 지역을 추가로 지정했다. 트루트네프 극동관구 전권대표는 "2016년 9월 29일 선도개발구역과 블라디보스토크 자유항 입주기업인 회의에서 선도개발구역의 추가 지정 또는 기존 구역의 경계를 더 확대할 수 있다"[10]고 밝혔다. 특별경제구역 확대에 따른 운영의 비효율성 문제가 반복될 수 있다는 우려에도 불구하고 푸틴 대통령 등 러시아 지도층은 필요시 언제든지 추가로 설정할 수 있다는 의지를 피력했다.

〈표 5-7〉 러시아 선도개발구역 지정 현황

연방주체명	선도경제구역 명칭	소재지	특성화 분야	설립승인일
연해주	나데즈딘스카야	나데즈딘스카야구	운송-물류, 경공업, 식료품	2015.6.25
	미하일로프스카야	미하일로프스키구, 스파스키구, 체르니고프스키구	농업(돼지사육 및 가공, 사료공장)	2016.8.21
	볼쇼이 카멘	볼쇼이 카멘시	조선소	2016.1.28
	네프제히미체스키	파르티잔스키구	석유화학	2017.3.11
하바롭스크 변강	하바롭스크	하바롭스크구, 라키트넨스키 마을	운송-물류, 철강	2015.6.25
	콤소몰스크	콤소몰스크-나-아무레시, 아무레시	항공기 및 부품, 목재가공	2015.6.25
아무르주	프리아무르스카야	블라고베쉔스키구, 이바노프구	공업(시멘트 클링커, 석유정제 등), 운송-물류	2016.8.21
	벨로고르스크	벨로고르스크시	농공업 (콩가공, 동물사료, 베이커리 등)	2016.8.21
캄차트카 변강	캄차트카	옐리조프스키구, 페트로파블로프스크-캄차트스키시	관광-레저, 공업, 컨테이너 항만(북극항로용)	2016.8.28
추코트 자치구	베린고프스키	아나디르스키구 석탄광산	석탄 및 천연가스 채굴 및 가공	2016.8.21
사하 (야쿠티야) 공화국	칸가라시	야쿠츠크시	산업단지 (세라믹블록, 니스 및 페인트, 플라스틱관, 건자재 등)	2016.8.21
	남야쿠티야	네륜그린스키구	광업, 공업	2016.12.29
사할린주	유즈나야	나니프스키시	농업	2016.3.16
	고르니 보즈두흐	유즈노-사할린스크시	관광-레저	2016.3.16
유대인자치주	아무로-힌간스카야	비로비잔시, 레니스키구, 옥탸브리스키구	공업, 식품가공업	2016.8.27

자료: 언론보도 자료(저자 정리)

투자 프로젝트를 수행하는 과정에서 중요한 금융지원 수단으로서 극동·바이칼개발펀드가 있다. 이 펀드는 2011년 11월에 극동지역의 투자 프로젝트 실현을 위해 대통령과 총리의 제안에 따라 설립됐으며, 러시아 대외경제은행이 100% 지분을 보유하고 있다. 자본금은 설립 당시 5억 루블에 불과했으나 현재 171억 루블까지 증가했고, 제2차 동방경제포럼에서 푸틴 대통령이 2016년 10월 20일까지 자본금 확충 방안을 검토하라고 지시한 바 있다. 현재 극동연방관구에 위치한 기업들이 납부하는 법인세와 광물채굴세의 증가분을 이 펀드에 적립하는 방안을 고려 중에 있고 성사 시 매년 400억 루블의 자본금 확충 효과가 기대된다.

〈그림 5-1〉 블라디보스토크 자유항

* 지도상의 흰색 부분이 블라디보스토크 자유항으로 지정된 행정구역임
출처: https://ria.ru/economy/20161028/1480182714.html

펀드설립 이후 2015년까지 투자 실적이 한 건도 없어 2015년 2월 9일 이사회에 극동개발부 차관들이 참여하는 등 새로운 이사진 구성에 의한 운영 효율성 제고에 나섰다. 또한 극동개발부의 대표들의 참여로 이 펀드가 지역개

발 시스템에 통합될 수 있었고 2016년 7월에 펀드 자금으로 투자 프로젝트에 금융지원을 허용할 수 있도록 규칙을 개정함으로써 탄력을 얻기 시작했다. 2015년 8월 6일에 47억 루블의 펀드와 185억 루블의 민간투자가 참여하는 투자 프로젝트 3건이 최초로 승인되었다. 이어 2015년 11월 24일에 펀드 47억 루블과 민간투자 455억 루블의 투자 프로젝트 3건이 추가 승인됐다.[11]

극동·바이칼개발펀드는 지역 발전을 위해 사회·경제적으로 중요한 의미를 갖는 인프라 및 새로운 기업 건설에 투자된다. 현재까지 10개의 투자 프로젝트가 승인되었다. 유대인 자치주의 니즈네레닌스코예-툰츠얀 철도대교 건설, 캄차트카의 금광 개발, 사할린의 주택 폐기물처리 인프라 건설, 사할린의 손체프스키 탄광개발, 연해주의 내륙항만(dry port)·냉동창고단지 건설, 러시아 우체국의 극동물류 허브 건설, 벨로고르스크 선도개발구역의 콩 가공공장 건설, 부랴티야공화국의 오제르 아연광산 개발, 즈베즈다 조선소의 직원용 주택 건설 등이 있다.

극동지역의 사회·경제 발전을 위한 또 하나의 중요한 정책 메커니즘은 극동인적자본개발청과 토지의 무상공급(일명 극동헥타르)이다. 러시아 극동지역의 인구감소 문제 해결이 극동개발정책을 추진하게 된 주요 배경 중의 하나이다.[12] 또한 선도개발구역과 블라디보스토크 자유항에 외국인 투자 유치나 제조업 운영을 위해서는 노동 인력에 대한 수요가 증가할 것이고, 어떤 식으로든 전문인력 유치 및 노동력 부족 문제를 해결해야만 한다.

2015년 9월 메드베데프 총리는 극동지역의 투자 프로젝트 및 노동력 보장 문제를 해결하고 추가적인 인구 유입을 통한 순(net)전입자 증가를 위해 극동인적자본개발청을 신설했다. 이 기관은 투자프로젝트 실행에 필요한 인력 유치를 위해 구직자들에게 정보제공을 전담한다.

2015년 11월 러시아 정부는 인구 유입 정책의 일환으로 극동지역으로 이주하는 모든 러시아 국민에게 2016년 5월 1일부터 1헥타르의 토지를 무상공급하는 법안을 승인했다.[13] 우선 2016년 10월 1일부터 극동지역 주민들은 자신이 거주 등록된 연방주체에서 1헥타르의 토지를 무상공급 받았으며 2017년 2월 1일부터는 극동지역으로 이주하는 러시아의 모든 국민이 1헥타르의 토지를 무상으로 받을 수 있다. 이러한 조치로 극동지역의 인구 유출이 사실상 중단되고 이제는 인구 유입이 시작될 것으로 기대된다.[14]

동방경제포럼은 극동개발을 위한 투자플랫폼의 역할을 수행하고 있다. 외국인 투자 유치를 위해 대통령령으로 정례화된 포럼은 2015년 9월에 처음으로 개최되고 2차 포럼이 2016년 9월 2~3일간 열렸다. 2차 포럼에서 러시아는 1조 8,500억 루블(약 3조 1579억 원) 규모의 214개 투자 협정을 체결하는 성과를 거양했다. 이는 2015년 투자 1조 8천억 루블(약 3조 663억 원)을 약간 상회하는 것이다. 또한 2차 포럼에는 1차 포럼 때보다 1.5배 증가한 4,600명이 참석했다. 국가별로는 일본 246명, 중국 227명, 한국 128명이었다. 기업인으로서는 러시아 기업대표 207명과 외국기업 대표 97명을 포함해 978명의 기업인이 참석했다.[15]

갈루쉬카 장관은 2차 포럼의 성과를 정리하면서 극동발전의 미래를 위한 두 가지 특이사항을 언급했다. 첫째, 선도개발구역과 블라디보스토크 자유항에 일본인 투자유치를 위한 러·일 공동 플랫폼 설립에 관한 협정을 서명한 것이다. 이 협정은 극동의 투자유치·수출지원청과 일본 국영의 국제협력은행(JBIC) 간 체결된 것이다. 둘째, 포럼에서 러·중 농업펀드가 2건의 거래를 성사시킨 것이다. 극동지역에서 약 180억 루블의 농업 프로젝트를 실행하는 러시아 기업인 아무르 아그로홀딩과 라티미르가 금융지원을 받게 되었다.[16] 한국과도 수십 건의 협력협정을 체결했지만 러시아 극동개발부 장관의 관심 범주에 포함되지 못했다는 것은 시사하는 바가 크다.

선도개발구역, 블라디보스토크 자유항, 극동개발펀드, 극동인적자본개발청, 극동헥타르, 동방경제포럼 등 극동지역 발전을 위한 6가지 메커니즘의 성공 여부는 역시 재정적 뒷받침에 좌우된다. 러시아 재무부는 2016년 8월에 3개년(2017~2019년) 예산을 편성하면서 극동지역발전 프로그램 예산을

2017년 171억 루블에서 2018년에 123억 루블, 2019년에 16억 루블까지 삭감할 예정이었다. 그러나 푸틴 대통령의 지시와 메데베데프 총리의 결정에 따라 2017년 171억 루블에서 2018~2019년 각각 200억 루블로 증액 책정했다.[17] 극동지역 개발에 대한 러시아 정부의 의지를 재확인할 수 있으며 재정적으로도 뒷받침되고 있어 또 다시 구호에 그칠 수 있다는 외국인 투자자의 우려도 불식된다.

Ⅳ. 정책 제안

러시아의 산업정책과 극동개발정책을 바탕으로 한국 정부와 기업이 보다 구체적이고 최소한의 성과물을 도출하기 위한 몇 가지 협력 방안을 제안하고자 한다.

첫째, 중장기적인 한·러 경협 로드맵을 만들고 중단기 플랜에 따라 구체적인 협력사업을 발굴해야 한다. 러시아는 산업 현대화를 경제발전의 핵심전략으로 삼고 있다. 러시아의 전략목표와 한국의 중소기업 육성책이 상호 일치된 산업 분야를 발굴하고 이를 중심으로 세부방안을 모색한다. 특히 러시아는 자원의존적 산업구조를 다각화하기 위해 다양한 산업 정책을 추진하고 있다. 우크라이나 사태로 인한 서방의 제재와 그에 따른 경제위기는 동북아 국가, 그 중에서도 한국과의 협력에 목말라 한다. 한국도 중견·중소 제조업체의 새로운 시장 개척을 위해 러시아의 산업정책에 부합하는 분야에 적극적인 참여가 필요하다. 이러한 대러 진출전략은 한국 정부가 지속적으로 추진해 온 유라시아 대륙 진출의 교두보 구축이라는 목표와도 부합된다.

상호보완적 경제구조를 갖고 있는 한·러 간에는 경협의 잠재력과 성공 가능성은 매우 높다. 최근 러시아에서 강조되고 있는 수입대체산업 육성정책은 한국기업과의 협력 스펙트럼을 넓혀주고 있다. 항공산업, 조선업 등 대기업 차원의 자본과 기술력이 필요한 산업뿐만 아니라 제약, 의료 이외에 러시아의 수입 비중이 높으면서도 한국산 제품의 경쟁력과 기술력이 인정받는 중견·중소기업 진출분야도 전망이 밝다.

둘째, 러시아와 자유무역협정(FTA)체결뿐만 아니라 무역투자개발협정(TIDA)과 같은 새로운 형태의 협력방안이 필요하다. 이는 국가 간 산업협력을 위한 정책조정 메커니즘 및 전략적 산업협력을 위한 공동자원 조성 등의 요소를 포함함으로써 기존의 시장개방 중심 협력에서 공동의 산업정책을 추구하는 방향으로 진화하는 것이다. 또한 기존의 FTA 체결을 통해 얻을 수 있는 경제적 이익과 함께 정부·민간 차원에서 보다 폭넓은 협력관계를 구축해 나갈 수 있다. 이는 러시아가 자원의존형 경제발전 전략의 한계를 인식하고 적극적인 산업화 정책을 추구함으로써 가능해졌다. 이명박정부의 자원외교 방식과 단순히 수출시장 확보를 위한 FTA 수준을 넘어서 기존의 전략과 산업협력을 연계한 패키지형 진출 전략이라고 할 수 있다. 러시아 정부의 산업화 정책에 포함되어 있는 분야에서 한국 기업이 기술적 우위를 점유하고 있는 부분과 연계시키고, 나아가 무관세 수출이 가능한 유라시아경제연합(EAEU) 지역 내 또는 지역 FTA를 활용한 생산품 수출이 바람직하다. 이러한 진출 방식은 러시아 등 EAEU 국가들이 더욱 선호하는 방안이 될 수 있을 것이다. 우리 기업도 정부 주도하의 국제 산업협력에 참여함으로써 해외 투자에 대한 위험 부담을 줄이고, 궁극적으로 진출 대상국에 대한 한국의 신뢰도를 제고하는 방안이 될 수 있다.

셋째, 러시아의 선도개발구역, 블라디보스토크 자유항 등 제도를 적극적으로 활용하면서 이 제도 발전에 필요한 산업협력의 분야별 특성을 고려한 현지 투자 또는 수출확대 협력모델이 구체적으로 설정돼야 한다. 특히 건설·투자 진출과 연계할 수 있는 각종 부품 소재 등 아래와 같은 중간재 생산이 수출과 연계한 투자 전략이 될 수 있다. ① 러시아 국내 수요 충족 및 수출을 위해 육성하고자 하는 제약·의료장비, 석유화학, 전력·에너지 ② 플랜트, 인프라 건설 진출과 연계 가능한 건설자재 ③ 네트워크 구축과 연계 가능한 IT 부품 ④ 농수산 식품가공 산업과 연계한 식품가공 기계 ⑤ 농업 분야와 연계할 수 있는 농자재 및 관련 기계 등이다.

상기의 몇몇 분야는 단기간에 가시적 성과를 기대할 수 있을 정도로 협력 가능성이 높다. 특히 극동지역의 의료 시설 및 서비스 수준 저하로 한국행 의료관광이 활발한 상황에서 보건 분야에서의 협력 가능성은 높다. 블라디보스토크 자유항법(17조)에 따르면, 러시아 연방정부의 승인으로 해외의료교육을 받은 자가 입주기업으로 자유항 구역 내에서 의료활동을 할 수 있다. 헬스케어 산업 육성은 러시아 정부의 최우선 과제이고 이미 양국 정부 간 다양한 차원에서 협력을 합의했기 때문에 단시일 내 사업화하는 것이 바람직하다.

농업 분야는 한국의 식량안보 뿐만 아니라 러시아의 곡물 수출 확대계획에 비춰 절대적으로 필요한 협력분야다. 메드베데프 총리는 2015년 11월 18일 마닐라 APEC 정상회담 때 아태지역의 농산물 시장에서 러시아의 역할증대 가능성을 표명했다. 즉 2020년까지 러시아의 연간 곡물 수출을 3,500~4,000만 톤으로 2배 확대를 고려하고 있다. 루블의 평가절하 이후 러시아 농산물의 수출 매력도는 대폭 증가했고 농산물 시장이 불안정한 상황에서 아시아로의 곡물 수출 확대는 러시아의 지역 협력 전략에 추가될 수 있다. 따라서 극동지역의 광활한 영토를 활용한 농산물 생산 뿐만 아니라 그와 관련된 농자재·농기계 생산, 농산물 가공산업 분야의 협력 가능성이 커졌다.

수산업 분야 투자를 통해 어획 쿼터 확대를 고려할 수 있다. 2016년 7월 초 러시아는 어업 및 수자원 보존에 관한 법을 개정했다. 수산업 분야 투자 대가로 어획 쿼터를 받을 수 있는 권리를 법으로 명시했다. 즉 러시아 극동에 수산물 가공공장 건설 또는 러시아에서 생산되는 선박 구입에 투자하는 경우에 어획 쿼터를 받을 수 있다는 조항을 추가했다. 따라서 수산물 가공 산업에 대한 투자와 어획 쿼터 확대를 연계한 일석이조의 효과를 기대할 수 있다.

또한 러시아는 전력망 현대화 사업을 추진하고 있다. 수력발전공사인 루스기드로와 극동지역 전력공사인 동부에너지시스템이 심각한 부채 위기에 처해 있다. 2015년 기준의 부채 규모가 830조 루블(약 1조 7천억 원)로 전체 매출의 18%을 차지한다. 따라서 한국은 러·일 간 에너지망 구축 사업에 선제적으로 대응하는 차원에서 극동지역의 전력망 현대화, 발전소 건설 투자 또는 전력회사 지분 인수 등을 추진할 필요가 있다. 한·러 전력사업 협력은 극심한 전력난에 처해 있는 북한의 전력 상황을 개선시키고 북핵문제 해결과 연계시키는 현실적인 방안 중의 하나다.

넷째, 블라디보스토크 자유항 제도를 북극항로 개발 분야 등에 전략적으로 활용할 필요가 있다. 최근 북극항로의 상용화 움직임이 가시화되면서 블라디보스토크 자유항 제도를 극동의 주요 항만으로 확대하고 있다. 이는 북극항로의 거점 항구로 육성하려는 러시아의 장기적 전략을 엿볼 수 있다. 따라서 북극항로 거점 항구에 극지 항해용 선박수리 및 검사장 건설, 극지용 어로장비 및 선용품 개발 등 공동 비즈니스 모델을 개발하고, 북극해 항해 및 선박관리 전문인력, 자원수송 전문인력 양성 등 인적 투자에도 관심을 경주할 필요가 있다.

다섯째, 러시아의 극동지역 개발과 한국의 기업 진출을 지원하기 위한 목적성 펀드를 조성한다. 극동개발의 핵심 과제와 그 성공 요인은 인프라 구축과 재원 확보다. 일본은 제2차 동방경제포럼에서 러·일 도시환경 발전에 관한 펀드와 해양 바이오 분야에서의 러·일 양식펀드 조성에 합의했다. 중국은 중국개발은행(CDB)을 통해 극동지역 진출의 자국기업을 지원하고 있다. 러시아와 중국은 2012년 6월 '러·중 투자펀드'를 창설하고, 2015년 12월 17일 초기 자본금 130억 루블(중국측 117억 루블, 러시아측 13억 루블)의 '극동지역 농공업개발펀드' 조성에 합의했다. 2016년 9월 3일 제2차 동방경제포럼에서 첫 번째 금융지원 프로젝트를 발표한 바 있다.[18]

따라서 한국도 우리 기업의 투자자금 지원 뿐만 아니라 러시아와의 경제협력 차원에서 개발펀드 조성에 적극적으로 참여해야 한다. 러시아 극동개발펀드의 자본금 확충이나 이 펀드가 투자하는 프로젝트에 지분참여 방식의 협력도 고려할 수 있다. 중국투자공사(CIC)는 극동개발펀드의 지원 프로젝트인 유태인자치주의 아무르강 통과 니즈네레닌스코예-툰쯔얀 철도대교 건설에 파트너로 참여하고 있다.

새로운 테마별 기금조성 이외에도 양국 정부 차원에서 이미 조성된 투융자 기금을 적극적으로 활용해야 한다. 한국과 러시아는 2013년 11월 13일 정상회담에서 한국수출입은행 - 러시아대외경제은행 간 각각 10억 달러씩 20억 달러의 공동 투융자 플랫폼을 설립하고, 한국투자공사-러시아직접투자기금 간 각각 5억 달러씩 10억 달러의 공동 투자플랫폼을 설립하는 등 총 30억 달러의 기금을 조성했다. 그러나 서방의 대러시아 경제제재로 사실상 활용을 하지 못하고 미국의 눈치만 보고 있다. 일본이 미국 주도의 대러시아 경제제재에 적극적인 참여국 임에도 불구하고 다양한 테마별 목적성 펀드를 조성하는 것과 대비된다.

여섯째, 러시아의 극동지역 인력개발 분야에서 협력을 추진할 수 있다. 러시아는 극동지역의 노동력 문제 해결을 위해 인적자본개발청을 설립했다. 한국의 고용노동부·한국고용정보원과 협력해 직업훈련학교와 같은 시설 운영 및 직업훈련 프로그램·채용사이트 개발·운영 등에서 좋은 협력 사례를 만들 수 있다. 하드웨어와 소프트웨어 측면에서 잘 갖추어진 직업훈련학교를 통해 타지역의 주민들을 극동지역으로 유인하는 효과 뿐만 아니라 극동지역에 진출하는 한국 기업에 러시아의 인력을 맞춤형으로 양성해 공급하는 윈윈(Win-Win) 체제를 구축할 수 있다.

끝으로, 양국 간 협력 사업을 지속해서 관리하는 정부 차원 또는 민·관 합동의 전담기구 설치가 필요하다. 물론 정권 교체와 관계없이 사업의 지속성 확보 차원에서 법적 보장 장치를 마련한다면 더할 나위 없다. 현재도 양국 간에는 경제협력 전반을 논의하는 범정부 차원의 고위급 협의체로서 경제과학기술공동위원회가 있다. 2016년 8월 제15차 회의가 서울에서 개최되었지만, 매번 회의 의제에 대해 고민하고 더 이상의 새로운 것이 없다는 자조적인 평가를[19] 내놓고 있다. 일본처럼 전담부처를 신설하지는 못하더라도 '민·관합동의 한·러 협력사업 모니터링위원회'(가칭)를 만들어 지원과 책임을 병행시킬 필요가 있다. 또한 중장기적으로 러시아를 포함한 구소련 국가들과의 협력 사업을 전담하는 민간조직을 만드는 방안도 모색할 수 있겠으며 당장은 최소한 한국무역협회 내 유라시아실을 확대 개편하여 한·러 비즈니스 협력의 전담창구로 활용할 필요가 있다.

V. 결 론

한·러 양국 간 경제협력이 실질적인 진전을 이루기 위해서는 선결되어야 할 사안들이 적지 않다. 아시아 국가의 대러 투자 및 협력 규모에서 1위는 중국이며 일본, 싱가포르가 그 뒤를 잇는다. 한국은 10위권 밖이다. 러시아측은 한국과의 경제협력이 부진한 이유로 미국의 대러 경제제재를 꼽고 있다. 트루트네프 부총리는 정치와 경제는 별개로 다뤄져야 하고 한국과 러시아가 경제적으로 협력을 강화하는데 걸림돌이 될 요인이 전혀 없다고 주장했다. 한국도 아베 정부가 제시한 정경분리의 새로운 접근법처럼 북한 변수에 얽매일 것이 아니라 정경분리 원칙을 천명하면서 러시아에 대한 투자를 전향적으로 추진해야 한다. 또한 정부 차원에서 민간의 대러시아 투자 활성화를 위해 적극적이고 강력한 지원책을 모색하고 정권교체와 상관없이 유지될 수 있는 법적 장치를 구비해야 한다.

일본의 아베 총리와 러시아의 푸틴 대통령이 수차례의 정상회담 후에 상호간에 성을 빼고 이름을 부르며 러시아어로 'ты'(너)로 상징되는 개인적 신뢰관계를 구축했다. 정상 간 친분 구축이 국가 간 협력 및 문제 해결에 있어서 얼마나 중요한가는 재론의 여지가 없다. 러시아 정치체제의 특수성을 고려해 볼 때, 푸틴 대통령은 2024년까지 집권할 것이다. 푸틴 대통령과 신뢰관계 구축은 한국의 대통령이 꼭 이루어내야 할 과제이다. 이는 양국의 경제협력 문제뿐만 아니라 북한 문제를 비롯한 동북아의 복잡한 정세와 문제를 해결하는데도 필수적이다.

참고문헌

박해식, "우리나라 수출회복이 어려운 세 가지 이유," 한국금융연구원. 『주간금융브리프』. 제27권 36호. 2015.

변현섭, "러시아 극동지역개발 전략으로서 선도경제구역 설립의 의미와 전망," 『슬라브연구』. 제30권 4호. 2014. 59-79쪽.

변현섭 외, 『한-유라시아 주요국 산업협력을 위한 전략적 제휴방안 연구』 대외경제정책연구원, 2015.

변현섭, "러시아 극동: 인구 부족에 밀려드는 중국인, '황화' 공포, 삶의 질 개선해야 인구 유입 가능," 『CHINA Plus』. 제112권. 2016년 1월. 28-29쪽.

변현섭, "러시아 자유항 제도 도입의 전략적 의미와 협력 방안: 블라디보스토크 자유항 법을 중심으로," 『슬라브연구』. 제32권 1호. 2016. 1-30쪽.

변현섭, "러시아의 극동개발과 한-러 협력 활성화 방안: 최근 일본의 극동지역 진출 정책의 함의를 중심으로," 『외국학연구』. 제38집. 2016년 12월.

오현길, "한러, 한-EAEU FTA 조속한 추진 논의," 『아시아경제』. 2016년 8월 25일.

이종문, "러시아 경제의 에너지자원 의존과 네덜란드병 징후 분석," 『슬라브학보』, 제25권 4호. 2010. 291-319쪽.

Александр Галушка: достигнут исторический минимум оттока населения с Дальнего Востока. (25 **мая** 2016). **Министерство Российской Федерации по развитию Дальнего Востока** http://www.minvostokrazvitia.ru/press-center/news_minvostok/?ELEMENT_ID=4299).

Градообразующее предприятие. Википедия. https://ru.wikipedia.org/wiki **Градообразующее_предприятие** Gradoobrazuyushchee predpriyatie. Wikipedia.

Российско-китайский фонд агропромышленного развития заключил первые сделки. (3 **сентября** 2016). **Министерство Российской Федерации по развитию Дальнего Востока.** http://www.minvostokrazvitia.ru/press-center/news_minvostok/?ELEMENT_ID=4587

http://government.ru/docs/11912(검색일: 2015.08.26)

http://www.rg.ru/2014/08/05/zameshenie.html(검색일: 2015.07.20)

http://www.vedomosti.ru/economics/articles/2015/08/19/605443-tsb-strukturnie-reformi(검색일: 2015.08.29)

러시아 산업통상부, **Доклад о целях и задачах Минпромторга России**

http://minpromtorg.gov.ru/common/upload/files/docs/Minpromtorg_to_web_4[1].pdf(검색일: 2015.07.20)

러시아연방 국가프로그램 포털사이트 http://programs.gov.ru/Portal/programs/list#

러시아 재무부, **Исполнение федерального бюджета и бюджетов бюджетной системы Российской Федерации за** 2014 **год.** 2015.

러시아 통계청, **Россия в цифрах** 2016.

러시아 통계청, **Эффективность экономики России.**

세계은행 http://www.doingbusiness.org/

미주

1) 이종문, "러시아 경제의 에너지자원 의존과 네덜란드병 징후 분석," 『슬라브학보』 제25권 4호(2010), 309쪽.
2) 박해식, "우리나라 수출회복이 어려운 세 가지 이유," 『주간금융브리프』 24권 36호(한국금융연구원, 2015), 3쪽.
3) 이상의 주요 장기 목표의 달성 여부를 현 시점에서 평가하기 힘들지만 저자가 2014년 기준 통계청 데이트를 활용해 달성률을 조사했다. 그 결과 2012~2014년 3년간 생산성 높은 일자리 수 창출은 364.8만개로 목표 대비 14.6% 달성했다. 그러나 목표 달성을 위해서는 연평균 278만개의 일자리 창출이 필요하지만 현재 연간 121.6만개에 불과하다. GDP 대비 고정자본투자 규모는 2015년까지 GDP의 25%, 2018년까지 GDP의 27%까지 확대하겠다고 했으나 2013년 기준 20.6%이며 글로벌 금융위기, 우크라이나 사태에 따른 서방 제재, 유가하락 등 복합적인 요인 때문에 목표 달성이 쉽지 않은 상황이다. 2014년 말 기준 하이테크 산업 규모는 14.4조 루블로 2011년 10.5조 루블 대비 37.4% 증가했다. 2011년 이후 하이테크 및 기술집약 산업의 비중이 증가 추세에 있으나 글로벌 금융위기 이전 수준에는 미치지 못하고 있다. 2018년까지 노동생산성을 2011년 대비 1.5배 증가시키기 위해서는 매년 6% 이상의 증가가 필요하다. 하지만 2011년 이후 노동생산성 지수는 2011년 3.8%, 2012년 3.0%, 2013년 1.9%에 그치고 있다. 세계은행의 기업환경평가(Doing Business)의 순위는 2015년 50위, 2018년 20위의 목표를 제시하고 있으나 2014년 10월 말 발표된 순위에서 전세계 189개국 중 62위를 차지하였다. (러시아 통계청 **Эффективность экономики России**, 세계은행 http://www.doingbusiness.org/ 참조)
4) 대통령 행정실장인 세르게이 이바노프는 러시아 사회경제발전 지표성과 모니터링 위원회를 '5월의 포고령'에서 제시한 11개 분야의 이행 사항을 관리한다는 의미에서 이른바 '11개 포고령 위원회'라고 명명하기도 한다.
5) 프로그램(**Об утверждении новой редакции государственной программы ≪Развитие промышленности и повышение её конкурентоспособности≫**)의 전문은 다음 사이트 참조 http://government.ru/docs/11912(검색일: 2015.08.26)
6) http://www.vedomosti.ru/economics/articles/2015/08/19/605443-tsb-strukturnie-reformi(검색일: 2015.8.29)
7) 선도개발구역법(**Федеральный закон от** 29 **декабря** 2014 **г.** N 473-**ФЗ** "**О территориях опережающего социально-экономического развития в Российской Федерации**")은 2014년 12월 23일 국가두마(하원), 12월 25일 연방소비에트(상원)의 승인을 거쳐 12월 29일 푸틴 대통령이 서명함으로써 완료되었고 90일 경과한 2015년 3월 30일부터 발효 중이다. 선도개발구역법에 대한 자세한 내용은 다음의 논문을 참고하라: 변현섭, "러시아 극동지역개발 전략으로서 선도경제구역 설립의 의미와 전망," 『슬라브연구』, 제30권 4호(2014), 59-79쪽.
8) 모노시티의 선도개발구역으로 '구코보'(로스토프 주), '나베레즈니예 첼니'(타타르스탄 공화국), '우솔예-시비르스코예'(이르쿠츠크 주), '나드보이쯔'(칼레리야 공화국), '안줴로-수드첸스크'(케메로프스크 주), '크라스노투르인스크'(스베르들로프크스 주) 등이 있다. 한편, 모노시티(**моногород**)의 공식명칭은 **Градообразующее предприятие**(도시를 형성하는 기업)이며 법적으로는 25% 이상의 지역 주민이 고용된 기업을 말한다. 모노시티는 한 도시의 상당한 주민이 한 기업에 고용되어 그 기업의 상황에 따라 고용, 인프라, 사회적 문제에 영향을 미치기 때문에 정부에서 정부령(2014년 7월 29일자)으로 관리하고 있으며 2015년 11월 24일 319개 기업을 모노시티로 지정하였다 (**Градообразующее предприятие. Википедия**).
9) 블라디보스토크 자유항법에 대한 자세한 내용은 다음의 논문을 참고. 변현섭, "러시아 자유항 제도 도입의 전략적 의미와 협력 방안: 블라디보스토크 자유항 법을 중심으로," 『슬라브연구』 제32권 1호(2016), 1-30쪽.
10) **Трутнев поддержал расширение границ ТОРов в Приморье**, 2016.

11) Развитие Дальнего Востока и Байкальского региона: некоторые результатыпоказатели 2015 года, 2016

12) 러시아 극동지역은 러시아 연방 전체 면적의 3분의 1 이상(약 36%)을 차지하고 있는 방대한 지역이지만, 인구는 2014년 1월 기준 623만 명으로 러시아 전체 인구(1억 4,367만 명)의 4.3%에 불과하다. 1989년 소련 해체 직전 794만 명이던 극동지역의 인구는 171만 명이 줄어들어 러시아 8개 연방관구 중 인구 유출수가 가장 많다. 그 결과 극동지역은 러시아에서 인구 밀도가 가장 낮은 지역으로 1㎢당 1명이 되지 않는다(변현섭, "러시아 극동: 인구 부족에 밀려드는 중국인, '황화' 공포, 삶의 질 개선해야 인구 유입 가능," 『CHINA Plus』 제112권(2016년 1월)

13) 1헥타르 무상공급은 2016년 6월 1일부터 시범지역 주민 대상으로 공급한 바 있으며 현재 10월 1일부터는 극동지역 주민 대상으로 2단계 사업이 진행 중인데 약 1만명이 신청한 상태이다. 2017년 2월 1일부터 러시아 국민 전체로 확대될 경우 여론조사센터 VTsIOM이 2015년 조사한 결과를 보면 러시아 국민의 20%가 1헥타르를 받기 위해 극동지역으로 이주할 준비가 되었다고 답변한 것을 볼 때 극동지역에 상당한 인구 증가가 예상된다. 무상 공급받은 토지는 목적에 맞게 5년 사용 후에는 소유권 또는 임대권을 등록할 수 있다. 정부는 토지 이용규칙을 위반하거나 외국인에게 양도할 경우 그 토지를 몰수할 수 있다. 변현섭, "러시아 극동: 인구 부족에 밀려드는 중국인, '황화' 공포, 삶의 질 개선해야 인구 유입 가능," 『CHINA Plus』 제112권(2016년 1월)

14) 극동개발부 장관 갈루쉬카는 극동지역의 인구에 긍정적인 추이가 두드러지게 나타나고 있다고 평가했다. "극동에서 인구 유출은 2016년 1~2월에 약 15배 이상 감소하여 사실상 중단되었다. 이 기간 극동의 인구수는 단지 221명 감소하였는데. 이것은 역사상 최저 수준이다. 지난 2년 동안 이주자들이 1/4 이상 감소하였다. 극동지역의 합계출생률(Total Fertility Rate)은 러시아 전체의 평균을 넘어섰다. 극동에서 그러한 추이는 20년 이상동안 없었다."(Александр Галушка: достигнут исторический минимум оттока населения с Дальнего Востока. (25 мая 2016). Министерство Российской Федерации по развитию Дальнего Востока. http://www.minvostokrazvitia.ru/press-center/news_minvostok/?ELEMENT_ID=4299

15) На ВЭФ-2016 подписано 214 соглашений на 1,85 трлн рублей инвестиций на Дальний Восток, 2016.

16) На ВЭФ-2016 подписано 214 соглашений на 1,85 трлнрублей инвестиций на Дальний Восток., 2016.

17) Госпрограмма развития Дальнего Востока будет реализована полностью, 2016.

18) 극동의 최대 육가공 회사인 '라티미르'가 연해주의 '미하일로프스카야' 선도개발구역에 양돈 단지 건설(약 150억 루블 소요)과 '아무르 아그로 홀딩'이 아무르 주에 콩과 밀 가공 공장을 건설(29억 루블 소요)하는데 투자할 예정이다. 프로젝트 융자 구조는 농공업 개발펀드에서 10%, 기업체에서 10% 투자하고, 나머지 80%는 농공업 개발펀드가 러시아 또는 중국 은행-파트너로부터 유치하는 방식이다. 한편, 향후 러 · 중 농공업 개발펀드의 자본금을 100억 달러까지 확대할 예정이며 현재 극동개발펀드가 러 · 중 농공업 개발펀드의 관리 회사 지분 51%를 소유하고 있다. 또한 2016년 10월 20일 현재 약 800억 루블 규모의 총 10개 프로젝트에 대한 지원 심사를 진행 중이다. Российско-китайскийфондагропромышленного развития заключил первые сделки. (3 сентября 2016). Министерство Российской Федерации по развитию Дальнего Востока. http://www.minvostokrazvitia.ru/press-center/news_minvostok/?ELEMENT_ID=4587

19) 15차 회의 결과와 관련하여 기재부 관계자는 "이번 경제공동위에서는 대내외 요인으로 인해 구체적 사업에 대한 논의는 상대적으로 적었지만 협력방안을 심도 있게 논의해 양국 간 경협 모멘텀을 살릴 수 있는 계기가 됐다"(오현길, "한러, 한-EAEU FTA 조속한 추진 논의," 『아시아경제』, 2016년 8월 25일)고 평가했다.

말 그대로 구체적인 사업 보다는 협력의 큰 방향성만을 확인하는데 그쳤다는 점에서 아쉬운 점이 있으며 장기적인 로드맵을 구축하고 그 하위 분야별로 구체적인 협력 사업을 지속적으로 발굴해 나가는 일본의 방식을 벤치마킹해야 할 것 같다.

제6장

과학·기술 신북방전략

- 한·러 과학기술 협력 및 통일한국 대비 전략 -

김동수

요약문

러시아는 과거 냉전 당시 소비에트 정부의 군수기술 발전을 위한 전폭적인 지원으로 기초과학과 군수기술에서 미국과 대등한 수준을 자랑했다. 그러나 소련 붕괴 후 러시아의 기초기술연구기반 R&D 시스템이 기존의 산업계와 단절됨으로써 큰 위기를 맞게 되었다. 이에 푸틴 대통령은 2000년 취임 시 "과학기술 발전 없이는 러시아의 미래가 없다"고 천명한 후 강력한 리더십을 발휘했다. 그 후 국제 고유가에 의한 정치·사회적 안정을 기반으로 과학기술 재건에 박차를 가했다. 러시아는 새로운 과학기술정책을 모색하면서 과학기술계에 대한 전반적인 개혁을 이루어 왔다. 러시아 과학기술계의 키워드는 첨단기술(High technology), 혁신(Innovation), 사업화(Business)로 압축되어 일관되게 추진되고 있다.

우리 정부는 1990년 9월 수교 초기부터 정부 차원의 우선과제로 대(對)러시아 과학기술 협력에 역점을 두었고, 한·러 과학기술 협력은 러시아의 기초과학과 한국의 상용화 기술을 접목하는 상호보완적 협력전략으로 추진해 왔다. 이는 러시아의 보유기술 상업화와 한국의 핵심기술 확보를 통한 산업의 고부가 가치화라는 양측의 이해와 이익을 바탕으로 호혜적 협력이 가능했기 때문이다.

그러나 유감스럽게도 이제까지 한·러 과학기술 협력 사업은 그 잠재력과 가능성에 비해 괄목할만한 성과를 거두지는 못하고 있다. 이는 무엇보다 기존의 협력 사업이 대부분 소단위의 단기과제 위주로 이루어져 왔기 때문이다. 또 하나의 문제점은 러시아와 협력을 추진할 전문가 부족이다. 효율적인 한·러 과학기술 협력방안으로 양국의 기술협력을 총괄할 수 있는 컨트롤타워가 구축돼야 한다. 또한 푸틴 3기의 신동방정책에 부응할 수 있도록 시베리아와 극동지역을 담당하는 극동거점이 확보돼야 한다.

최근 러시아에서는 한국중소기업의 기술혁신 및 첨단기술개발에 대한 벤치마킹 열풍이 고조되고 있다. 이러한 분위기는 지나치게 중국시장에 의존하고 있는 국내 중소·중견기업을 활성화시키고 원천기술의 제품화 기술에 목말라하는 러시아와 협력할 수 있는 절호의 기회다. 특히 4차 산업혁명과 관련된 IT분야와 나노기술 분야를 중점적으로 우선 추진할 필요가 있다. 그리고 한국의 산업현실에서 간과할 수 없는 부분은 자원개발과 활용기술을 들 수 있다. 산업기반이 되는 주요 광물자원의 개발과 활용기술에 대한 러시아와의 협력수준은 중국과 미국을 능가할 수 있고, 통일한국에서 북한자원의 활용에도 크게 기여할 수 있다. 나아가 이는 남·북·러를 연결할 수 있는 매개체 역할을 할 수 있다.

Ⅰ. 서론

과학외교는 소프트파워의 핵심 영역으로 자리매김하며 국가 간 장기적으로 호의적인 관계의 구축에 공헌해 오고 있으며, 과학기술과 관련된 기후변화 및 4차 산업혁명 등의 글로벌 의제의 부상으로 과학기술의 외교적 역할이 증대되고 있다. 기존의 국제협력에 비해 보다 국가 또는 공공기관 차원의 개념으로 인식되고 있는 과학외교는 상호이해가 핵심 가치이고, 상호 협력을 통해 이익을 공유하고 관계를 개선하는 것이 가장 중요하며, 이를 위하여 지속적인 정책 추진, 상호이해와 교류 활성화를 위한 플랫폼 조성, 공동의제 발굴, 협력 기회 확대 등이 필요한 부분이다.

우리 정부는 1990년 9월 한소수교 초기부터 정부 차원의 우선 과제로 대러 과학기술 협력을 실시해 왔다. 양국 간 과학기술 협력은 러시아의 기초과학 기반과 국내의 산업화·상용화 기술의 발전을 접목하는 상호보완적 관계로 구축됐다. 이는 러시아의 보유기술 상업화와 한국의 산업 고부가가치화라는 양국의 이해와 이익을 바탕으로 호혜적 협력이 가능했기 때문이다. 그러나 지속적인 노력에도 불구하고 이제까지 한·러 과학기술 협력 사업은 그 잠재력과 가능성만큼의 성과를 거양하지 못하고 있다. 최근 러시아에서는 푸틴 대통령의 강력한 신동방정책과 함께 과학기술 분야에서도 첨단기술(High technology), 혁신(Innovation), 사업화(Business)를 키워드로 한국 중소기업의 기술혁신과 첨단기술 개발을 벤치마킹하는 열풍이 고조되고 있다. 중국과 미국 시장에 지나치게 의존하고 있는 국내 기업의 회생을 위해 원천기술 제품화 기술에 목마른 러시아와 윈윈 할 수 있는 과학기술 협력이 절실히 요구되는 시점이다.

본고에서는 한·러 간 과학기술 분야의 정책변화와 동향을 살펴보고, 그간의 과학기술 협력 현황과 문제점을 짚어본 후 실질적인 협력을 위한 구체적 방안을 모색하고자 한다.

II. 본론

1. 러시아 과학기술 정책 동향

러시아는 과거 냉전 당시 소비에트 정부의 군수기술 발전을 위한 전폭적인 지원 아래 기초과학과 군수 분야에서 미국과 대등한 과학 기술력을 보유했다. 그러나 러시아 기초기술연구 기반 R&D 시스템이 소련 붕괴 후 기존의 산업계와 단절됨으로써 큰 위기를 맞게 되었다. 소련 당시 대규모 R&D군을 형성했던 4천여 개의 연구개발 기관과 약 90만 명의 연구 인력은 정부의 지원 중단으로 쇠퇴하면서 과학기술계의 와해로 이어지게 되었다. 따라서 1990년대 러시아 과학기술 분야의 최우선 과제는 과학기술계의 생존보장이었기 때문에 미래를 위한 전략과 전술을 수립할 여유가 없었다.[1]

2000년 이후 러시아 정부는 국제 고유가로 인한 오일달러의 유입과 푸틴 대통령의 강력한 리더십으로 인한 정치·사회적 안정을 기반으로 과거 붕괴되었던 과학기술 기반을 재건했다. 더 나아가 러시아가 새로운 과학기술 정책을 모색하면서 본격적인 과학기술계의 개혁이 시작된 것이다.[2]

2002년에는 중장기 과학기술 발전전략인 '2010 러시아 과학기술발전과 미래전망을 위한 기본 정책안'과 2005년에는 '2010 러시아 이노베이션 시스템 발전정책 주요 방향'이 발표되었다. 그리고 2007년에는 이 기본 전략안의 세부실행방안이라 할 수 있는 '2015년 러시아 과학기술발전과 러시아 경제의 기술현대화를 위한 정책안'이 마련됐다. 이를 통해 기존의 R&D 시스템개혁 및 기술혁신과 산업구조화를 위한 대대적인 투자와 이노베이션의 인프라 구축이 진행되고 있다.[3]

러시아 정부의 개혁정책과 이로 인한 러시아 과학기술계의 발전방향은 크게 세 가지 R&D 지표로 고찰될 수 있다. 먼저 소련 당시의 대규모 연구기관은 효율화를 위한 구조조정을 통해 전적인 국가재정 지원으로 유지되었던 관행을 탈피해 민영화와 주식회사로 전환되었다. 러시아 정부는 2002년 주요 공공기관 축소와 구조변경에 관한 법안을 입안했다. 이 법안에 따른 공공연구기관 감축의 큰 틀은 국가 소유의 공공기관을 비영리 민간조직으로 전환하고 기관의 성격에 따라 민영화를 실행한다는 것이었다. 또한 분야에 따라 통폐합과 엄격한 심사를 통해 필요하다고 판단하면 과감하게 청산할 수 있다는 것이었다.

러시아 연구기관의 현황을 살펴보면 그 숫자는 1990년 이래 지속적으로 감소해 왔으며, 1990년 대비 2005년에는 3,566개로 약 23%가 감소한 것으로 나타났다. 정부의 연구기관 개혁안에 따르면, 정부의 예산 지원에 전적으로 의지하던 대부분의 러시아 연구기관은 국영기업과 정부출자의 주식회사 형태로 남게 되었고, 국가전략 분야에서는 공공성의 역할과 기능을 유지하는 정부 소유의 대형연구소가 개설되었다. 그리고 나머지 기관들은 주식의 최소 50%를 연방정부가 소유하는 형태가 되었다.

러시아 정부는 2007년 기존의 과학기술 발전전략을 보완·발전시키는 대대적인 실행방안을 발표했다. 이에 러시아 과학기술계는 혁신의 바람이 더욱 거세졌다. 공공연구기관의 개혁과 함께 기업체에서의 기술개발과 생산을 독려할 수 있도록 기술 이전을 비롯한 민간부문에서의 연구개발 활성화를 위해 인프라 구축 등에 박차를 가해 왔다.

그리고 군수, 우주항공, 원자력을 포함한 과학기술은 선택과 집중에 의한 사업화 기반 구축을 도모했다. 러시아 정부는 여러 산업 분야를 아우르면서 첨단산업으로의 전환을 도모하기 위해 나노기술 및 나노산업 육성에 전폭적인 지원을 했다. 이후 과학기술계의 키워드는 첨단기술, 혁신, 사업화로 압축되어 일관되게 추진되고 있다.

(1) 나노 이니셔티브

2007년 4월 24일 푸틴 대통령이 서명한 '나노산업 발전 전략'은 나노산업을 육성하는 과정에서 경제 현대화, R&D 결과물의 상업화 및 민간기업의 혁신 분야 투자확대를 포괄하고 있다. 또한 러시아의 글로벌 혁신역량을 강화하고 신제품의 개발·도입을 통해 '삶의 질을 높이고, 수입대체·수출확대를 활성화한다'는 구상이다. 이 구상을 실현하기 위해 러시아 정부는 2008년 1월 '2015년 러시아 연방 나노산업 발전 프로그램'을 승인했다. 그리고 대통령 행정실, 연방정부 부처, 러시아과학원, 최초의 국립연구센터인 쿠르차토프 연구소, 러시아 나노기술공사(2007년 설립), 러시아 원자력공사 및 지방정부 등 모든 유관기관이 적극적으로 참여하고 있다.

나노산업 발전 전략의 실현방향, 시행 기구, 과제해결 지표는 교육과학부가 개발한 '2015년 러시아 연방 나노산업 발전 프로그램'에 적시되어 있다. 러시아 정부는 전략과 프로그램을 토대로 나노산업을 발전시키기 위해 국가나노기술네트워크(NNN) 구축을 최우선 과제로 설정했다. 아울러 러시아 나노산업 발전단계를 1단계(2008~2011년)와 2단계(2012~2015년)로 분류했다. 특히 1단계에서는 소련 붕괴 이후 낙후된 러시아 연구시설을 보완하고자 각 지역의 우수대학과 연구소에 교육과학센터와 공동기기센터를 설립했다. 이 센터들은 연방 특별프로그램 '2008~2011년 러시아 연방 나노산업 인프라 발전'의 후원하에 중소혁신기업의 참여를 장려하기 위해 나노기술센터를 별도 설립했으며 주로 '로스나노'(구 러시아 나노기술공사) 산하 '인프라·교육 프로그램 재단'의 지원을 받았다.

〈그림 6-1〉 로스나노 로고

출처: 로스나노 홈페이지(www.rusnano.com)

나노산업 발전 전략은 3대 발전과제를 설정하고 있다. ① 이미 생산중인 높은 수요의 나노기술제품 생산량 확대 ② 새로운 나노기술제품 개발 및 생산 ③ 나노기술 분야에서 혁신적인 발전을 통해 국가 과학교육 및 산업 환경조성 등이다.

러시아 정부는 이 과제를 해결하는 과정에서 사회·경제적 성과 달성계획을 수립했다. 즉 ① 국가경제 차원의 새로운 전문 일자리 창출 및 첨단제품의 생산 매출 증가 ② 새로운 진단방식(바이오칩) 도입의 국민의료서비스 질 향상, ③ 생산폐기물 정화 및 재활용 비율 향상, 새로운 촉매시스템을 사용한 생수품질 향상 등 환경상태 보전 ④ 국가경제 차원의 산업 물질 및 에너지 사용절감(새로운 나노구조 소재와 LED 대량 사용) ⑤ 새로운 의료서비스 제공으로 국민수명과 생활조건 향상(약물 전달 시스템, 의학 마이크로 로봇시스템, 원격진단을 위해 나노 및 마이크로센서 사용) ⑥ 새로운 원격조종 나노 및 마이크로 센서시스템으로 개인의 안전과 주택, 자동차, 산업시설, 공공건축물 등의 안전성 향상 등이다.[4]

〈그림 6-2〉 대통령 대면보고(아나톨리 추바이스 사장(우))

출처: 로스나노 홈페이지(www.rusnano.com)

이와 함께 러시아 정부는 연방 특별프로그램 '2007~2013년도 러시아 우선순위 과학기술 분야 연구개발'을 통해 나노기술 관련 프로젝트에 170억 루블 이상을 투자하는 등 지원을 아끼지 않고 있다. 2014년부터는 차기 연방 특별프로그램 '2014~2020년도 러시아 우선순위 과학기술 분야 연구개발'을 착수했다.

나노기술 발전에 필요한 인력을 양성하기 위해 주요 대학별로 나노기술학과가 신설됐다. 인프라·교육 프로그램 재단은 나노기술제품 생산 등에 필요한 장비를 다룰 전문가 교육프로그램을 개발했다. 그리고 나노기술 표준을 개발해 나노기술제품의 안전성을 검증하고 있다.

국가나노기술네트워크(NNN)는 나노산업의 기초로서 연구개발을 촉진하고, 연구개발 효율성 향상 및 방향을 제시하며, 경쟁력 있는 나노기술제품이 빠르게 일상에 도입될 수 있도록 환경을 조성하는 역할을 수행했다. NNN은 이러한 점을 반영해 전략 시행의 제1단계(2007~2011년)를 구축하고, 현대적인 나노기술 인프라를 구비하게 되었다. 더 나아가 러시아 나노산업 연구개발이 경쟁력을 갖추고, 지적재산이 효율적으로 산업화 될 수 있는 시스템을 구축했다.

NNN은 전략 시행의 제2단계(2012~2015년)에서 새로운 나노산업 제품의 생산량을 대폭 확대하고 러시아 회사들이 세계 첨단기술시장에 진출할 수 있는 촉매 역할을 수행하게 된다. 러시아의 나노산업 발전에 있어서는 나노산업 인프라 구축, 과학연구개발, 나노산업발전 혁신 프로젝트라는 3개의 주요 방향이 설정됐으며, 세 번째 방향은 로스나노의 전담하에 과학연구개발 결과의 산업화와 나노기술 제품의 생산을 우선적으로 추진하고 있다.[5]

러시아 나노기술공사는 2007년 7월 19일 연방법 139조를 근거로 설립됐다. 주요 목표는 나노기술 분야 국가정책 시행 협조, 나노기술 분야 혁신인프라 발전, 실용성 있는 나노기술과 나노산업 프로젝트 시행 등이다. 그 후 2010년 7월 20일 연방법 211조 러시아 나노기술공사 재편에 따라 주식회사

로스나노로 재편되었다. 로스나노는 러시아 나노산업의 혁신 인프라 발전, 나노산업의 인력보강 및 교육, 나노산업 제품 수요증가 촉진 등의 목적을 위해 산하기관으로 인프라·교육 프로그램 재단을 설립했다. 로스나노 이사회는 2011년 11월 15일까지 총예산 5,490억 루블의(로스나노의 두자 비율은 2,300억 루블) 139개 프로젝트를 승인했다. 그중에는 투자 프로젝트가 119개, 러시아 및 국제 벤처재단 설립 프로젝트가 12개, 나노기술센터 설립에 관한 프로젝트가 8개였다. 17개의 프로젝트 회사가 2010년 1년간 로스나노의 지원(최대 50%)으로 설립되어 총매출 10억 2천만 루블의 나노기술제품을 생산했다. 2011년 9개월간 로스나노 프로젝트회사는 약 17억 루블의 나노기술제품 매출을 기록했다.

〈표 6-1〉 인력교육 프로그램 구조

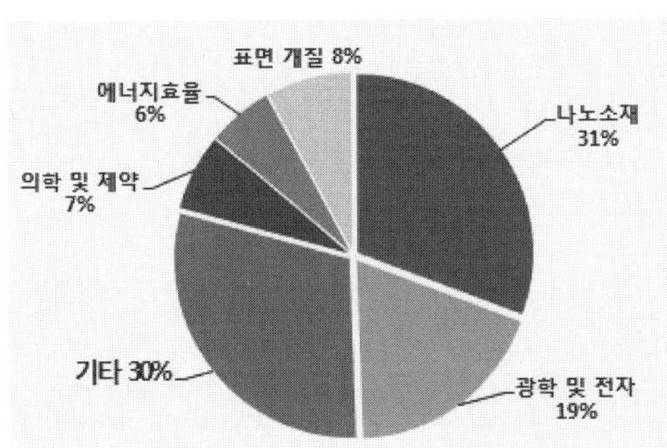

출처: 로스나노 홈페이지(www.rusnano.com), 러시아의 나노기술 정책동향

2013년에는 '로스나노 2020년 장기사업전략'과 '인프라·교육 프로그램 재단 2020년 장기사업전략'을 채택해 2015년 주요 목표인 나노산업 설립 후 국가의 산업 관여 비중을 점진적으로 감소하는 계획을 수립했다. 또한 이 개발계획에는 출판 및 특허 목표도 포함됐다.

〈표 6-2〉 로스나노 2020전략 주요지표

	Parameter	Unit	2013	2014	2015	2020
1.	Sales by RUSNANO's portfolio companies and nanotechnology investment funds of Russian nanotechnology industry products and hi-tech materials[6] in current market prices (ultimate buyer prices)	RUB bn	**50**	**100**	**300**	**600**
2.	Total number of launched new production facilities, research and engineering centres established in the Russian Federation as a result of implementing projects with participation of RUSNANO and nanotechnology investment funds[7]	Entity (cumu-lative)	**45**	**53**	**65**	**100**
3.	Total capital amount for financing new investment projects raised by RUSNANO and Rusnano Management Company into the portfolio companies and by establishing nanotechnology investment funds[8]	RUB bn (cumu-lative)	**0**	**7**	**20**	**150**
4.	Maximum share held by private investors in the charter capital of Rusnano Management Company	%, at year-end	-	**20**	**49**	**100**[9]

출처: 로스나노 홈페이지(www.rusnano.com)

나노산업의 주요 성과를 보면, 2013년의 나노기술 관련 제품 생산량이 4,161억 루블로 2010년의 1,179억 루블 대비 약 3.5배를 달성했다. 2013년 로스나노의 비중 역시 2010년의 0.8%(10억 루블)에서 18%(751억 루블)로 비약적인 성과를 거두었다. 2015년에는 나노기술 관련 제품의 매출목표를 9,000억 루블로 설정했으며, 로스나노의 활동을 통해 취득한 러시아 나노기술제품의 순수익은 2015년 170억 루블이었다. 이와 같은 러시아 정부의 적극적인 나노기술 추진은 러시아를 나노기술 연구개발에 대한 최상위 10개 정부지원국 반열에 오르게 했다. 그렇지만 러시아의 나노기술에 대한 양과 질, 좀 더 일반적으로 표현하면, 나노기술 관련 특허와 출판은 아직 저조한 상황이다.

(2) 스콜코보 혁신센터

메드베데프 대통령은 2010년 3월 과도한 에너지 의존형 경제구조의 개선을 위해 미국 실리콘밸리와 유사한 첨단기술단지 건설계획을 발표했다. 이는 러시아 산업현대화 정책의 핵심사업 중 하나로, 연구개발단지(R&D Center) 조성 및 인프라 구축을 통해 러시아의 과학기술 잠재력 극대화, 기술 상용화를 통한 첨단과학기술 기반 경제시스템을 구축하는 것이다.

'스콜코보 혁신센터'는 모스크바 외곽 순환도로 서쪽 지점에 위치하며, 부지 규모는 약 380헥타르(약 3.8km^2)에 달한다. 이곳에는 혁신 생태계 육성과 클러스터 중심의 인프라 구축을 위해 테크노파크, 연구개발(R&D), 교육기관(Skolkovo Institute), 벤처캐피탈, 주거시설 등의 다양한 지원체제와 기능이 집약되어 있다. 스콜코보 혁신센터의 핵심 사업은 우주산업, 의료·바이오, 에너지, IT, 원자력의 5개 분야로 각 분야마다 클러스터 형태로 국내외 기관들이 참여해 연구 및 생산을 진행하고 있다.

IT산업은 스콜코보의 5대 육성산업 중 투자비율이 가장 높은 분야로서 다양한 스타트업(startup) 및 기술기업 진출이 활발하다. 2015년 말 기준으로 전체 입주기업 약 1,250개 중에 IT 관련 기업이 약 451개로 1/3을 점유하고 있다. 2012년 혁신센터에 입주한 IT기업 수는 250개에 불과했으나, 2013년의 316개, 2014년의 336개, 2015년에는 451개로 크게 증가했다.

입주한 IT기업의 사업 분야별 분포를 보면, 클라우드 서비스 관련 기업이 전체 451개 기업 중 140개로 가장 높은 비중을 차지하며, 그 뒤를 이어 IT시큐러티(62개), 산업용 소프트웨어(52개), 텔레콤(48개) 등의 관련 산업 분야 기업의 입주가 많은 것으로 나타났다. 특히 스콜코보 혁신센터는 교육기관을 통해 입주기업의 다양한 필요에 부응하고 있는데, 향후 미국 MIT대학과 연계한 교육과정을 개발하는 등 IT분야 지원을 확대하고 있다. 의료·바이오 분야는 취약한 러시아의 제약산업 발전, 고부가가치의 의약품 원료 개발, 의료기기 산업 활성화 등과 관련하여 정부의 육성 의지가 높고, 에너지 분야는 에너지 효율성 개선 중심의 신에너지개발에 집중하고 있으며, 원자력과 우주산업은 산업 특성상 정보공개가 제한되어 기업의 접근성 또한 제한적이다.[6]

〈그림 6-3〉 스콜코보 혁신센터와 핵심기술 클러스터(좌) 및 스타트업 빌리지(우)

출처: 스콜코보 혁신센터 홈페이지

러시아 정부는 2010년 스콜코보 테크노파크 설립과 동시에 스콜코보 재단을 만들었다. 이 재단은 민간투자와 매칭 사업으로 투자 금액을 결정·지원한다. 지원 대상 기업은 전 세계 스타트업 전문가 800명으로 구성된 심사위원단 중 무작위로 뽑힌 10명이 선정한다. 10명의 심사위원이 각자 해당 기업의 사업계획서를 보고 판단해 60% 이상이 동의해야 스콜코보 지원 기업이 된다. 지원 절차가 까다롭고 선발까지 오랜 시간이 걸리지만 상당한 인기를 누리고 있다. 투자가 본격화된 지난 2014년에 6000여 개였던 지원 신청 기업이 올해 초에는 1만 5000여 개로 늘었다. 지원이 결정된 기업 수도 3년간 1020개에서 1432개로 40% 증가했다. 경쟁률도 6:1에서 10:1로 치솟았다. 스콜코보 지원 기업이 되고자 하는 스타트업이 많은 이유는 투자 뿐만 아니라 세제혜택도 주어지기 때문이다. 스콜코보 입주 기업들은 소득세를 제외하면 모든 종류의 세금을 내지 않아도 되는 면세 혜택을 누린다. 여기에 민간투자도 늘고 있다. 올해 초까지 스콜코보 지원 스타트업이 받은 민간투자 금액은 3억 5000만 달러(약 4070억 원)이다.

스콜코보는 약 80여 개 국내외 대기업들과 파트너십 협약을 맺고 있는데, 이들 중 일부는 스콜코보 내에 연구개발센터 형태로 입주하고 있다. 현재 노키아(핀), Cisco(미), 보잉(미), 마이크로소프트(미), 지멘스(독), 필립스(네덜란드), 애플(미), 차이나모바일(중), Intel(미), IBM(미), MIT(미), ENEL(이탈리아), HP(미), 타타그룹(인도) 등이 관련 기술 클러스터 내에 상주해 연구 중이다.

스콜코보 혁신센터는 향후 특별자치구역으로 지정해 자체 경찰력 보유로 안전문제 해결 및 취업비자 발급 등 행정 간소화를 추진함으로써 해외 우수인력 유치를 위해 노력 중이다. 세제 혜택은 경제특구와 동일하게 법인세, 재산세, 토지세, 교통세 등이 부과되지 않으며, 사회보장세 14%까지 인하 등의 투자 인센티브와 더불어 기업의 지적재산권, 특허, 법률자문 등 소프트웨어적 지원도 제공함으로써 해외기업 유치에도 지속적인 노력을 기울이고 있다.

〈그림 6-4〉 스콜코보 실적 현황

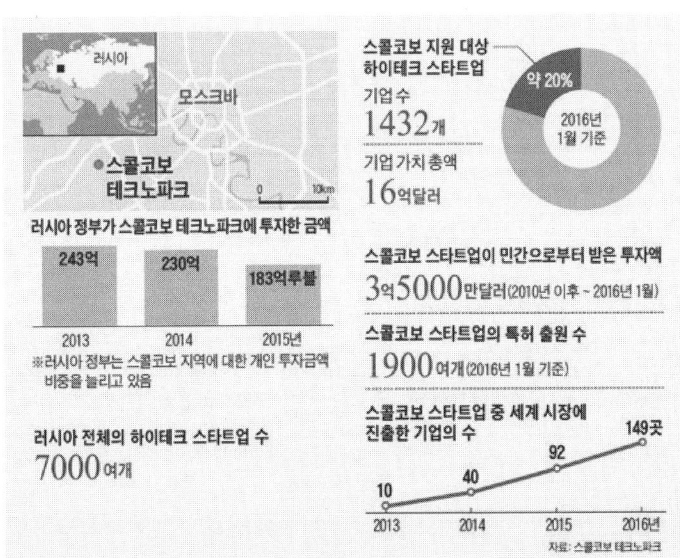

출처: 『조선비즈』, 2016년 6월 8일.

2012년 3월 주러 한국대사관 강당에서 스콜코보 혁신센터 설명회가 개최됐다. Conor Lenihan 재단 부이사장은 한국기업의 적극적인 입주를 요청했다. KOTRA 등 관련 기관에서는 중소기업의 투자진출을 위한 맞춤형 플랫폼 구축을 추진 중이다. 특히 한국 IT 제품의 높은 인지도와 IT 융합기술을 활용해 러시아 전략산업의 현대화계획에 적극 참여할 필요성이 제기돼 왔다. 이에 국내 IT 관련 기술혁신 중소기업으로 구성된 한국 IT센터 구축 등이 진행 중이다. 정부출연 연구기관 중에는 한국전자통신연구원(ETRI)이 스콜코보 과학기술연구원(Skolkovo Institute of Science and Technology, Skoltech)과 MOU를 체결했으나 구체적인 협력실적은 없는 상태이다.

2. 한국 과학기술 정책 동향

한국의 과학기술 50년사는 매우 역동적이었다. 1953년 국민총생산(GDP) 13억 달러에서 60년 만에 1천 배로 뛰는 데 과학기술력이 없었다면 가능하지 않았을 것이다. 2015년의 한국 GDP는 세계 11위, 세계은행 분류상 고소득 국가, 국제통화기금(IMF) 분류상 선진 경제국가다. 한국 특유의 추격형(catch-up) 전략이 주효했고, 그런 추격형 발전의 엔진이 바로 과학기술이었다. 산업기술개발 중심의 국가연구개발 사업, 주력산업과 수출 품목에 대한 선택과 집중으로 선진 과학기술의 추격에 성공한 것이다. 하지만 속전속결로 달려가는 빠른 추격자(fast follower)의 발전 방식은 한계가 있으며, 미지의 프론티어 개척의 환경에서는 불확실성과 위험을 감수할 수 있는 선도형 마인드와 전략이 필요하다. 과학기술의 본질로 돌아가 경제적 추격을 위한 수단으로서가 아니라 원천적 탐구와 개척 능력을 발휘할 수 있도록 그에 걸맞은 새로운 제도와 시스템을 구축해야 한다.

우리나라의 과학기술은 선진국과 달리 처음부터 국가의 적극적인 개입을 바탕으로 발전해 왔다. 1962년에 경제개발 5개년계획이 시작될 때부터 과학기술과 관련된 계획이 수립되어 왔으며, 1967년에는 과학기술을 전담하는 행정기구인 과학기술처가 발족됐다. 그 이후 우리나라의 과학기술에 관한 정책은 범위가 점차 확대되고 그 내용도 심화되어 왔지만, 기본적으로는 산업발전을 목표로 삼았고 정책수단은 투입요소를 확대하는 방향으로 개발됐다.

우리나라의 과학기술정책은 1962~1981년의 형성기, 1982~1996년의 확대기, 1997년 이후의 전환기를 거쳐 변천해 왔다. 형성기에는 과학기술 활동에 필요한 기반을 조성하는 데 중점을 두었지만, 확대기에서는 연구개발 활동을 본격적으로 지원하는 것을 중심으로 전개되었고, 전환기에는 과학기술정책의 새로운 패러다임을 모색하기 위한 다양한 시도들이 이루어져 왔다.

한국의 과학기술정책이 본격화된 것은 1959년 원자력연구소 설립 당시이며, 원자력연구소에서 과학기술정책을 전담했다. 그 당시까지 우리에게 남겨진 과학기술 유산은 명맥만 유지해온 전통과학기술, 일본강점기의 빈약한 과학기술 잔재, 6.25전쟁으로 철저하게 황폐화된 과학기술 기반, 그리고 1950년대에 이루어진 고등교육기관 등 과학기술체제의 정비수준이었다. 출발 초기의 여건은 그야말로 현대 과학기술의 불모지 그 자체였다. 한국의 과학정책에서 커다란 획을 그은 시점은 한국과학기술연구소(KIST)가 설립된 1966년이었다. KIST는 외국에서 산업연구를 하는 유능한 과학기술자들을 적극적으로 유치하는 등 본격적인 연구 활동을 전개했다. 이외에도 과학기술진흥법을 1967년에 제정해 법적 장치를 마련했다. 과학기술진흥법은 대한민국에서 체계적인 과학기술정책이 추진되는 이정표가 되었다.

전문적인 과학교육기관인 한국과학원(KAIS)이 1971년 서울 홍릉에 설립됐다. 설립목적은 '산업발전을 위해서 필요로 하는 과학기술 분야에 관한 심오한 이론과 실제적인 응용력을 갖춘 자를 양성하는 것'이었다. 1972~1973년 사이에 기술개발촉진법(1972), 기술용역특별법(1973), 특정연구기관육성법(1973) 등 과학기술 관련 주요 법률이 제정되어 과학기술 진흥의 기초를 다졌다. 이와 함께 대학의 확충, 이공계 전문대학의 확대, 통일된 국가기술 자격제도의 시행(1975년) 등을 통해 산업발전에 필요한 기술 인력의 공급을 확충했다. 다른 한편 중화학공업의 육성을 기술적으로 뒷받침하기 위해 많은 수의 전문분야별 정부출연 연구기관들을 1970년대 후반에 설립했다. 구체적으로 살펴보면, 1976년을 전후해서 기존의 국책 종합과학연구소였던 KIST의 여러 기능이 분화·독립되어 8개의 분야별로 특수연구소가 설립됐다. 1975년에는 중화학공업의 발전에 바탕이 되는 계량·측정 기술을 국제적 수준으로 향상시켜 공산품의 국제적 신용도를 높이고 정밀 계측 표준과 기술을 보편화할 것을 목표로 하는 한국표준연구소가 설립되었다. 그 후 1976년에는 한국화학연구소, 전자기술연구소(KIET), 통신기술연구소(KTRI)가 설립되고 이어서 기초연구를 촉진하기 위한 한국과학재단이 1977년 발족했다. 더 나아가 과학기술 기반을 구축하기 위해 대규모의 대덕연구단지 건설이 1974년 착수되어 1992년에 완공됐다.

1980년대에는 대한민국 과학기술정책이 중장기적인 관점에서 체계적으로 추진되는 시기였다. 1983년 첨단 분야의 핵심기술을 개발하기 위한 본격적인 국가연구개발정책의 추진을 알리는 특정 연구개발 사업이 시작됐다. 정부출연 연구소는 1980년 11월에 연구효율을 극대화하기 위해서 각 부처에서 관리하던 기존의 16개 연구소를 유사기관끼리 통폐합해서 8개의 연구소로 축소하고 이를 과학기술처에서 관리한다는 것을 골자로 하는 '연구개발체계 정비와 운영개선 방안'이 마련됐다. 반면 민간 연구조직의 육성시책을 적극적으로 추진해 1976년 말 48개에 불과하던 기업부설 연구소가 1988년 500개, 1991년 1,000개, 2000년대 초반에 10,000개를 넘어섰다. 1989년에는 기초과학연구진흥법이 마련되어 기초과학 분야의 체계적인 정책 추진이 가능하게 되었다. 한국과학재단에서는 한국의 기초과학을 이끌어 갈 전국대학 내의 우수연구센터를 지원하기 시작했다.

1990년도에는 한국의 과학기술선진화를 위한 중요한 정부정책들이 속속 추진되었다. 또한 이 시기에는 1980년대에 출범한 국가연구개발 사업들의 규모가 지속적으로 확대되는 한편, 기존의 과학기술부, 산업자원부, 정보통신부, 국방부 이외에 환경부, 보건복지부, 건설교통부, 농림수산부, 교육부 등이 국가연구개발 사업에 새롭게 참여했다. 또 2010년까지 새로운 중장기의 대형사업인 21세기 프론티어 연구개발 사업이 범부처 차원에서 추진됐다. 그리고 장기간에 걸친 창의적 연구를 지원을 목적으로 두뇌한국21(BK-21)사업이 새롭게 추진됐다. 그리고 기초과학에서 세계적인 논문생산을 위한 우수과학연구센터(SRC)와 창조적 원천기술을 창출하기 위한 우수공학연구센터(ERC)를 집중적으로 육성했다. 과학기술에 대하여 전문적 정책자문을 행하는 국가과학기술자문회의가 1991년 정식으로 발족했다.

우리 정부는 과학기술 부문을 단기간에 육성함으로써 선진국을 조기에 따라잡고, 사회경제적 수요를 적극적으로 충족시키기 위한 경제성장과 산업발전을 적극 지원했다. 첫째, 연구개발 주체들을 육성했다. 1960년대 및 1970년대의 정부출연 연구기관 육성, 1980년대의 기업연구소 육성, 그리고 1990년대의 대학 연구조직 육성 등이 차례로 이루어졌다. 그 결과 정부출연 연구기관과 국공립 시험연구기관은 오랜 연구개발 경험을 축적했고, 기업들은 기술혁신역량을 크게 증대시켰으며, 대학들은 높은 연구 잠재력을 보유하게 되었다. 둘째, 연구개발 자원의 확충에 많은 노력을 기울였다. 무엇보다도 우수한 과학기술 인력의 양성 및 공급에 힘을 기울였다. 셋째, 과학기술 발전을 촉진하기 위한 각종 지원제도의 발전을 도모했다. 이를 위해 세제, 금융 등 자금 지원제도, 연구 인프라, 지적재산권, 표준화 등 간접적 유인제도 등의 선진화에 주력했다. 넷째, 선진국을 조기에 따라잡기 위한 스피드를 중시하여 대외개방형 과학기술체제를 채택했다. 또 토착적인 시스템의 발전보다는 서구 시스템의 조속한 이식을 추진했다. 다섯째, 전략적 분야, 우수인력, 대기업, 수도권이 중심이 되는 불균형성장 전략을 추구한 점과 기초연구보다는 제품개발 등 실용적인 연구개발 활동에 우선순위를 둔 것도 특기할만한 사항이다.

이러한 급속한 발전이 가능했던 것은 우리 정부의 적극적인 과학기술정책, 기업의 부단한 기술개발 노력, 그리고 과학기술자들의 시대적 사명감 등이 작용했다. 서구 선진국들이 100~200년 동안 과학기술자원과 역량을 축적해온 것과 비교해 보면 우리나라는 일천한 역사에도 불구하고 얼마나 많은 성취를 이루었는지 알 수 있다. 반세기 전 오늘의 모습을 과연 상상이나 할 수 있었겠는가 할 정도로 과학기술 부문이 성장해 이제는 주요한 사회제도의 하나로서 그 정체성을 확립했다.

III. 한·러 과학기술 협력 현황과 문제점

한·러 간 과학기술 협력은 러시아의 기초과학 기반과 한국의 산업화·상용화 기술의 발전을 접목하는 상호보완적 협력관계로 추진되어 왔다. 이는 러시아의 보유기술 상업화와 한국의 핵심기술 확보를 통한 산업의 고부가 가치화라는 양측의 이해와 이익을 바탕으로 호혜적 협력이 가능했기 때문이다.

우리 정부는 1990년 9월 수교 당시부터 정부 차원의 우선 과제로 대러 과학기술 협력을 추진해 왔다. 한·러 과학기술협력협정(1990년 12월 체결, 1991년 12월 발효)에 따라 한·러 과학기술공동위원회(차관급)가 총 10회 개최되었다. 대표적인 양국 정부 간 협력창구로서 1992년 11월 한·러 경협 관련 부총리급 최고협의체가 발족됐고, 1999년 정상회담을 계기로 기업들의 대러시아 시장진출과 기술협력을 가속화하는 산업협력위원회 등이 있다. 이 협의체는 양국 간 경제협력 증진방안 및 경협 애로 해소방안, 교역·투자·산업·과학기술·에너지 등 분야별 경협현안을 조정하는 역할을 수행해 왔다. 경제공동위원회는 매년 교차 개최되고 있으며, 그 외 자원, 과학기술, 원자력, 산업, 어업 등 분야별 공동위원회가 개최되고 있다.[7] 그렇지만 한국 대표단의 잦은 교체, 우리 정부기관 간 및 국내 기업과의 한·러 협력 사례에 대한 정보 부족으로 협의 이행에 한계점을 이미 드러냈고 이는 실질적인 협력을 이끌어내지 못하는 요인이 되었다.

1990년 수교 이후 여러 기관에서 다양한 형태로 과학기술 협력 프로그램들이 실시되어 왔다. 대체적으로 우리 정부의 대러시아 과학기술 협력 사업은 크게 인력교류와 공동기술개발 사업으로 분류된다. 한·러 과학기술협력협정 체결과 함께 당시 과학기술처 소관으로 항공우주, 에너지, 재료기술, 광기술 및 시베리아 등 5개 연구센터가 설립되어 공동연구개발 사업에 착수했다. 한·러 센터사업은 공동학술 활동을 기반으로 하는 공동연구 수행만으로는 국내에서 긍정적인 평가를 받지 못했다. 무리한 기술 이전 추진이나 잦은 기술조사단 방문, 국내 기업과의 연계 활동은 러시아 측의 상대기관에 부담으로 작용하면서 점차 그 의미가 퇴색되었다. 결국 센터들의 통폐합이 거듭되면서 예산도 삭감되었고 현재는 한·러 과학기술협력센터만이 그 명맥을 유지하고 정부 차원의 한·러 공동연구 사업은 유명무실해졌다. 미국, 유럽 국가들과의 국제 공동연구와 비교해 유독 러시아에 대해서만 평가의 잣대가 엄격하게 적용되어 왔다. 이러한 정책변화는 오히려 국내 연구기관에 대한 러시아 측의 신뢰도 저하를 가져오는 요인이 되었다.

정부 차원의 한·러 과학기술 협력사에서 새로운 장을 연 것은 바로 우주기술 협력 사업이다.[8] 2004년 9월 21일 한·러 우주기술협력협정 체결로 시작된 우주기술 협력사업은 우리나라와 러시아 간 최초의 대형 과학기술 협력 사업이었다. 같은 해 10월 소형위성발사체 기술협력 계약을 체결하고 시스템 설계가 이듬해인 2005년 완료되었다. 그러나 양국 간 기술보호협정 미체결을 이유로 협력이 중단되었고 2006년 보호협정 비준 후 가능할 수 있었으며, 따라서 발사목표 시기를 2008년으로 조정이 불가피했다.

〈그림 6-5〉 고흥 나로호 우주발사체 한·러 협력

출처: 『Sputnik 코리아』, 2017년 3월 30일.

협력체결 후 5년이 경과한 2009년 8월 25일 전남 고흥 나로우주센터에서 나로호 1차 발사가 실시되었다. 그러나 비행과정 중 페어링이 비정상적으로 분리되어 탑재위성이 궤도에 진입하지 못한 절반의 성공에 그치고 말았다. 2012년 2차 발사 당시에는 우리 측이 전담한 2단부 로켓의 추력방향 제어기에서 이상 징후가 발생함으로써 다시 연기됐다. 마침내 2013년 1월에 이르러 탑재 인공위성을 궤도에 진입시키는 모든 절차에 성공하면서 세계 11번째 스페이스클럽 회원국가가 되었다.

〈그림 6-6〉 한국 최초의 우주인 이소연

출처 : 『한국일보』, 2008년 4월 8일.

나로호는 개발계획이 수립된 2002년 이후 10차례의 발사연기와 2차례의 실패를 딛고 3차 발사에 성공하면서 마무리되었다. 우리의 위성을 우리나라에서 발사할 100kg급 인공위성용 발사체(Korea Space Launch Vehicle-1) 및 관련 장비개발을 양국이 공동으로 진행시켰다. 한·러 우주협력은 나로호 발사의 성공과 최초의 우주인 이소연 배출에 큰 의의를 두었지만, 투입자원 대비 미흡한 후속 조치로 협력의 의미를 퇴색시켰다.

이런 성과들에도 불구하고 이제까지 한·러 과학기술 협력 사업은 그 잠재력과 가능성 만큼의 성과를 얻지 못하고 있다. 이유는 무엇보다 기존의 한·러 과학기술 협력 사업이 대부분 소단위의 단기과제 위주로 진행되어 왔기 때문이다. 특히 2000년 이후 빠르게 변화하는 러시아의 산업 환경변화에 부응해서 미국, 인도, 일본, 중국 등은 지속적으로 대규모 협력 사업을 추진하고 있다. 반면 우리는 여전히 연구기관 및 지자체 간 개별 접촉에 의한 단기 위주의 소규모 프로젝트에 한정되고 있다. 당연히 좋은 기술을 발굴할 수 있는 기회가 점점 줄어들 수밖에 없다. 무엇보다도 경쟁국인 중국은 러시아의 원천기술 이전을 위해 테크노파크라는 대규모 프로젝트를 잇달아 추진해 왔음을 반면교사로 삼아야 한다.[9]

또 다른 문제점은 러시아 협력을 담당할 전문가들이 부족하다. 이제까지의 한·러 과학기술 협력은 중앙정부 부처와 지자체의 산하단체를 비롯한 다양한 기관에서 추진되어 왔다. 산만한 협력 채널로 인해 과학기술 협력 사업은 오히려 답보상태에 머물러 있다. 러시아의 독특한 과학기술 시스템, 문화, 언어 등의 차이에 기인한 측면이 있다. 특히 대형 연구사업은 서로 간 탐색전이 지나칠 뿐만 아니라 양국 간 관습의 차이를 극복하지 못하거나 법률적인 지식부족으로 계약단계에 이르지 못하는 경우가 비일비재했다. 중소기업이 협력 사업에 관여할 경우에도 러시아 전문가 부재로 인해 실패경험이 적지 않다. 러시아와의 기술협력 시 전문성이 결여된 기관에서 과학기술 협력을 추진할 경우에 사전정보 조사나 전문정보 부족으로 단순한 기술조사나 단기적·일회적 아이템 위주의 교류 사업에 치중하는 경우도 허다하다.

Ⅳ. 한·러 과학기술 협력 방안 및 전략

21세기 기술전쟁터에서 우리나라의 다수 중소벤처기업은 부분적으로 IT·BT 분야를 제외하면 자체 개발역량과 기술아이템이 고갈되어 있다. 또한 반도체, 가전제품 등 주력수출산업이 3~5년 내 중국 등 후발국의 추격으로 경쟁력이 더욱 약화될 가능성이 높다. 한국의 교육환경이나 인력·기술개발 여력 등에 비추어 볼 때, 우리 힘만으로는 세계시장의 변화에 적응할 만큼 신속한 기술개발을 기대하기 어렵다.

과학기술 역량을 제고시키기 위해서는 자체능력의 확충과 함께 효과적인 아웃소싱의 전략도 동반 추진해야 한다. 특히 해외기술은 이제까지 국내기술 혁신역량 축적과정에서 중요한 원천이었으며, 국내 원천기술의 주요 제공원이기도 했다. 따라서 원천기술 확보를 위한 효율적인 국제협력네트워크 구축이 시급한 과제다.

러시아는 우리나라와는 호혜적 관계로서 상호보완적 산업·과학기술 협력을 추진할 수 있다. 특히 서방으로부터 기술 이전이 거의 불가능한 우주 분야의 기술도 러시아와는 협력이 성사됐다. 러시아 입장에서는 우리나라가 지리적 근접성, 세계 10위권 무역규모의 경제력, 산업화에 숙련된 노동력, IT를 비롯한 첨단산업 인프라와 상품화 기술력, 경제구조의 상호보완성 등 좋은 협력 여건을 구비하고 있어 우리와의 협력에 우호적이고 상업화 기술과 자본투자에 상당한 기대를 걸고 있다. 그러면, 현시점에서 러시아와의 효율적인 과학기술 협력방안은 무엇인가?

1. 컨트롤 타워의 구축

한·러 간 여러 협력채널이 가동되고 있으나 실질적인 의제발굴과 사업추진에서 큰 성과를 거두지 못하고 있다. 무엇보다도 한·러 기술협력을 총괄하면서 전문적인 대러시아 과학기술 협력 창구의 역할을 할 수 있는 컨트롤타워를 구축해야 한다. 왜냐하면 러시아가 공신력 있는 대표기관을 통한 협력을 선호한다는 점 외에도 자체역량이 부족해서 실질적인 대러 협력 사업에 어려움을 겪는 중소기업을 지원하기 위해서다. 또한 컨트롤타워의 실질적 역할은 각 부처, 지자체, 연구기관, 학교, 기업 등에서의 산발적인 접촉 및 실적 등의 정보를 종합할 수 있는 권한과 기능을 보유하는데 있다. 수집·분석된 정보를 바탕으로 러시아와 우리 정부 간 협의 시 실질적이고 구체적인 협력을 지속적으로 유지해 나갈 수 있을 것이다. 가칭 북방외교전략위원회에 과학협력 소위원회를 두어 러시아에 대한 과학기술을 포함한 정책입안과 방향을 제시하는 것이 바람직하다.

2. 국내외 거점의 확충

한국과 러시아 현지에서 능동적인 대처를 위해 여러 개의 과학거점 설립이 바람직하다. 현재 과학기술 분야에서는 모스크바에 한·러 과학기술협력센터가 개설되어 있다. 이 센터는 러시아 전역과 벨라루스 지역을 총괄하면서 현지 기술조사 및 연구기관 알선의 기능을 주로 수행하여 오다가 작년부터 기술사업화에 중점을 두고 있다. 한·러 과학기술협력센터가 광범위한 지역을 총괄함으로써 업무 추진상 효율성이 저하되는 측면이 있다. 푸틴정부의 신동방정책에 부응할 수 있도록 시베리아와 극동지역을 담당하는 극동 거점이 개설되어야 할 것이다. 국내에도 세종국책연구단지 내에 국가과학기술연구회의 대외

협력부 기능을 확대해 한·러 과학기술 협력의 국내거점으로 활용할 필요가 있다. 이곳에서 러시아 현지 센터들과 여러 협력프로젝트를 서로 피드백하면서 추진하는 방안이 효율적이다.

〈그림 6-7〉 극동 거점(블라디보스토크) 추가 구축 제안

출처: www.dokdohistory.com/eng/gnb03/sub04.do?mode=view&page=2&cid=47701

3. 국내 정부출연 연구기관 중심의 공동연구 지원

최근 러시아에서는 대한민국의 중소기업 기술혁신 및 첨단기술 개발에 대한 벤치마킹에 열을 올리고 있다. 러시아가 기술선진국임에는 의심의 여지가 없으나, 천연자원 수출에 의존한 국가경제구조에서의 탈피를 위해 제조업 육성에 노력하고 있는 바, 보유 원천기술의 제품화 기술에 있어서는 대한민국이 앞서고 있다는 것은 자명한 사실이다. 따라서 중국시장에 지나치게 의존하고 있는 국내 중소·중견기업의 활성화와 원천기술 제품화 기술에 목마른 러시아와 실리적인 과학기술 협력이 필요한 시점이다.

과학기술 협력과 동시에 중소기업 진출을 도모하기 위한 방편으로는 국내 이공계 정부출연 연구기관을 활용하는 방안을 들 수 있다. 신정부의 출범과 더

불어 이공계 정부출연 연구기관들은 중소·중견기업 지원 부서를 의무적으로 신설해 그간의 연구 활동에서 얻은 결과물을 국내기업에게 이전하거나 기업의 애로기술 해결을 위한 역할을 해 오고 있다. 즉 모든 연구기관은 관련 연구 분야의 기업들과 네트워크를 구축하고 있으므로 러시아 연구기관과의 공동연구 또는 기술협력 시 러시아 원천기술의 사업화 연계가 매우 용이한 환경을 보유하고 있다고 볼 수 있다. 또한 전자통신, 화학, 소재, 기계, 바이오, 우주항공, 원자력, 환경 등 모든 전문연구 분야의 연구원들이 있으므로 기업이나 지자체에서의 개별적인 접근보다 각 분야의 정부출연 연구기관을 활용해 진행하는 것이 효율적인 방안일 수 있다. 현재 모든 정부출연 연구기관은 앞서 제안한 한·러 과학기술 협력의 국내거점 역할을 수행할 국가과학기술연구회 소속이므로 예산, 정보, 관리 등의 정책적인 부문과 과학기술 협력 및 기업참여·사업화 부문이 보다 유기적으로 이루어져 좋은 성과를 낼 수 있을 것이라고 확신한다.

4. 과학기술 협력 분야의 선택과 집중

미래의 성장산업인 '4차 산업혁명'과 관련된 인공지능, 가상현실, 빅데이타 분석, 사물인터넷 등의 IT 분야와 더불어, 나노기술, 광물자원 개발 및 응용 연구를 우선적으로 진행해야 한다.

(1) IT 분야

러시아의 IT시장은 2020년까지 지속적인 성장이 예상된다. 클라우드 컴퓨팅을 중심으로 한 IT서비스 분야가 가장 높은 성장세를 보이고 있다. 러시아 정부의 적극적인 IT산업 육성책, 인터넷 보급, 스마트폰 및 모바일 거래의 확산, 사물인터넷 기반의 4차 산업 진입이 빠른 성장을 견인하고 있다. 러시아 정부는 IT인프라 구축 펀드에 국내외 투자자들을 끌어들이고 있으며, 이미 국내 전자산업의 기반구축을 위해 앞으로 5년에 걸쳐 약 10억 달러를 투자한다는 계획을 세웠다. IT분야의 경우는 러시아 스콜코보 과학기술혁신센터 내의 테크노파크나 스콜코보 연구소 등을 활용한 협력연구를 통해 스타트업 및 기술기업의 진출을 도모하는 것이 바람직하다.

(2) 광물자원 개발 및 응용

우리나라의 산업 현실에서 간과할 수 없는 부분은 광물자원 개발과 활용기술이다. 반도체, 전자, 자동차 등 대한민국을 견인하고 있는 첨단산업에서 희귀금속은 필수적인 재료이나, 자원 빈국 입장에서 수입에 의존할 수밖에 없다. 산업기반이 되는 자원개발과 활용기술은 중국과 미국을 넘어설 수 있는 초석이 될 수 있다. 나아가서 통일한국 대비 북한자원 활용에도 크게 기여할 수 있고, 남·북·러를 연결할 수 있는 매개체 역할도 할 수 있다.

(3) 나노기술(NT) 분야

나노기술의 광범위한 기반성·원천성은 거의 모든 기술영역에 영향을 미치게 되어 국가 뿐만 아니라 기업 간의 기술경쟁력을 결정할 수 있을 정도에 이르렀다. 러시아는 나노 전자, 공학, 물질(에너지, 우주, 건축용), 바이오 기술과 안보시스템을 우선적인 R&D분야로 지정하고, 나노기술 개발을 위해서는 2017년에만 4억 달러 이상을 투자할 것으로 예상된다.[10] 상기 분야들은 우리나라의 나노기술 발전계획과도 일맥상통할 뿐만 아니라 나노기술은 신소재, IT, 에너지, 바이오, 환경 등 응용범위가 넓어 협력 가능한 연구 테마들이 무궁무진하다.

V. 결론

과거 정부에서 동북아경제협력체 구상을 러시아에 제안했고, 러시아 측에서도 이에 공감을 표시한 바 있었다. 동북아경제협력체 구상은 북핵 폐기를 전제로 러시아가 추진 중인 동시베리아와 극동지역 개발사업에 한국은 자본과 기술, 북한은 노동력 제공을 조건으로 공동 참여하는 내용이었다.

이와 같이 정부 정책의 방향 중 하나로 북한의 개방을 염두에 둔 북방정책이 또다시 관심을 모으고 있다. 북한의 핵·미사일 문제에 대한 미국의 강성개입 가능성과 이에 따른 중국의 견제, 일본의 대륙 진출을 바라보면서 한반도의 평화와 안정은 한국이 스스로 해결해야 할 난제중의 난제다. 스트롱맨 리더들의 틈바구니에서 우리나라가 택할 수 있는 중요한 선택지가 바로 러시아와의 협력이다. 과학기술 분야의 국제협력은 보이지 않는 공공외교의 한 축이다. 과학기술 강국의 재기를 준비 중인 러시아와의 과학기술 협력은 지금이야말로 시의적절하다고 할 것이다.

참고문헌

국가나노기술정책센터, 『러시아의 나노기술 정책 동향』. 2014.
국방기술품질원, 『주요국의 나노기술 개발 및 정책 동향』. 2015.
러시아연방 교육과학부, 『2015년을 겨냥한 러시아연방 나노기술 · 나노신소재 개발 프로그램』. 2006.
러시아연방 교육과학부, 『2015년까지 러시아연방 과학혁신발전 전략』. 2006.
러시아연방 교육과학부, 『2015년 러시아연방 과학기술 발전 및 기술현대화 전략프로그램』. 2007.
신문규, 『러시아 과학기술 정책동향 및 한 · 러 과학기술 협력현황』. 2010.
정대환, 『신성장동력 확충 및 녹색성장 견인을 위한 나노융합산업 육성전략』. 2010.
㈜기술과 가치, 『나노융합 2020 신산업 발전전략 수립 연구』. 2011.
통일연구원, 『한 · 러 정상회담 결과분석』. 2008.
한러과학기술협력센터, 『러 · 한 과학기술 협력 현황과 발전 전망』. 2011.
한러과학기술협력센터, 『러시아 나노기술 동향』. 2012.
통일연구원, 『러시아의 대한국 통일 공공외교 실태』. 2012.
대외경제정책연구원, 『러시아의 과학기술 현황과 스콜코보 혁신센터 조성 계획』. 2013.
한국보건산업진흥원, 『CIS · 러시아 의약품 시장 진출 전략수립 및 정보구축』. 2015.
한국로봇산업진흥원, 『러시아 로봇 신흥시장 시장조사 보고서』. 2015.
한국외국어대학교 러시아연구소, 『2015 RUSSIA REPORT』. 2016.
한러과학기술협력센터, 『러시아 항공우주 기술 동향지』. Vol. 8. 2016.
KOTRA, 『4차 산업혁명시대의 러시아 IT시장: 현황분석 및 한국의 협력방안』. 2016.
KOTRA, 『러시아의 해외투자 동향 및 투자유치 확대를 위한 정책 과제』. 2011.
www.yna.co.kr/news(검색일: 2015.4.27)
http://ria.ru/society(검색일: 2015.9.29)
www.nextdaily.co.kr/news(검색일: 2016.6.10)
www.sciencetimes.co.kr/news(검색일: 2016.12.01)

미주

1) 러시아연방 교육과학부, 『2015년을 겨냥한 러시아연방 나노기술 · 나노신소재 개발 프로그램』, 2006.
2) 러시아연방 교육과학부, 『2015년까지 러시아 연방 과학혁신발전 전략』, 2006.
3) 러시아연방 교육과학부, 『2015년 러시아 연방 과학기술발전 및 기술현대화 전략 프로그램』, 2007.
4) 신문규, 『러시아 과학기술 정책동향 및 한 · 러 과학기술 협력현황』, 2010.
5) 한러과학기술협력센터, 『러시아 나노기술 동향』, 2012.
6) KOTRA, 『4차 산업혁명시대의 러시아 IT시장:현황분석 및 한국의 협력방안』, 2016.
7) 통일연구원, 『러시아의 대한국 통일 공공외교 실태』, 2012.
8) 한러과학기술협력센터, 『러시아 항공우주 기술 동향지』. Vol. 8. 2016.
9) 한러과학기술협력센터, 『러 · 한 과학기술 협력 현황과 발전 전망』, 2011.
10) www.yna.co.kr/news(검색일: 2015.4.27)

제7장

법·제도 신북방전략

– 푸틴 3기의 극동개발 법제와 우리의 전략 –

이태림

요약문

한·러관계를 평가할 때 두 가지 명제가 단골 메뉴로 등장한다. 완벽한 상호보완 관계의 경제구조와 한반도 평화정착·통일과정에서의 러시아 역할이다. 유감스럽게도 그 무궁무진하다는 협력 가능성은 여전히 잠재력 상태로 머물고 있다. 그런데 최근 극동·시베리아 지역이 양국 간 전략적 접점으로 떠오르면서 각별한 관심과 기민한 대응을 요구하고 있다. 푸틴정부는 유럽과의 경제협력 추진상 한계를 인식하고 자국 경제의 아태지역 편입을 통해 러시아의 미래를 새롭게 모색해 보겠다는 의지가 확고해졌다. 러시아의 극동개발정책은 전례 없는 '과감한 개방' 및 '전담기구의 체계화·법제화'에 의한 안정적 투자 플랫폼을 구축했다.

푸틴 대통령은 2012년 5월 3기 출범과 함께 극동개발부를 신설한 후에 극동투자유치청, 극동개발펀드, 극동인력개발청, 극동개발공사 설치 및 선도개발구역법, 블라디보스토크 자유항법 등 연방차원의 법적 기초를 마련했다. 선도개발구역법은 운영주체, 입주사 혜택, 입주 신청절차, 입주계약 해지조건 등을 규정하고, 블라디보스토크 자유항법은 세재혜택, 통관비자, 절차간소화, 외국의료진의 자유항 내 의료활동 허가 등을 규정하고 있다. 2016년 10월 기준 선도개발구역 내 88개 입주사는 제조업 38, 농업 23, 교통 및 물류 13, 관광 7, 자원개발 4, 건설 2, 서비스업 1개이며, 러시아 정부는 약 5억 5천만 달러, 입주기업은 약 85억 달러를 투자를 했고 약 3만개의 일자리를 창출했다. 블라디보스토크항은 연해주 15개 항만과 함께 러시아 최초로 70년간 자유항 지위를 유지한다. 러시아 정부는 홍콩, 싱가포르와 같은 세계적인 자유항이면서 아태지역 물류 중심지로 개발하는 목표를 설정하고 있다.

정책적 제언으로는 첫째, 향후 북한 노동자 활용을 염두에 둔 북·러 국경 인접의 한국 전용공단(또는 농장) 조성이며, 둘째, 연해주의 한국 전용 수산·조선 클러스터 구축, 여기에는 투자를 통한 조업쿼터 취득 방식을 추가한다. 또한 한국에서는 이미 사양 산업인 조선업을 연해주로 그대로 이식시키자는 러시아 측 제안에 대해 진지한 검토가 필요하다. 셋째, 러시아의 3통사업(송전망·가스·철도) 추진 의지를 통일인프라로 활용하는 방안 등이다.

Ⅰ. 서 론

한국은 1990년 9월 소련에 이어 2년 뒤에 중국과 수교했다. 한·러관계를 평가할 때 수교 초기부터 반복되는 두 가지 명제와 같은 것이 있다. 첫 번째는 '양국의 경제구조는 완벽한 상호보완 관계로 협력 잠재력이 무궁무진하다'는 것이고, 두 번째는 '한반도 평화정착과 통일을 이루는데 러시아의 역할이 지대하다'는 것이다. 이것은 수교 27년간 양국 간 여러 논의의 장에서 단골메뉴로 등장했고, 그 무궁무진하다는 협력 가능성은 현재까지 여전히 잠재력 상태로 머물고 있다. 여기에는 두 나라의 대내적 상황과 객관적인 환경 등 여러 요인들이 있겠으나, 근본적인 한계는 양국의 전략적 이해가 만나는 접점이 무언가 빈약했다는 점이 지적되고 있다.

그런데 최근 극동지역이 바로 전략적 접점으로 떠오르면서, 이제 우리의 각별한 관심과 기민한 대응을 요구하고 있다. 한국경제의 신성장동력으로 기대되어 왔던 '북방경제' 추진이라는 측면에서, 또 통일준비와 통일과정의 관리 측면에서, 이 지역은 지정학적 의미가 지대한 것으로 평가된다. 극동이 러시아 정부의 적극적 개방정책에 의해 급속히 재편되고 주변국들이 발빠르게 움직이는 상황에서 한국의 극동지역 개발참여는 더 이상 미룰 수 없는 시대적 과제로 다가왔다.

극동지역은 우리에게 연해주로만 인식되는 경향이 있으나 러시아 행정상 9개 주의 621만 5천km^2, 즉 남한 영토의 70배에 달하는 지역이다. 이 광활한 영토가 간직하고 있는 풍부한 지하자원에 비해 고작 인구 6백 20만 명(2015년 기준)이 살고 있다는 것이 러시아에게는 딜레마이지만, 이웃 나라인 대한민국에는 기회의 땅인 셈이다.

극동지역의 경제 상황은 소련 붕괴 이후 생산력이 급속히 떨어지고 지난 4반세기 동안 악화일로를 걷고 있다. 이는 소련시대의 중앙통제시스템이 무너지면서 모든 생산이 일제히 중단된 상황을 맞았기 때문이다. 특히 농업 분야에서는 콜호즈라는 집단생산 단위가 해체된 후, 새로운 농업경영시스템이 구축되지 못한 채 장기간 방치돼 왔다. 게다가 연방정부의 개발 우선순위도 서부지역에 밀리면서 낙후된 물류 인프라로 인한 높은 물가, 낮은 인구밀도로 인한 사회간접자본 후순위 배정 등 악순환의 수렁 속에 인구유출이 불가피했다.

반면 중국인들의 인구유입이 가속화되면서 극동지역이 중국 땅이 될지도 모른다는 우려가 대두되기도 했다. 이런 상황하에서 극동지역은 러시아 정부 입장에서는 수세적으로 지켜내야 하는 지역으로 간주되어 왔고, 이와 관련해 주로 시도한 방식은 연방예산을 쏟아부어 대형 인프라사업들을 일으키는 것이었으나 빈번히 한계에 봉착했다.

한편 러시아는 최근 몇 년간 국제정세의 소용돌이 속에서 유럽과의 경제협력 추진상 한계를 인식하게 되었다. 지나친 유럽 편중 및 높은 자원 의존도는 러시아 경제구조의 리스크를 심각하게 반성하는 계기가 되었다. 그리고 자국경제의 아태지역 편입을 통해 러시아의 미래를 새롭게 모색해 보겠다는 의지가 확고해 지면서, 러시아 정부의 정책방향이 적극적 개방에 의한 극동개발쪽으로 선회하게 된 것이다.

사실 극동개발이 러시아 정부의 국정과제로 상정된 것은 어제오늘 일은 아니다. 그러나 지금 추진중인 극동개발정책은 '과감한 개방' 뿐만 아니라 '전담기구들의 체계화'와 '법제화에 의한 안정적 투자플랫폼 구축' 등 제도화에 있다.

II. 본 론

1. 극동개발 전담기구 체계화

푸틴 대통령은 2012년 5월 집권 3기 출범과 동시에 '극동개발부'라는 특정 지역 개발을 전담하는 연방부처를 신설했다. 이사예브 극동전권대표가 초대 극동개발부 장관을 겸임하다가 2013년에 30대 신진관료인 갈루쉬카가 임명되었다.[1]

갈루쉬카 장관은 취임 5년을 맞이하면서 당초 계획했던 산하 기관들의 설립을 차질없이 마무리하고 있다. 극동투자유치청, 극동개발펀드, 극동인력개발청, 극동개발공사가 그 대표적인 기관들이다.

〈그림 7-1〉 러시아 극동투자유치 관련 기구

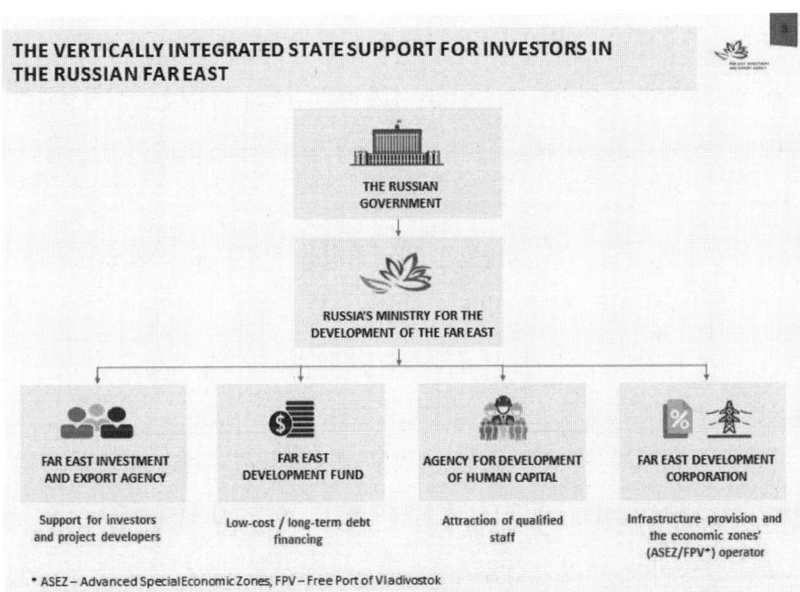

출처: 극동투자유치청 제공

이 중에 극동투자유치수출지원청과 극동인력개발청은 극동개발부가 설립자이다. 극동투자유치수출지원청(이하 극동투자유치청)[2]은 장기간 준비기간을 거쳐 2016년 8월에 정식 출범했다. 이 기관은 극동지역 투자유치를 위해 투자자들을 직접 면담하기도 하고, 투자희망 기업들에 대한 컨설팅 등 정부차원의 종합투자컨설팅 창구 역할을 자임하고 있다. 주목할 점은 2017년 2월 부임한 신임 청장 레오니드 피투호프나 2016년부터 한국 업무를 맡아 수차례 방한한 알렉세이 미네예브 국장 등 주요 간부들이 미국에서 MBA과정을 이수하고 세계은행(World Bank)이나 글로벌 컨설팅 회사 또는 다국적 로펌에 근무한 경력자들이라는 점이다. 물론 유수한 투자은행이나 다국적 컨설팅사 출신의 젊은 전문가들이 러시아 정부 관료로 변신한 것은 새로운 현상은 아니다.

극동인력개발청[3]은 산업현장 이탈 및 노동력 유출 문제를 동시에 노정해온 극동지역에서 필수적인 조직이다. 향후 산업 유치과정에서 발생할 수 있는 기업현장의 인력수급 문제 등 개별 사안에서 부터 연방정부 차원의 인구이주정책 수립·집행에 이르는 다양한 기능을 수행한다.

극동개발공사[4]는 극동개발부가 대주주로서 선도개발구역과 자유항으로 지정된 경제특구를 운영하는 회사이다. 선도개발구역과 자유항으로 선정된 지역에 자회사를 두고 있는데, 그 자회사가 해당 구역의 운영회사 역할을 대행한다.

극동개발펀드[5]는 극동개발관련 자금지원을 목적으로 대외경제은행이 100% 출자해서 설립한 재단이다. 이 펀드는 꼭 필요한 사업이지만 민간투자자의 100% 투자를 주저하는 대규모 사업들에 대해 마중물 역할을 수행한다. 2016년부터 투자사업을 선정해 집행하고 있다.

일본은 이미 이러한 기관들과의 실질적 협력 모델을 상당히 구체화시키고 있다. 아베정부는 현재 러시아와의 경협을 정부 차원에서 체계적이고 전략적으로 추진 중이다. 대러 경협을 전담하는 중앙부처를 신설하고 이를 현 경제부 장관이 겸임토록 했다. 그리고 러시아와 일본 기업들의 극동 진출을 조직적으로 지원하는 소위 투자지원장치(PSM: Project Support Mechanism)를 구축토록 독려해 왔다. 2016년 12월 일본국제협력은행(JBIC)과 극동개발펀드, 극동투자유치청 간 PSM 구축을 전담하는 러·일 합작법인 설립 기본조건(term sheet)에 대한 서명식을 가졌다.[b] 이후 각 산업 분야별 전담 자문팀 구성도 준비 중이다.

극동개발펀드의 홈페이지에 게재된 법령관련 자료들을 보면 주목되는 점은 자료 중 일부가 영어도 아닌 일본어로 번역 수록돼 있다. 이는 러·일 간 극동개발 협력이 얼마나 심도있게 진행되고 있는지 보여주는 단적인 예이다.

우리 정부와 기업들도 이러한 기관들과 보다 적극적인 접촉을 통해 한·러 간 협력 방식을 구체화하는 것이 시급하다.

2. 극동 투자플랫폼 육성 및 투자보장법

최근의 극동정책이 기존 방식과 다른 점은 과거에는 러시아 정부가 주로 개발프로그램에 자체 예산을 배정하는 식이었으나, 지금은 연방법으로 투자환경 개선책을 구체적으로 보장하고 장기적인 산업투자의 플랫폼을 구성하는 것이다. 그리고 그 입법과정이 2014~2015년간 일사천리로 진행되었다는 점에서는 러시아의 절박감 마저 느껴진다. 대표적인 2개의 연방법이 선도개발구역법과 블라디보스토크 자유항법이다. 이 신규 입법이 투자자를 일방적으로 보호하고 과도한 특혜를 제공한다는 비판의 목소리가 러시아 지식층 사이에 제기될 정도로 획기적인 내용을 담고 있다. 그러면 극동 투자 기업들에게 러시아 정부가 제공하고자 하는 혜택과 투자보장 조건은 어떠한 것이 있는가.

(1) 선도사회경제개발구역에 관한 연방법

푸틴 대통령은 2013년 12월 국정연설에서 '21세기 러시아의 국가적 우선

과제 중 하나는 극동지역 개발'이라고 선언했다. 곧이어 러시아 정부는 극동지역의 투자 유치에 우호적인 환경을 조성하고 이 지역의 사회경제 발전을 촉진시키기 위한 소위 특단의 조치를 단행했다. 이것이 2015년 3월 30일 자로 시행된 선도사회경제개발구역(이하 선도개발구역)에 관한 연방법이다. 선도개발구역은 일종의 경제특구로 그 지정 기간은 70년이며 운영기간 연장이 가능하다고 연방법에 명시되어 있다. 러시아 정부는 2017년 3월 11일 연해주 파르티잔스키 구에 네프쩨히미체스키 선도개발구역 설립을 승인함으로써 현재 극동지역에 15개의 선도개발구역이 지정되었다.

(가) 운영주체

선도개발구역의 운영주체는 감독위원회, 연방권한기관, 운영회사 등 이다.

(a) 감독위원회(Supervisory Board)

감독위원회는 선도개발구역 설립 관련 협약 이행에 대한 전반적인 조율과 감독업무를 전담한다. 감독위원회에는 연방권한기관, 극동지역 행정기관, 지자체 및 운영회사 대표 뿐만 아니라 노동조합, 기업 대표들도 포함되며, 이들은 외국인 노동쿼터 결정에 참여할 권리를 갖는다. 극동개발부령 제36569호는 선도개발구역 감독위원회의 권한을 다음과 같이 규정하고 있다. ① 선도개발구역 내 활동 및 선도개발구역 협약 이행 관리감독 ② 투자자 및 입주기업과 프로젝트 이행 조정 및 관리 ③ 선도개발구역 기능의 효율성 평가 ④ 유망개발계획 검토 및 승인 ⑤ 해당 계획 이행여부 관리감독 ⑥ 선도개발구역 내 외국인 노동자비율(쿼터) 지정 등이다.

(b) 연방권한기관

러시아 정부령 287호 제1조는 극동연방관구에 설치되는 선도개발구역업무를 담당하는 연방기관은 극동개발부 임을 규정하고 있다. 연방권한기관(극동개발부)의 우선적 역할은 선도개발구역 내 운영회사와 그 자회사의 활동과 입주기업의 활동을 관리·감독하는 것이며, 이외에도 건설허가, 부지용도 전환 승인, 도시계획, 교육기관 승인, 의료기관 활동 허가 등도 담당한다. 연방권한기관의 기능에 대해 선도개발구역법 제7조는 다음과 같이 규정하고 있다. ① 선도개발구역 인프라 시설의 건설, 시공검증, 재건축, 수리허가 발급(단, 러시아 연방 도시건설법 제6조 5항에 명시된 시설은 제외) ② 선도개발구역 내 토지계획 확인, 선도개발구역 내 건설을 위한 토지계획 관련 서류 확인, 러시아 연방 도시건설법 규정에 따른 건설 감독 ③ 선도개발구역 도시계획 승인 ④ 입주기업 등록 절차, 입주기업 등록에 필수정보 승인 및 조세기관, 지방정부기관, 고용주세 납부 관리기관 등을 포함한 선도개발구역 입주기업 증명서류 제출 절차 승인 ⑤ 입주기업의 선도개발구역 내 활동에 관한 약정이행 관리감독 ⑥ 운영회사 및 그 자회사 활동 감독 ⑦ 선도개발구역 부지 내 토지 제공 ⑧ 토지 확보 및 수용 ⑨ 인프라 시설 구축을 위한 토지 관련 지역권 설정 ⑩ 동 연방법에 규정된 여타 권한 등이다.

(c) 운영회사(Managing Company)

극동개발공사는 선도개발구역 관리와 운영을 담당하는 운영회사이며, 100% 지분을 극동개발부가 소유한다고 러시아 정부령 제432호는 규정하고 있다. 극동개발공사 주주총회에서는 극동개발부가 전권을 행사하고, 주주총회 결과 또는 결정은 극동개발부령 형식으로 발표한다. 운영회사는 각 선도개발구역에 자회사를 설립하고 활동을 위임할 수 있는데, 운영회사는 항상 자회사의 51% 이상 지분을 취득하고 있어야 한다. 운영회사는 선도개발구역 입주기업들을 위한 소위 원 스톱 서비스(one stop service) 창구 및 단위 행정기구이며, 주된 업무는 다음과 같다. ① 선도개발구역 내의 인프라(교통, 전력, 가스, 난방, 수도, 하수) 시설 구축 ② 운영 입주사와의 입주협약 체결 및 입주사 등록 ③ 입주사의 기업활동을 위한 법률·회계·관세 업무와 같은 공공서비스 제공 등이다.

이외에도 입주사의 권리와 합법적인 이익에 대해 행정적 또는 다른 대관 관계에서 발생한 소송에 대해 입주사의 요청이 있을 경우에, 운영회사는 입주사의 이익을 법원에서 대리하고 보호할 수 있는 권리를 가진다. 이러한 규정은 투자자 이익을 최대한 보호하기 위한 다분히 파격적인 시도라고 극동개발부측이 강조하고 있다.

(나) 입주사 혜택

러시아 정부는 그동안 여러 경제특구를 지정하고 행정절차 간소화 및 조세 혜택 등을 제공해 왔지만, 선도개발구역이 기존의 경제특구보다 입주기업에 더 많은 혜택을 제공하고 있음을 강조하고 있다. 첫째, 세제혜택과 인프라 제공이다. 현행 20%의 법인세는 최초 이익이 발생한 시점부터 처음 5년간 0~5% 미만의 세율이 적용되며 5년 경과 이후 5년은 10~20% 이하의 세율이 적용된다. 고용주가 부담하는 현행 30%의 세율인 사회보장세는 입주 등록일로부터 10년간 7.6%의 세율을 적용하고 지역에 따라 토지세(3년) 및 재산세(기한은 별도로 규정)가 최대 0%로 인하된 세율이 적용된다. 3~4개월 소요되던 부가가치세 환급기간도 10일 내 완료되도록 그 절차를 간소화했다. 필요한 인프라는 연방정부가 연방 예산으로 구축한다.

둘째, 정부 관리감독의 완화와 행정절차의 신속화이다. 선도개발구역법은 선도개발구역 입주사에 대한 정기 감사의 경우 15일(영업일 기준)을 초과할 수 없으며 비정기 감사의 경우는 5일(영업일 기준)을 초과할 수 없다. 특히 입주사에 대한 (특별세무조사와 같은) 비정기 감사를 시행하려면 연방권한기관(극동개발부)의 동의를 얻어야 한다. 극동개발부는 이 규정이 입주기업에 대한 부당한 행정 간섭의 차단을 보장하고 있음을 특별히 강조하며 홍보하고 있다.

〈그림 7-2〉 극동러시아 선도개발구역

출처: www.investvostok.ru 자료, KOTRA 블라디보스토크 무역관 편집, http://blog.naver.com/chodangg123/220985093977

(다) 선도개발구역 입주 신청절차

선도개발구역 입주를 희망하는 개인사업자나 법인은 입주계약을 체결하기 위해 운영회사(극동개발공사)에 기업활동에 관한 계약신청서(이하 신청서)를 제출해야 한다.

신청서 명기사항과 제출서류는 다음과 같다. 첫째, 신청서 명기사항으로는 ① 선도개발구역 내 신청인의 경제활동 유형 ② 경제활동에 필요한 토지 규모 ③ 신청인의 사업에 필요한 전력량 및 기타 자원(난방, 수도, 가스공급) 규모 ④ 기업활동에 관한 입주계약 체결기간 등이다. 둘째, 제출서류는 ① 법인 설립서류 사본 ② 사업계획안(양식 근거) ③ 법인 또는 개인사업자 등기부등본(외국법인의 경우 러시아어 번역 공증본 제출) ④ 사업자등록증 사본 등이다.

운영회사는 입주희망 개인사업자·법인의 신청서·구비서류 접수 후 15일 내에 검토한다. 입주계약을 체결하는 경우, 운영회사가 입주신청사에게 검토 결과를 통지한 후 10일 내에 입주계약을 체결하게 되지만, 다음과 같은 사항에 해당될 경우에는 입주계약 체결이 거부된다. ① 필요 서류를 모두 제출하지 않는 경우 ② 신청자가 요청한 토지가 이미 다른 입주사에 제공된 경우 ③ 선도개발구역 내 사용 가능한 부지가 없는 경우 ④ 선도개발구역의 경제활동 유형과 신청자가 계획하는 기업활동이 적합하지 않는 경우 ⑤ 최소 투자금액(50만 루블) 이하의 금액을 설정하여 신청한 경우 ⑥ 신청서 및 비즈니스 플랜이 연방권한기관에서 규정한 기준에 부합하지 않는 경우 ⑦ 입주 신청사가 러시아 법상 파산신고를 했거나 또는 기업변경 및 청산절차에 있는 경우 ⑧ 입주 신청사의 세금 미납금이 전년 기준 총자산의 25%를 넘는 경우이다.

다만 기존의 경제특구에 입주하여 러시아 세법상 혜택을 받고 있는 기업은 (예를 들어 경제특구 입주기업) 선도개발구역 내 입주가 불가하며 선도개발구역 입주기업은 선도개발구역 이외의 지역에 지점 및 대표사무소를 설립할 수 없다.

(라) 입주계약 해지조건

입주계약의 해지는 쌍방의 합의 또는 협약 사항에 반하는 중대한 위반을 했을 경우에 법원의 판결을 통해 가능하다. 중대한 위반에 해당되는 사항으로는 ① 입주계약 체결 후 24개월 이내에 계약사항을 이행하지 않을 경우 ② 입주사의 사업계획안에 명시된 문서를 제출하지 않는 경우 ③ 입주계약에 명시된 금액 및 기한 내에 자본을 투자하지 않는 경우 ④ 선도개발구역 이외의 지역에 입주사의 지점 또는 대표사무소가 있는 경우 등이다.

(마) 현황

2016년 10월 기준 극동지역 13곳[7]에 지정된 선도개발구역 내 입주한 88개 입주사를 분야별로 살펴보면, 제조업 38, 농업 23, 교통 및 물류 13, 관광 7, 자원개발 4, 건설 2, 서비스업 1개사가 있다. 선도개발구역에 러시아 정부는 약 5억 5천만 달러, 입주기업은 약 85억 달러 규모를 투자했고 약 3만개의 일자리를 창출했다. 특히 극동개발공사는 선도개발구역 내 세계적 경험과 선진 사례를 활용하기 위해 일본의 노무라연구소와 함께 2017년 상반기까지 선도 개발구역의 기본적인 계획 및 추진 방안에 관한 마스터플랜을 수립하고 지역적 특성에 대한 보다 정밀한 분석 작업과 지역의 요구사항을 반영할 예정이라고 밝혔다.

〈표 7-1〉 년도별 선도개발구역 현황

구분	2014년 12월	2015년 12월	2016년 12월
지정된 선도개발구역 숫자	0	9	13
선도개발구역 입주신청서 수	0	90	184
민간투자액 (단위=10억 루블)	0	304	538
신규 일자리 수	0	8,500	31,300

출처: 극동개발부 제공

선도개발구역에 관한 연방법[8]의 구체적 내용을 살펴보면, 전 세계의 어떤 경제특구보다 파격적인 조건을 제시하고 있다는 러시아 관료의 주장에 어느 정도 동의할 수 있다. 여러 세제혜택 이외에도 예측불허했던 부가세 환급 기한을 10일로 법에 규정한 것이나, 극동개발부의 동의 없이는 특별세무조사가 불가능하도록 한 조항 등은 그동안 기업하기 나쁜 환경이라는 러시아 이미지를 씻기 위한 다분히 파격적인 노력으로 보인다. 게다가 까다로운 발급절차를 밟아야 했던 외국인 노동비자를 선도개발구역 입주기업에 대해 무제한으로 발급하겠다는 규정은 산업 유치를 통해 극동지역을 빠르게 성장시키겠다는 러시아 측의 절실함마저 느껴진다.

2017년 1월 현재 지정해 놓은 13개 선도개발구역의 인프라 구축을 위해 연방예산이 배정되어 있고, 입주절차도 간소화되어 극동개발공사의 홈페이지를 통해 입주 신청서를 제출하면 극동개발공사 측에서 직접 연락이 와서 협의에 착수한다. 관료들을 별도 접촉하는 단계나 관련비용을 최소화하도록 법으로 규정해 놓은 상태이다. 물론 희망기업이 모두 입주할 수 있는 것은 아니고 혜택을 누릴 만한 가치가 있는 즉, 선도개발구역의 취지에 맞는 업종인지 여부에 대해 심사하는 단계는 있다. 선도개발구역에 입주하기 위한 최소 투자금은 50만 루블[9]이다.

〈그림 7-3〉 선도개발지역 유기농시설(좌), 콤소몰-나아무르 선도개발구역(우)

출처: http://img-news.dvhab.ru/id/vnovostiadd_files/big4661229486x922.jpg(좌)
http://old.amurpress.ru/2013/2015_go/diul22863x922.jpg(우)

(2) 블라디보스토크 자유항법

2014년 12월 푸틴 대통령이 의회연설에서 블라디보스토크 자유항 프로젝트를 제안한 후, 법적 근거 마련을 위해 극동개발부 주도로 본 법안이 준비되었다.

블라디보스토크 자유항 지정에 관한 연방법(이하 자유항법)은 2015년 10월 12일 발효되었다. 블라디보스토크항은 러시아에서 처음으로 자유항 지위를 획득하게 되었고 향후 70년간 그 지위를 유지할 수 있다. 러시아 정부는 투자자 권리에 대한 최대한의 보호와 최소한의 규제를 보장하는 법이라고 자평하고 있다. 이 법이 러시아 극동 항만지역의 투자와 개발에 새로운 전기를 마련해 줄 것인지에 대해 주목받고 있다.

러시아 정부는 군사기지로 묶어두었던 블라디보스토크를 개방해 사람과 물류의 집산지로 만들어 극동개발의 거점으로 삼겠다는 것과 북극항로 개발의 전초사업이라는 차원에서 이 자유항 사업에 상당한 비중을 두고 있다. 한편 중국도 일대일로의 일환으로 태평양으로 진출해야 하는 입장에서 지대한 관심을 보이면서 여러 협력 프로젝트를 적극적으로 내놓고 있다. 러시아 측도 서방의 경제제재하에서 이러한 중국의 제안에 긍정적으로 화답하고 있다는 사실은 우리를 긴장시키기에 충분하다.

블라디보스토크 자유항 프로젝트는 블라디보스토크항을 비롯해 연해주 남부의 자루비노항부터 나호트카항에 이르는 연해주 15개 항만지역을 포함한다. 러시아 정부는 이 지역을 홍콩, 싱가포르 등과 유사한 세계적인 자유항이면서 아태지역 물류 중심지로 개발하고, 인구유입을 통해 해당지역의 경제 규모를 확대시킨다는 목표를 설정해 놓고 있다. 자유항법상 대표적인 조치들은 아래와 같다.

(가) 세제 혜택

① 향후 5년간 연방 소득세·재산세·부동산세 면제(자유항 입주자, 세법상 거주자에게 소득활동 개시 후 첫 5년간 지방 소득세는 최대 5% 그 후 5년간 12% 선에서 징수, 현행 세법에 의한 지방 소득세율은 18%) ② 7.6% 사회보장세(법안 발효 후 3년) ③ 부가가치세(VAT) 환급절차 소요기간 10일 등이다.

(나) 통관 및 비자 절차 간소화

① 입항 시 8일내 비자 현장발급 ② 국경 통제 및 검문통과 등에 필요한 각종 절차 창구를 단일화(simple window)하고, 검역 및 기술표준 규정 절차 간소화 ③ 블라디보스토크 자유항 지역에 적용되는 자유관세지역 통관 절차는 경제특구에 적용 되는 절차와 동일하다(동법 23조).

(다) 외국 의사의 자유항 내 의료활동 허가

블라디보스토크 자유항이 특별히 관심을 받는 또 다른 부분은 외국 면허 의료진의 의료활동을 허가하는 근거 조항을 17조 2항에 마련해 놓았다는 데 있다.

블라디보스토크 자유항 지역 내 의료활동 수행의 특징(17조) 제1항은 '동 조항에 다른 규정이 있는 경우를 제외하고는 러시아 내 국민 건강 보호의 기초에 관한 연방법(2011년 11월 21일자, №323-FZ)에 따라 의료기관들은 블라디보스토크 자유항 지역 내에서 의료활동을 수행한다'이며, 제2항은 '러시아 연방 정부는 블라디보스토크 자유항 지역 내 외국에서 의료 교육을 이수한 자의 의료활동에 대한 특별 허가, 블라디보스토크 자유항 입주자의 의료활동에 대한 면허 발급 및 블라디보스토크 자유항 지역 내 외국인에 대한 의료지원 규정을 승인할(입안할) 권리를 가진다'이다.

즉 동법 제17조는 외국에서 의료 교육을 이수한 자도 자유항 내에서 의료행위를 할 수 있도록 허가하는 규정을 정부령으로 마련할 수 있도록 하고 있다. 여기에 근거하여 2016년 러시아 극동개발부는 외국의료인프라를 블라디보스토크 자유항 내에 조성하기 위해 OECD 회원국의 외국의료기관이 자유항에 입주하는 경우 외국의료기관은 러시아법의 적용을 받지 않고 의료기관의 자국법 적용을 받는다는 골자의 시행령을 극동개발부가 마련해 제출했으나 부처 간 이견으로 통과되지 못했다. 그 대신 극동개발부는 '스콜코보 국제의료클러스터법'[10]에서 제공하는 혜택을 블라디보스토크 자유항 지대에도 적용하는 쪽으로 선회하며 자유항법의 개정안을 마련했고 현재 의회 통과를 준비하고 있는데, 이 역시 행정·기술적 문제들에 대한 이견으로 난항을 겪고 있다.

그러나 한국과의 협력을 통해 자국의 의료 서비스 수준을 개선하고자 하는 러시아 정부의 관심이 많으며, 2016년 9월 제2차 동방경제포럼에서 체결된 한·러 간 보건의료협력에 관한 MOU에 근거해 2017년 2월 서울에서 양국 실무그룹 회의도 개최되었다. 다만 극동개발부 측도 유사한 의료 개방의 선진 사례를 찾아 벤치마킹하고 있으나 의료 서비스 분야의 풍부한 경험을 가진 한국 전문가들의 협조를 필요로 한다. 러시아 측의 관련제도가 준비되면 진출을 고려한다는 입장보다는, 보다 잦은 정례 교류와 긴밀한 실무 협의를 거쳐 러시아 측에 적극적인 도움을 주면서 한국에도 익숙한 제도를 러시아에 구축하는 접근법이 바람직할 것으로 보인다.

〈표 7-2〉 선도개발구역과 자유항 지대 비교

구분	선도개발구역	자유항 지대
유효 기간	기본 70년이며, 정부령으로 연장 가능	
상위 기관	극동개발부	
투자자 유치 기준	o 각 구역별 특성에 맞게 러시아 정부령에 따라 다르게 규정함 o 최소 투자금액: 50만 루블	o 구역별 특성화 기준은 따로 두지 않음
입주기업에 대한 기본 요구사항	구역 내에 법인 등록 필수	
요구사항	o 선도개발구역(TOR) 입주기업은 TOR 외부에 지점이나 대표사무소를 둘 수 없음 o 지역투자 프로젝트 참여기업의 지위를 이미 확보한 기관은 TOR에 입주할 수 없음	o 경제특구나 TOR 입주기업 그리고 지역투자프로젝트 참여기업의 지위를 부여 받은 기관은 자유항에 입주할 수 없음
인프라 구축 보장	인프라 구축은 정부 예산으로 보장함	인프라 구축은 보장되지 않음
40일 내 건설 허가 발급	해당됨	해당됨
면세구역	해당됨	해당됨
비정기 감사	극동개발부 허가에 의해서만 가능	극동개발부 허가에 의해서만 가능
운영회사의 입주기업 소송 참여[11]	가능	가능

갈루쉬카 장관은 2015년 11월 방한해 모 일간지와 인터뷰[12]를 통해 한국과의 협력에 적지 않는 기대감을 나타냈다. 갈루쉬카 장관은 "한국 의사들이 한

국 면허를 가지고 러시아 극동지역에서 병원을 짓고 환자를 진료할 수 있다. 한국의 발전된 의료 서비스에 대한 러시아인들의 관심이 매우 높아 극동 러시아는 한국 병원에 새로운 기회의 땅이 될 것이다. 지난해 한국을 방문한 러시아인 23만 5300명 가운데 의료 목적으로 온 사람이 3만 1800명(14%)에 달하며 그들의 지출액만 해도 1억 달러(1157억 원)를 넘는다. (중략) 러시아 중산층은 수준 높은 한국 병원의 의료 서비스를 러시아 내에서 받기를 원한다"고 밝혔다.

〈표 7-3〉 일반지역과 경제특구와의 세제 비교

<table>
<tr><th colspan="2">구분</th><th colspan="2">일반지역</th><th>특별경제구역
(SEZ)</th><th colspan="2">선도개발구역(ASEZ) 및
블라디보스토크 자유항</th></tr>
<tr><td colspan="2">사회보장세
(Social insurance taxes)</td><td colspan="2">30%</td><td>26%</td><td>10년간 7.6%</td><td></td></tr>
<tr><td rowspan="2">법인이윤세
(Income tax)</td><td>연방예산</td><td colspan="2">2%</td><td>최소 5년간
0%</td><td>5년간 0%</td><td></td></tr>
<tr><td>지방예산</td><td colspan="2">18%</td><td>~13.5%</td><td>5%
10% 이상</td><td>1~5년간
6~10년간</td></tr>
<tr><td colspan="2">재산세 (Property tax)</td><td colspan="2">~ 2.2%</td><td>10년간 0%</td><td>5년간 0%</td><td></td></tr>
<tr><td colspan="2">토지세 (Land tax)</td><td colspan="2">0.3 ~ 1.5%</td><td>5년간 0%</td><td>5년간 0%</td><td></td></tr>
<tr><td colspan="2">부가세 (VAT)</td><td colspan="2">18%</td><td>0%
(SEZ 항구
제외)</td><td>신속히
환급 가능
(Accelerated
VAT refund)</td><td></td></tr>
<tr><td colspan="2" rowspan="2">광물추출세
(Mineral extraction tax)</td><td>종가세율</td><td>고정세율</td><td></td><td colspan="2">10년간 ~ 0.8%</td></tr>
<tr><td>11 ~ 919
루블
(1t 당)</td><td>~ 8%</td><td></td><td>0%
0.2%
0.4%
0.6%
0.8%</td><td>1~2년간
2~4년간
4~6년간
6~8년간
8~10년간</td></tr>
</table>

출처: 러시아 극동개발부 제공(주1 : 기간은 SEZ별로 상이)

III. 실천적 제언

극동투자유치청의 2017년 2월 자료에 의하면, 극동 선도개발구역 입주기업은 118개, 자유항 입주기업은 143개로 집계되었다. 2015년 동일 시기에는 모두 0(제로)였던 것과 비교할 때 빠른 증가세임을 확인할 수 있다. 즉 앞서 소개한 극동개발 관련 일련의 법제가 투자자들에게 긍정적인 평가를 받고 있다고 보아도 무방할 듯하다. 그러면 우리는 이러한 러시아의 신제도를 활용해 우선적으로 무엇을 할 수 있는가. 일본과 중국은 이미 극동이라는 미개척 경제영토를 두고 선점 경쟁을 벌이고 있다. 후발주자인 우리로서는 그들이 이미 진행한 것부터 잘 연구할 필요가 있다. 극동투자유치청은 성공적인 아시아국가들(주로 일본과 중국)의 투자사례를 소개했다.

〈표 7-4〉 아시아계 극동투자자 성공사례

구분	S Technology Ltd	Sayuri Ltd	JGC Evergreen Ltd	Amurskaya lesopromyshlennaya kompaniya Ltd
투자액	16억 루블 (약 315억)	13억 루블 (약 255억)	5억 루블 (약 100억)	2억 루블 (약 40억)
업종	시멘트 클링커 제조공정	채소 및 녹색채소 재배용 연중 온실하우스	연중 온실하우스	베니어 합판 및 판재 생산
위치	아무르주 베레조프카마을	사하(야쿠티아) 공화국 야쿠츠크시	하바롭스크주 하바롭스크시	하바롭스크주 아무르스크시
인력	150명	50명	50명	650명
투자자	Sirius Holding Group(중국)	Hokkaido Corporation(일본)	JGC Corporation(일본)	China Investment Corporation(중국)
가동여부	2016년부 가동 중	2016년부 가동 중	2016년부 가동 중	2016년부 가동 중

출처: 극동투자유치청 제공

이 중에 일본의 농업 진출이 우선 눈에 띈다. 실제 2017년 2월 방한한 극동개발부 장관 수석 정책보좌관은 일본기업 JGC의 하바롭스크 온실하우스 사업이 러시아 전역에 크게 홍보되어 일본에 대한 긍정적인 이미지를 형성하는데 기여했다고 전했다. 그러나 중국이 상대적으로 극동 농업 진출에 유보적인 것으로 폄하해서는 안 된다. 이미 중국은 러시아와 극동 농업개발을 위한 대규모 농업펀드를 출범시켰다.

극동개발펀드가 중·러 간 농업협력펀드의 러시아 측 주관사 역할을 수행하고 있고, 2016년 4월에 주주 간 계약이 체결될 정도로 구체화 되었으며 그 규모가 11조 원에 달한다.

러시아 정부는 연해주의 5성급 호텔 건설, 수력발전 사업 협력을 넘어 물류와 농업 분야에서도 중국과의 전면적인 협력 모양새를 취해가고 있다. 이러한 러시아 정부의 실용적이고 재빠른 조치들은 그간 러시아 측의 대중국 신중모드를 감안할 때 사뭇 놀랍기까지 하다.

갈루쉬카 장관도 앞서 언급한 인터뷰에서 한·러 간 농업 분야의 협력 필요성을 피력한 바 있다. 그는 이어 "한국 기업이 투자할 경우 러시아 인력뿐만 아니라 개성공단처럼 북한 노동력도 활용할 수 있다. 이는 통일에 대비한 식량 확보와 남북 간 협력에도 도움이 될 것"이라고 한 부분은 우리의 전략적인 모색을 요구하는 대목이다.

이미 여러 언론을 통해 알려진 바와 같이, 극동개발부는 개성공단 폐쇄 조치 이전에도 러시아 기업인들과 함께 개성공단을 직접 답사하는 등 자국 기업들의 개성공단 진출 방안을 구체적으로 모색한 바 있다. 한국이 남·북·러의 가스관·철도연결 사업이라는 새로운 도전에 대해 자신이 없다면, 이미 정착되어 있는 개성공단에서부터 남·북·러 간 3각 협력 파트너십을 연습해 보자는 것이었다.

그러나 개성공단 폐쇄 조치로 러시아의 이러한 시도는 무산되었고 북한 문제는 한층 복잡해졌다. 앞으로도 당분간 국제사회가 대북제재를 유지하는 상태에서 신정부가 바로 개성공단을 재개하기는 어렵다는 지적들이 있다.

1. 한국 전용공단과 농장

극동개발부 장관의 제안처럼, 향후 북한 노동자들을 활용할 수 있는 복안까지 염두에 둔 한국 전용공단 또는 농장을 북·러 국경지역 인근에 조성하는 방안을 국가 백년대계라는 차원에서 검토해야 한다.

농장 또는 공단 부지가 선도개발구역 내에 위치한 경우, 선도개발구역 입주사로서의 혜택이 적용될 수 있다. 자유항의 경우는 인프라에 대한 연방정부의 보장이 없기 때문에 가능한 선도개발구역에 입주하는 것이 바람직해 보인다. 만약 한국 측과 러시아 측이 선발한 최적의 부지가 선도개발구역으로 미지정된 지역일 경우, 투자의 규모와 의미를 판단하여 극동개발부가 선도개발구역으로 신규 지정을 공식 요청할 수 있다. (투자약속 이후 특구 지정이 된 선례가 있다.) 대북관계의 배후지를 마련한다는 관점에서 또 북방대륙으로 향하는 한국 경제의 베이스캠프를 마련한다는 거시적 관점에서 최적의 부지를 획득하기 위해 어느 때 보다 러시아 정부와 밀도있는 대화와 신뢰구축이 필요한 시기이다.

2. 수산 클러스터

연해주의 한국 전용 수산 클러스터 구축을 추진하는 방안이다. 세계의 어장이라고도 불리우는 극동지역 수산업에 있어서 현재 새로운 제도적 환경이 마련되고 있어 이를 잘 활용할 수 있는 적기이다. 그 중 하나는 수산가공 클러스터 구축이다. 연해주, 캄차트카, 사할린주가 우선 대상지역이 될 것이다. 기존의 원료 형태로 수출해 오던 수산자원의 부가가치를 높이면서 해외 및 러시아 서부지역 공급에 용이토록 가공·냉동시설 등의 인프라를 클러스터 형태로 조성하겠다는 것이다. 여기에 어선 조선소 및 수리소 등 관련 시설들을 최대한 포함시키겠다는 계획을 러시아 정부는 밝히고 있다.

또 다른 하나는 투자를 통한 조업쿼터 취득 방식을 추가한 법제이다. 2016년 7월 3일자로 수산조업과 수산자원 보호에 관한 연방법(349-FZ) 개정안이 통과되어 7월 4일자로 발효됨에 따라 수산관련 산업에 대한 투자를 통해 조업쿼터를 신청하는 방안이 마련되었다. 이는 러시아 정부가 다분히 카르텔과 같은 양태로 배분되어 오던 기존의 어획 이권사업에 새로운 참여자들을 진입시키겠다는 의지의 발로이며, 이를 통해 투자를 독려한다는 이중포석을 깔고 있다. 즉 러시아에서 건조된 선박 사용에 관한 계획 또는 신청된 수산업 관련 투자사업 선정 결과 및 그 비율에 따라 특정 어종(부가가치가 높은)에 대한 조업쿼터를 부여하고, 투자 내용과 쿼터 배정에 대한 계약을 체결하는 새로운 방식을 채택한 것이다. 현재 관련 시행령이 부처 간 협의를 거치고 있는데 2017년 하반기에는 공포될 예정이다.

그러나 여전히 어획권을 신청하는 기업은 러시아 측의 지분이 50%를 넘어야 한다는 법적 제약은 존재한다[13]. 그러나 관련 법안에서는 '정부의 특별한 결정(resolution)이 없는 한'이라고 전제하고 있어 투자의 규모와 의미에 따라 러시아 정부와의 협상이 가능하다는 여지를 남겨두고 있다. 따라서 현지의 관련법을 충분히 연구해 다양한 전략으로 밀도있는 협상을 진행시키는 것이 필요하다.

3. 조선 클러스터

러시아 정부의 조선산업 육성정책에 따라, 현대중공업은 극동 연해주에 러시아 국영 극동조선소(FESRC)와 상선 설계 및 프로젝트 관리 등을 담당하는 합자회사 설립을 추진하고 있다.

러시아 정부는 앞서 언급한 어획 투자 쿼터제 도입에서도 러시아 내에서 건조된 선박에 대한 투자 또는 장기임대 조건 제시 등 자국 선박의 수요를 증대시키기 위한 다양한 조치들을 취하고 있다. 러시아 정부가 자체 선박건조 인프라 구축에 박차를 가하고 있는 이면에는 지구 온난화로 북극지역의 해빙구간이 늘어남에 따라 북극권 석유와 가스 개발 가능지역과 시기가 확대되어 시추선과 LNG수송선, 쇄빙선 등의 자체 수요가 꾸준히 증가할 수밖에 없다는 설명이다.

이에 한국에서는 이미 사양산업으로서 고전하고 있는 조선업을 연해주로 그대로 이식시키자는 극동투자유치청의 제안에 대해 진지한 검토가 필요하다. 한국 기업인 현대중공업이 러시아 국영극동조선소(FESRC)와 설립하는 합작법인 주변으로 한국의 조선산업 하도급업체들이 클러스터를 조성해 동반 진출하는 방안이다.

물론 러시아의 장기 경제침체로 인해 선박 발주의 안정성 확보가 어려운 측면이 있지만, 거시적 측면에서 조선업은 한·러 간 윈윈(Win-Win) 할 수 있는 전략적인 분야다. 이에 대한 장기적 전략을 가지고 진지하게 접근하는 것이 바람직하다.

4. 러시아의 3통 사업(송전망, 가스관, 철도) 의지를 통일 인프라로 활용

푸틴정부 3기로 진입하면서 주목되는 것은 북·러 간 신밀월관계이다. 안보 전문가들은 2016년 4차 북핵실험 전까지 동북아의 가장 큰 변수는 긴밀해진 북·러관계를 지적했다. 예의 주시해 보면, 러시아의 적극적인 대북정책이 극동개발정책과 상당부분 궤를 같이 하고 있다는 점이다.

4차 북핵실험 직전까지 러시아의 대북 사업은 수력발전공사 루스기드로(세계 3위)의 총괄하에 극동-나진 간 송전망 연결사업을 전면적이고 체계적으로 검토하였다. 또한 가스관 연결사업 및 나진·하산 철도사업을 적극 성사시키고자 했던 러시아의 의도에는 남북관계, 즉 한반도 문제에서의 자국의 지렛대를 확보하고 이를 통해 한국을 러시아 극동경제권에 연계시키고자 했던 측면도 있다. 따라서 한국 정부의 일방적인 나진·하산 사업 중단 선언에 대해 러시아 정부 관계자들은 크게 실망했음을 감추지 않았다.

앞서 제안한 연해주 3대 협력사업을 추진해 가면서 중단된 나진·하산 사업과 가스관사업의 논의를 재개해야 한다. 이 두 사업은 모두 러시아가 더 비용을 치르고서라도 강력히 추진하고자 했던 남·북·러 3각 협력사업이다.

물론 2012년 이후 한·러 가스관사업 논의가 중단되고 러·중 간 대규모 가스 공급계약이 체결됨으로써 한반도를 통과하는 가스관 사업에 대한 전략적 필요성이 감소한 측면도 있다. 그러나 러시아는 향후에도 중국과 가스 가격협상을 해야 하는 입장에서, 한국이라는 비교 대상이 있으면 아무래도 협상에 유리할 것이다. 나아가 한국이라는 장기적 수요처가 확보되면 극동 가스전개발을 보다 체계적으로 계획할 수 있는데다, 북한에 대한 영향력을 시스템적으로 유지하면서 한국과의 연결고리를 지속시킬 수 있다.

중요한 것은 이러한 러시아의 이해관계를 꿰뚫어 보는 우리의 전략 마인드이다. 그리고 실현 가능한 사업들을 순차적으로 배치하여 장기계획하에 일관되게 추진해야 한다. 그러한 측면에서 한국 전용공단, 농장, 수산 클러스터, 조선 클러스터의 연해주 진출을 모색하는데 있어서 지금과 같은 적기는 없다. 북한의 코 앞, 극동에서 이루어지는 러시아와 한국 간 다양한 전략적 경협사업들은 한편으로는 북한을 압박하면서, 또 한편으로는 북한을 국제협력사업으로 끌어내는 유인책이 될 것이다.

그러나 문제는 우리가 이러한 카드를 활용할 수 있는 시간적 여유가 충분하지 않다는 것이다. 주변 경쟁국들(중국·일본)이 순발력 있게 앞서가는 상황에서 어쩌면 2~3년 내 한국이 연해주 내에 송곳 하나 꽂을 여지가 없는 상황이 도래할 수 있다는 것이 냉정한 전망이다. 차기 정부와 관련 전문가들은 이러한 상황을 인식하고, 철저히 준비해서 정부 출범 초기에 러시아와의 과감한 딜을 전제로 한 전략적 아젠다를 띄워야 한다. 아직은 러시아가 극동개발의 최적의 파트너로서 한국을 선호하고 있는 이 마지막 기회를 놓치지 말아야 할 것이다.

참고문헌

선도개발구역법. **Федеральный закон** No. 473-**ФЗ от** 29.12.2014 ≪**О террнторнях опережающего соцнально-экономнческого развнтня в Росснйской Федерацнн** (ТОР)≫

블라디보스토크 자유항법. **Федеральный закон "Освободном порте Владнвосток" от** 13.07.2015 N 212-**ФЗ**

국가 국방과 안보 보장을 위한 전략적 의미의 경제활동에서의 외국인 투자에 관한 연방법. **Федеральный закон "О порядке осуществлення нностранных ннвестнцнй в хозяйственные общества, нмеющне стратегнческое значенне для обеспечення обороны страны н безопасностн государства" от** 29.04.2008 N 57-**ФЗ**

국제 의료클러스터와 러시아연방법령의 개정에 관한 연방법. **Федеральный закон "О международном меднцннском кластере н внесеннн нзмененнй в отдельные законодательные акты Росснйской Федерацнн" от** 29.06.2015 N 160-**ФЗ**

러시아 법령정보사이트 가란트. **ГАРАНТ.РУ**

러시아 법령정보 http://www.consultant.ru(검색일: 2017.3.12)

극동투자유치청 www.investvostok.ru(검색일:2017.2.13)

극동인력개발청 www.hcfe.ru(검색일: 2017.3.20)

극동개발공사 www.erdc.ru(검색일: 2017.2.2)

극동개발펀드 www.fondvostok.ru(검색일:2017.3.22)

http://biz.chosun.com/site/data/html_dir/2015/11/23/2015112303788.html(검색일: 2017.2.23)

미주

1) 갈루쉬카 장관은 2010년 러시아기업협의회 중 하나인 '젤라바야 러시아'(Business Russia)의 대표로, 또 대통령 직속의 여러 경제위원회의 위원으로 활동하다가 2012년 12월부터 2018년까지 '경쟁촉진 및 반독점 정책 달성 로드맵 수립 · 추진을 위한 실무그룹' 대표로 활동했다. 이 당시 그는 "비즈니스 환경을 개선하겠다는 막연한 목표는 의미가 없다. World Bank기준으로 2018년 까지 러시아 투자환경 순위가 20위까지로 끌어 올린다는 계량화된 목표가 필요하다."며 그것을 위한 단계적 실행계획 로드맵을 마련하고 집행했다. 그리고 World Bank기준 Doing Business 환경 순위에서 2012년 120등 이었던 러시아는 2년만인2014년 62등이라는 월반 성적표를 받아 성공적인 개혁 사례로 다른 개도국들에게 소개되었다며 장관은 자부한 바 있다. 2017년 현재 러시아는 40위로 올라섰다.

2) 극동투자유치청 홈페이지, www.investvostok.ru(검색일: 2017.2.13)

3) 극동인력개발청 홈페이지, www.hcfe.ru(검색일: 2017.3.20)

4) 극동개발공사 홈페이지, www.erdc.ru(검색일: 2017.2.20)

5) 극동개발펀드 홈페이지, www.fondvostok.ru(검색일: 2017.3.22)

6) www.investvostok.ru/news/(검색일: 2017.3.22)

7) 1. Bolshoi Kamen, 2. Nadezhdinskaya, 3. Mikhailovskiy, 4. Amur-Khinganskaya, 5. Khabarovsk, 6.

priamurskaya, 7. Belogorsk, 8. Uzhnaya, 9. Gorniy Vozduh, 10. Komsomolsk, 11. Kangalassy, 12. Kamchatka, 13. Beringovskiy.

8) Федеральный закон No. 473-ФЗ от 29.12.2014 ≪Отеррнторнях онережающего соцнально-экономнческогоразвнтня в Россннйской Федерацнн(TOP)≫

9) www.consultant.ru/document//cons_doc_LAW_179796/2ac359310f9f1d05cf536f820756a10b616403eb(검색일: 2017.3.12)

10) 러시아 정부는 모스크바 남서부지역에 위치한 '스콜코보 혁신센터' 내 국제 의료 클러스터 조성을 위한 제도적 기반을 마련하고자 '국제 의료 클러스터 및 일부 법령 개정에 관한 연방법'을 2015년 6월 30일에 발효한 바 있다. 동법은 스콜코보 국제의료클러스터에 입주한 외국 의료기관의 의료인력은 OECD국가에서 발급한 의학 학위와 의료 면허를 번역, 공증하여 유관기관에 제출하면 러시아 면허의 별도 취득 없이 진료가 가능하고, OECD국가에 등록된 의약품과 의료기기도 사용할 수 있도록 하고 있다.

11) Пункт 6. Статья 8. Уиравляющая комианння (TOP) н Статья 29. Защнта ннтересов резндентов свободного иорта Владнвосток (СПВ). Уиравляющая комианння виране иредставлять н защнщать ннтересы обратнвшнхся к ней резндентов в суде, иредъявлять нскн ио делам, возннкающнм нз адмнннстратнвных н нных иублнчных иравоотношенний, о защнте иравн законных ннтересов неоиределенного круга юрндческнх лнц н ннднвндуальных иредирнннмателей, нмеющнх статус резндента.

12) http://biz.chosun.com/site/data/html_dir/2015/11/23/2015112303788.html(검색일: 2017.2.23)

13) 전략적 산업에 대한 외국인 투자 제한에 관한 연방법(57-FZ).

제8장

문화 신북방전략

– 러시아 문화의 특수성과 대(對)러시아 문화전략 –

함영준

요약문

통상 드라마는 2막으로 구성된다. 1막은 옛것의 '청산'이고 2막은 새것의 '창조'이다. 이제 새로운 2막을 이끌어 가야 하는 기본 축 중 하나가 '신북방정책'이라고 말 할 수 있을 것이다. 그것은 우리 외교정책을 '청산'에서 '창조'로 이끌 도구가 될 것이다. 하지만 대(對)러시아 외교정책에서 안보와 경제라는 두 마리 토끼를 잡기는 쉬워 보이지 않는다. 지난 30년의 역사가 이를 반증해 준다. 무엇이 문제일까? 혹시 우리의 대러시아 접근 전략이 잘못된 것은 아닐까?

러시아는 우리에게 '운명'이다. 국경을 맞대고 살아야 할 숙명적 국가, 자원외교를 위한 실리적 필요의 나라, 통일을 위해 필수적으로 정치적 동맹을 이끌어야 할 대상국이다. 그렇다면 이제 이 운명을 만나야 하지 않겠는가? 이 운명과 필연을 어떻게 엮어갈 것인가? 돌이켜 보면 지난 30년 동안 두 나라는 스쳐 갔다. 이 문제를 풀기 위해 먼저, 우리에게 러시아는 누구이고, 왜 필요하며, 무엇을 해야 하고, 어떻게 다가가야 하는지를 정리해야 한다.

러시아의 모든 정책의 제1열에 문화가 있음을 놓쳐서는 안 된다. 우리에게 문화는 후방의 장식품이지만, 러시아에서 문화는 전통적으로 선봉에선 아방가르드라는 사실을 잊지 말아야 한다. 그들은 문화로 공감되지 않으면 신뢰할 수 있는 친구로 받아들이지 않는다는 사실을 알아야 한다. 그러므로 러시아와의 만남을 위해 그들 문화와 문화정책의 특징을 알아야 하고, 그에 대한 대책을 세워야 함은 당연한 수순이라 할 것이다.

한반도의 평화와 통일을 준비하고 동북아의 균형외교를 추구하는 우리 정부의 지정학적 정책에 운명적 나라인 러시아, 우리의 유라시아 교두보를 확보하고 경제적 신 성장 동력을 위해 유라시아 FTA를 체결하고자 하는 지경학적 정책의 동반자인 러시아라는 거대한 샘물을 길어 올리는 마중물로서 문화는 무엇보다 중요하고 선결적이다. 이를 통해서 문재인정부의 신북방정책은 지난 30년간 한 번도 사용해 보지 못한 지문화적 전략을 통해서 그 성과를 얻게 될 것이다. 그리하여 그동안 같은 말만 되풀이해온 우리의 북방을 향한 기나긴 밤 기도가 현실이 되기를 기원한다.

정치·경제적 발전의 마중물로서 한·러 간의 민간, 국가 간 문화교류를 상시적이고 지속적으로 가동시켜야 한다. 러시아와의 관계에서 문화를 놓치지 말자. 경제와 안보, 정치적 문제 해결의 첫 단추이면서 지속가능한 정책은 문화에 있다는 사실을 잊지 말아야 한다. 러시아와의 관계에서 지정학적·지경학적 문제를 풀어가는 해답은 지문화적 접근 방식이다.

Ⅰ. 서 론

통상 드라마는 2막으로 구성된다. 1막은 옛것의 '청산'이고 2막은 새것의 '창조'이다. 그러므로 적폐 청산은 정부 뿐만 아니라 우리 사회의 가장 중요한 1막에 해당된다. 하지만 역사와 진보는 단막극이 아니다. 역사의 드라마는 창조의 2막에 의해서 완결되고 평가된다는 사실을 기억해야 한다.

지난 10년 동안 국민들이 끊임없이 요구해온 것이 하나 있다. 그것은 '소통'이었다. 소통하라는 국민들 앞에 이명박정부는 '소탕'을 명했고, 박근혜정부는 '소등'했다. 이 현상은 과거 한반도의 국제관계 특히 북방외교의 핵심인 대(對)러시아와의 관계에서도 크게 다를 바가 없었다. 1988년 북방정책으로부터 햇볕정책, 자원외교, 유라시아 이니셔티브로 이어지는 약 30년간 우리 정부의 북방외교정책이 왜 고장 난 레코드판처럼 같은 말만 되풀이하며 그 자리를 맴돌고 있는지 점검해야만 한다.

이제 새로운 2막을 이끌어 가야 하는 기본 축 중 하나가 '신북방정책'이라고 말 할 수 있을 것이다. 그것은 우리 외교정책을 '청산'에서 '창조'로 이끌 도구가 될 것이다. 실제로 문재인정부는 임기 초반부터 러시아와의 소통에 공을 들이고 있다. 대통령의 대러시아 행보 첫걸음은 2017년 9월 막을 내린 제3차 동방경제포럼(EEF)이었다. 하지만 회담은 성공적이라는 평가와 실패라는 평가가 극명하게 갈렸다. 사실상 노련한 푸틴과의 스킨십은 성공적이었지만, 북핵제재 공조는 애초부터 삐걱거렸고, 경제면에서 '9개의 다리'는 오래된 밤 기도처럼 같은 말만 되풀이하는 듯 보였다. 평범한 사람의 눈으로 보기에도 안보와 경제라는 두 마리 토끼를 잡기에 역부족이었던 것처럼 보인다. 무엇이 문제일까? 혹시 우리의 대러시아 접근 전략이 잘못된 것은 아닐까?

이 문제를 풀기 위해 먼저, 우리에게 러시아는 누구이고, 왜 필요하며, 무엇을 해야 하고, 어떻게 다가가야 하는지를 정리해야 한다.

Ⅱ. 우리는 러시아를 아는가?

1. 우리에게 러시아는 누구인가?

러시아는 우리에게 운명이다. 국경을 맞대고 살아야 할 숙명적 국가, 자원외교를 위한 실리적 필요의 나라, 통일을 위해 필수적으로 정치적 동맹을 이끌어야 할 대상국이다. 그렇다면 이제 이 운명을 만나야 하지 않겠는가? 이 운명과 필연을 어떻게 엮어갈 것인가? 돌이켜 보면 지난 30년 동안 두 나라는 스쳐갔다. 이젠 만나야 한다. 철학자 마틴 부버의 지적처럼 "현대인에게 스침만 있고 만남이 없다"는 말은 그동안 소통 없는 한·러 현상이기도 했다. 만나기 위해서는 상대를 2인칭으로 받아들여야 한다. 왜냐하면 상대를 3인칭의 '그'가 아닌 2인칭의 '그대'로 불러 줄 때 진정한 만남이 이루어지기 때문이다.

사실상 수교 이전부터 전통적으로 러시아(당시 소련)는 우리에게 지정학적 문제였다. 이데올로기에 의한 정치적 과제를 해결하는 것이 가장 우선순위였기 때문이다. 1990년대 북방정책에 이은 초기 10년 역시 러시아는 우리에게 지정학적 중요성이 우선순위였다. 우리에게 러시아는 분단의 책임 국가이며, 동시에 분단 문제를 풀어 줄 키맨 중 하나였던 것이다. 그 후 최근 10여 년은 정치적 문제보다는 러시아와의 지경학적, 그러니까 경제적 문제에 집중하였다. 마치 우리는 러시아의 풍요로운 자원을 마음대로 쓸 수 있을 것처럼 생각했고, 러시아는 우리의 안전한 시장이 되어줄 것으로 생각했다. 하지만 실패했다. 그저 스쳐 지나갔다. 지난 10년간 한반도 4강 외교에서 러시아를 소외시켰고, 한반도에서 러시아의 역할을 과소평가함으로 정치적으로도, 경제적으로도 소득을 얻지 못하였음을 부인할 수 없다.

우리는 위 문장에서 진정한 만남을 이루지 못하고 소통 없이 러시아를 소외시켜 과소평가했다는 '문화적' 단어들을 썼다. 이제 그 의미를 다시 새겨보아야 한다. 물론 러시아와의 지정학적·지경학적 중요성은 아무리 강조해도 지나치지 않고 여전히 가장 중요한 항목이다. 하지만 지난 시간 동안 이 중요한 두 문제가 왜 더 큰 성과를 내지 못했는지에 관한 성찰은 필요해 보인다. 무엇보다 정치적, 경제적 문제를 해결하기 위해 러시아와의 만남에 필수적인 전략이 중요하다는 사실을 간과해서는 안 된다. 그리고 그 만남을 이끌어 가는 지속가능하고 우선적인 전략은 '문화적' 접근임을 잊지 말아야 한다.

실제로 러시아의 모든 정책의 제1열에 문화가 있음을 놓쳐서는 안 된다. 우리에게 문화는 후방의 장식품이지만, 러시아에서 문화는 전통적으로 선봉에 선 아방가르드라는 사실을 잊지 말아야 한다. 그들은 문화로 공감되지 않으면 신뢰할 수 있는 친구로 받아들이지 않는다는 사실을 알아야 한다. 그러므로 러시아와의 만남을 위해 그들 문화와 문화정책의 특징을 알아야 하고, 그에 대한 대책을 세워야 함은 당연한 수순이라 할 것이다.

2. 러시아, 그들은 누구인가?

과연 우리는 러시아를 알고 있는가? 러시아는 미국의 2배 가까이 되는 광대한 영토를 지닌 유라시아 제국, 190여 민족이 모여 사는 다민족 국가, 무엇이든 뿌리째 뒤집어 놓는 혁명의 나라! 어쩌면 러시아는 세상에서 가장 모순적이며 불가사의한 나라일 것이다. 실제로 영토의 3/4이 동양에 위치하지만 서양을 지향하는 나라, 250여 년간 몽골의 지배하에서 체득한 아시아적 전제와 유럽문화의 세례를 동시에 받고 자라온 나라, 세계 최대 군사 대국이면서 동시에 예술 없이는 살 수 없는 나라, 당장 먹을 빵이 없어도 꽃을 사는 나라, 거리에서 아무도 미소 짓지 않지만 동시에 유머 없이는 견딜 수 없는 나라, 솔직함을 삶의 가치로 여기면서 동시에 그 속을 알 수 없는 음흉함을 지닌 나라, 우정을 위해 목숨을 내놓지만 타자를 향한 보복은 잔인한 나라인 러시아를 우리는 어떻게 이해 할 수 있는가?

"러시아는 이성으로 이해할 수 없다... 러시아는 단지 믿어야 한다."

러시아 내부에서 혹은 러시아 연구자들에게서 자주 인용되는 19세기 시인 추체프의 시이다. 시인은 늘 혼란스러운 유럽 문화를 구원할 노아의 방주로서 러시아를 바라보았다. 이 시는 20세기 내내 러시아의 메시아적 역할에 대한 슬로건으로 도입되었으며 푸틴이 외국 정상을 만나면 즐겨 암송하는 구절이기도 하다.

우리는 이 구절을 어떻게 받아들일 것인가? 이 문제는 대단히 중요하다. 모순과 불합리, 그리고 무질서는 러시아를 바라보는 서방의 프레임이다. 실제로 이해할 수 없는 그들의 모습을 이해하려는 순간 수렁에 빠져든다. 그런데 러시아를 믿는다고 말하는 순간 친구가 된다. 이 아이러니를 알기 위해서 러시아 문화의 특징인 '참칭'을 이해해야 한다. 스스로 황제임을 칭하는 것이 러시아 뿐만은 아니겠으나 역사적으로 러시아만큼 가짜 참칭 황제들이 자주 출현한 곳도 드물다. 그 이유는 이러하다. 황제는 신으로부터 권력을 부여받아 '오시는 구세주'이며, 그가 세상을 구원할 것이라는 기다림의 의식이다. 이 문화는 단지 지도자 개인 뿐만 아니라 러시아가 세상의 구원자가 되어야 함을 믿는다는 의미를 포함한다.

그리하여 추체프의 시에서 러시아를 믿어야 하는 이유는, 러시아는 신이 부여한 세계의 구원자 역할을 담당하기 때문이다. 이는 러시아와의 만남에서 대단히 중요하다. 만일 러시아의 참칭을 인정하지 않으면 대화는 단절된다. 하지만 러시아의 참칭을 인정하면 그들은 가슴을 치고, 자신의 후진성을 고백하며 친구로 받아들여 준다. 이렇듯 러시아에서 참칭은 정치적인 문제가 아니라 근본적으로 문화적인 현상인 것이다.

그러므로 우리는 무엇보다 문화라는 패러다임을 통해 러시아를 만날 수 있다. 문화야말로 한 민족, 혹은 국가의 모습을 규정할 수 있는 틀이라고 가정한다면 러시아를 바라보는 우리의 시각을 문화적으로 바꾸지 않고는 러시아를 만날 수 없기 때문일 것이다.

특히 21세기가 문화의 시대이며 문화 전쟁의 시기라고 한다면, 러시아와의 운명적 관계에 있는 우리 입장에서 대러시아와의 정치·경제적 성과를 위한 문화적 전략은 필요해 보인다. 이제 우리와는 다른 러시아의 문화의 특징과 독창성을 살펴본 후에 러시아 문화정책의 함의들을 분석해 보고 접근 가능성을 탐색해 보자.

〈그림 8-1〉 러시아 지도 위에 있는 다양한 문화적 상징들

출처: http://nasha-molodezh.ru/society/osnovyi-gosudarstvennoy-kulturnoy-politiki.html

Ⅲ. 러시아에서 문화란 무엇인가?

1. 경작과 숭배 사이

먼저 문화라는 언어의 어원과 그 발전 과정을 간략히 살펴볼 필요가 있다. 잘 알려져 있는 것처럼 문화는 '경작하다(colere)'를 어원으로 영혼의 경작(cultura animi)이라는 전통 속에서 '문화=경작'이라는 공식을 얻게 되었다. 경작에서 출발한 'Culture'라는 서양의 이 단어는 그 후 유럽은 물론 한국과 러시아를 비롯해 전 지구적인 보편성을 획득하고 있다.

하지만 러시아에서 문화는 이러한 보편 개념에 자신만의 의미론을 더한다. 사실 이것이 서구와는 또 다른 러시아 문화의 차별성이며 또한 러시아를 이해하기 위한 최초의 걸음인 것이다.

러시아에서 문화에 대한 용어는 흥미로운 과정을 겪는다. 러시아어로 문화(культура)가 처음 등장한 것은 1830년대가 지나면서이다. 실제로 '러시아의 모든 것'이라 불리는 푸쉬킨의 저작에서 조차 문화(culture)라는 단어는 발견되지 않는다. 푸쉬킨의 뒤를 이은 고골의 저작 속에서도 문화라는 단어는 찾아보기 힘들다. 이때까지는 문화 대신 우리가 흔히 계몽(просвещение)이라고 번역하는 단어를 주로 사용하는데 고골은 이 개념의 러시아적 독창성에 대해 언급한다.

"우리는 아무 의미 없이 계몽이라는 단어를 반복하고 있다. 이 단어가 어디에서 왔고 무엇을 뜻하는지도 모른 채 말이다. 이 단어는 다른 어느 나라의 언어에도 없다. 단지 우리에게만 있다. '계몽하다(просветить: 러시아어로 직역하면 '빛이 통과 되는 것'- 필자 강조)'는 가르치거나, 교육하고, 심지어 밝게 한다는 뜻이 아니다. ...... 이 단어는 우리 교회에서 천 년을 내려오며 사용되는 단어이다. 이는 계몽의 빛이며 그리스도의 빛이 모든 이를 비춘다는 의

미이다."

〈그림 8-2〉 러시아 문화의 원형인 '계몽', 러시아어로 '신의 빛이 임하는 것'이라는 뜻

출처: http://fondsvv.ru/activity/enlightenment/

그러므로 '계몽'이라 번역하는 이 단어의 의미는 사실상 유럽에서 사용하는 문화와 종교·교육이 포함된 러시아적 특수성이 총체적으로 결합된 단어인 것이다. 고골이 바라본 문화로서 계몽이 '종교적 빛'이라는 개념은 이후 20세기 초에 새로운 영적 반향을 불러일으킨다. 고골의 이 개념에 주목한 이는 러시아의 철학자 베르자예프이다. 그는 문화라는 단어의 어원이 'colere-cultura(경작)'이 아니라 'cultus-cultura(숭배)'라는 주장을 하게 된다. 이는 문화의 어원이 숭배라는 종교적 영적 근원에서 나온 것임을 의미한다.

이렇듯 러시아에서 문화는 서구적 개념의 '경작' 보다는 영적인 '숭배(cult)'를 통해 이해할 수 있다. 그리고 이러한 이해의 차이는 단순하지 않다. 만일 문화를 이해하는 방점이 '문화=숭배'에 찍히게 될 때, 이는 러시아를 이해하는 우리의 시점에 강한 시사점을 준다. 왜냐하면 문화가 숭배에 닿아 있을 때 그 안에 들어와 있는 이들에게 가장 요구되는 것은 '공감'이라 할 수 있다. 이는 마치 종교적 의식 속에서 하나의 공동체성을 획득하고자 하는 의미와 다

름이 없으며, 이 공감이야말로 러시아 문화를 이해할 수 있는 가장 중요한 특징 중 하나라고 할 수 있기 때문이다. 이에 대한 우리의 대응은 뒤에서 다시 살펴볼 것이다.

2. 러시아의 문화정책 - 특수성과 절충주의

러시아의 신학자이자, 철학자인 플로렌스키는 "인류의 21세기는 문화라는 언어로 통합될 것이다"라고 예견한 바 있다. 실제로 그의 예견처럼 우리가 사는 시대는 온통 문화와 함께 하는 것 같다. 특히 세계화 시대를 이끌고 있는 미국은 소프트 파워에 대한 관심을 극대화 시키고 오랜 문화 선진국인 프랑스, 영국 등 유럽 뿐만 아니라 세계의 모든 나라 역시 문화국가라는 정책을 육성하고 있다. 당연히 소프트 파워로서 문화에 대한 관심은 자원이 부족하고 수출을 국가의 근간으로 삼아 국가 브랜드 가치를 상승시켜야 할 한국에게도 지상 최대 명령 중 하나임은 분명해 보인다.

이 지상 명령을 위해 필요한 것이 문화정책이다. 정책이란 본디 우선순위를 정하는 것이고 정책에는 전략과 전술이 뒤따른다. 그렇다면 문화정책이란 문화적 우선순위 즉, 제도적 실천이다. 이는 마치 연출가 브레히트의 격언처럼 "진리란 말에 그치지 말고 그것을 누군가를 위해 쓰일 수 있는 전략"이 중요하다는 말과 다름없다. 다시 말해서 문화정책은 권력의 문제이며, 이 권력을 행사하는 주체는 국가, 그 중에서 문화부이다. 그러므로 이 정책의 대상은 문화부의 업무로 규정된다고 볼 수 있다.

(1) 문화정책을 수행한 최초의 문화부는 어디서 시작되었을까?

일반적으로 인류의 역사에서 최초의 공식적인 문화부는 2차 세계대전 이후인 1959년 프랑스 드골 대통령 시대이며, 최초의 문화부 장관은 저명한 작가 앙드레 말로라고 알려져 있다. 실제로 앙드레 말로의 문화부와 문화정책은 이후 우리나라를 비롯하여 수많은 나라의 기준이 된 것이 사실이다. 1959년부터 10년간 문화부 장관직을 수행한 앙드레 말로는 "국가는 예술을 감독하기 위해서가 아니라 예술에 봉사하기 위해 존재한다"는 원칙을 제시하였다. 세계 문화의 모범인 프랑스의 문화정책은 앙드레 말로 이후 문화의 민주화와 대중화라는 커다란 정책 속에서 지속적으로 진행되어오고 있다.

한편 2차 세계대전 이후 문화정책의 또 다른 축은 미국이다. 팍스 아메리카나의 기치 아래 문화 제국주의적 팽창정책을 펴게 되는 미국은 아이러니하게도 정부 조직상 문화부가 없다. 문화부가 없다는 것이 문화정책이 부재하다는 말은 물론 아니다. 대부분의 유럽의 문화정책이 중앙집권적인데 반해서 미국의 문화정책은 주 정부의 선택에 의해, 그리고 개인들의 후원에 의해 진행된다. 미국에서는 경제와 문화는 동일한 전쟁터이고 미국에서 정부는 문화의 '영감자' 역할만 수행한다. 세계질서의 절대강자로서 미국은 특별한 문화정책 수립보다는 막강한 자본력을 바탕으로 세계문화의 시장으로서 역할을 자임하고 있다.

세계 최초의 문화부 – 러시아 문화부

우리는 여기서 흥미로운 사실을 발견하게 된다. 앞에서 본 인류 최초의 문화부는 프랑스가 아니라 러시아에서 시작되었다는 점이다. 1959년 프랑스에서 문화부가 창설되기 6년 전인 1953년 당시 소련에서는 독립적인 '러시아-소비에트 문화부'가 창설되었다. P.포노마렌코를 초대장관으로 하는 문화부는 '소비에트 예술위원회'(1936-1953)의 업무를 계승하였다.

소련의 문화부는 연극·영화·음악·출판 등 문화의 전 영역에 대한 업무를 관장하면서 스탈린의 죽음 이후 특히 소위 해빙기의 소비에트 문화정책을 주도하면서 새로운 국가조직으로 거듭나게 되었다. 그 후 러시아-소비에트 문화부는 소련의 몰락 이후 러시아연방이 탄생한 직후인 1992년까지 존속되다가 '러시아 문화관광부'(1992-2004), '문화 및 대중커뮤니케이션부'(2004-2008)에서 2008년 오늘날의 '러시아 연방 문화부'로 명칭만 바뀌면서 지속되고 있다.

〈그림 8-3〉 러시아 연방 문화부 엠블럼

출처: www.mkrf.ru/press/official_symbols/

하지만 러시아가 인류 최초의 문화부 창설이라는 명칭으로서 원조임을 주장하고자 하는 것은 본질은 아니다. 놀라운 것은 그 업무와 정책으로서 훨씬 이전의 역사로 거슬러 올라간다는 것이다. 1917년 혁명 이후 루나차르스키를 수장으로 하는 '소비에트 인민계몽위원회'가 그것인데 혁명 이후부터 1946년까지 존속하면서 문화업무를 수행한 이 조직의 명칭에서 우리의 관심을 끄는 것은 계몽(просвещение)이라는 단어이다.

우리가 앞에서 본 것처럼 러시아에서 '계몽=문화'라는 전통을 생각할 때 인민계몽위원회가 소비에트 문화정책의 근간을 이끌어 갔음은 의심의 여지가 없다. 계몽으로서 문화정책의 개념은 이에 앞서 제정 러시아의 전통과도 맥이 닿아있다. 알렉산더 1세 황제 시기인 1802년에 러시아는 '국민계몽부(Министерство народного провсещения)'를 설립하고 러시아의 문화와 교육 그리고 종교를 총괄하게 하였다. 그리고 이는 1917년 혁명 후 소비에트 계몽(문화)위원회로 이관되었다.

또 한 가지 흥미로운 사실은 앙드레 말로가 프랑스 전역에 야심차게 건설한 '문화의 집' 정책이 소련에서는 이미 1920년대부터 '문화의 집', '문화 궁전'이라는 이름으로 광범위하게 퍼져 있었다는 사실이다. 앙드레 말로 자신이 작가 시절 좌파 지식인이었고, 그가 소련 체류 기간에 러시아 문화에 관심을 가졌다는 사실을 생각해 본다면 프랑스의 문화부 설립과 동시에 프랑스 문화정책의 근저에는 러시아-소비에트적 규범이 자리 잡고 있음을 유추해 볼 수 있을 것이다.

(2) 러시아 문화정책의 특징

관제국민주의의 그림자

19세기 초 제정 러시아 문화정책의 핵심은 국민계몽부 장관인 우바로프의 '관제국민주의'이다. 비록 이 정책의 보수성과 반동성에 대해 오늘날 많은 이들이 비판을 가하고는 있지만 우바로프가 제시한 정교회, 전제군주, 국민성이라는 3일치 정책은 러시아의 '문화 메타포이자 정치적 이념으로서' 제정 러시아의 중요한 지배 이데올로기였음을 부인할 수 없으며 이는 향후 러시아 문화정책에 강력한 영향력을 행사하였다.

〈그림 8-4〉 19세기 초 제정 러시아의 국민계몽부 우바로프 장관

출처: https://infourok.ru/prezentaciya-k-uroku-istorii-na-temu-samoderzhavie-nikolaya-i-2063194.html

사실 이 이론은 러시아 천년 역사의 지속이라고 말할 수 있다. 블라디미르 대공에서 피터 대제로 이어지면서 개별적으로 존재해 오던 러시아 역사의 가장 중요한 3가지 요소들을 우바로프가 하나로 묶은 것이나 다름없다고 볼 수 있다. 문제는 바로 이 3가지 현상이 오늘날 러시아의 문화정책을 이해하는 핵심이라는 데 있다.

실제로 혁명 후 소비에트 시기에 이 관제국민주의의 내용은 다시 등장한다. 만일 제정 러시아에 관제국민주의가 있다면, 소비에트 문화정책의 기본 골조는 사회주의 리얼리즘이라 할 수 있다. 문예비평가인 그로이스가 '스탈린 스타일'이라고 명명한 이 이념은 소비에트의 가장 주도적인 문화정책이 된다. 흥미롭게도 사회주의 리얼리즘의 3가지 중요한 요소인 당파성, 인민성, 계급성은 우바로프의 관제국민주의의 3요소와 이름만 바뀐 채 그대로 오버랩 된다. 다시 말해 정교회는 사회주의 계급이념으로, 전제정치는 당파성으로 그리고 국민성은 인민성으로 대체할 수 있을 것이다.

더욱 흥미로운 것은 1991년 사회주의 몰락 이후 러시아연방으로 바뀐 현대 푸틴정부에서도 이러한 관제국민주의적 내용들이 그대로 전승된다는 사실이다. 푸틴의 정책 역시 그 속을 들여다보면 정교회 이념은 세계 구원자로서 러시아 역할론으로, 전제정치는 독재적(중앙집권적) 권위주의로 그리고 국민성은 민족주의와 애국주의로 옷을 바꾸어 입은 듯 보인다. 현재 푸틴정부에서 보여주고 있는 관료제와 검열 그리고 지원금을 통한 통제와 길들이기는 러시아적 역사성을 무시하고는 이해하기 어렵다.

최근 2014년 공표된 '러시아 문화정책 기본법'의 주요 내용이 "문화는 국가정책과 사회생활의 모든 분야에 영향을 미쳐야만 한다"고 명시함으로써 문화가 국가에 봉사해야 함을 분명히 하고 있음을 볼 때, 관제국민주의적 이념의 뿌리는 깊고도 길다고 할 수 있을 것이다.

절충주의 문화정책

이러한 관제국민주의적 기본 골격 아래에서 러시아 문화정책의 특징은 역사적으로 다양한 서구의 모델들과 섞이는 절충주의적 방식을 채택하고 있다. 특히 19세기 말부터 20세기 초 제정 러시아의 문화를 이끌었던 모습은 마치 미국식 모델을 떠오르게 한다. 이 시기에 국가, 황제 권력이 국가주의적 정책을 펴며 민중계몽으로서 문화영역을 대하였다면, 귀족 및 상인 문화 패트런들은 러시아 문화 확립과 고양을 이끌었다. 무수한 예 가운데 발레에서 디아길레프의 러시아시즌, 트레치야코프의 미술 컬렉션, 모로조프의 모스크바 예술극장 연극 후원 등의 언급만으로 충분할 것이다. 다분히 미국식 문화정책의 모델을 절충한 것으로 보이는 이러한 문화의 개인적 활동은 가장 러시아적 정신, 민족적 이념 그리고 신화를 창조하면서 20세기 초 러시아 문화의 전 영역에서 르네상스를 이끌었다.

〈그림 8-5〉 러시아 문화의 다양성과 다중성, 다면성을 상징하는 목각인형인 마트료쉬카

출처: http://www.radiodacha.ru/programs_archive/50/15094.htm

둘째, 소비에트 문화정책 역시 절충주의적이라 할 수 있다. 의심할 여지 없이 혁명 전 러시아 문화의 직접적인 후계자로서 소련은 서구의 모델과 사회주의 소비에트 문화의 창조에 방점을 두고 있다. 특히 이 시기 '선전·선동의 도구로서 문화'는 이데올로기의 선봉이며, 문화 없이는 정치·경제·사회 현상으로 직접 진입이 되지 않는 구조임을 보여 주었다. 비록 소비에트 문화 현상을 연구하는 많은 연구자가 전체주의의 부정적 현상과, 소비에트 국민과 국가문화의 발전이라는 긍정적인 현상 속에서 혼란스러워하지만 미국의 문화정책이 소비에트의 현상을 흉내 낸 것을 보면 문화의 상호 텍스트적 의미는 분명해 보인다.

셋째, 현대 러시아 문화정책 역시 절충적이다. 현대의 러시아 문화정책은 다른 정책과 마찬가지로 소비에트 시대의 유산을 상당 부분 그대로 받아들이고 있으며 소비에트 문화는 다시 제정 러시아로부터 그 자양분을 섭취하였다는 점은 이미 전술한 바와 같다. 소비에트에서 문화정책의 전략과 전술인 선전·선동 메커니즘은 현대에도 국가 홍보라는 이름으로 그대로 유지되며 이는 수많은 나라에서 국가 브랜드 강화라는 이름으로 포장되어 사용되고 있다. 한편 영국과 프랑스를 중심으로 불기 시작한 문화산업, 즉 문화 콘텐츠 부분이 2014년 러시아의 중요한 문화정책으로 편입되고 있다는 점은 지적하고 넘어가야 한다.

러시아 문화정책의 절충주의적 성격은 집요하게 불간섭 원칙을 지키는 미국이나, 국가주의적 문화 민주화를 고수하는 프랑스, 문화산업을 놓치지 않는 영국 등과는 달리, 필요에 따라 언제나 유연하게 수신과 발신을 한다고 볼 수 있다. 따라서 러시아 문화는 타 문화와 정책에 대한 수용에 적극적으로 대처하고 있음을 볼 수 있다. 이는 역설적으로 명확한 문화정책 없이 진행하는 우리가 러시아와의 교류에 있어서 유리한 지점이며, 심지어 우리의 고유 문화정책이 개발된다면 새로운 협력이 유연하게 이루어 질 수 있음을 반증한다고 할 것이다.

3. 어떻게 할 것인가?

러시아 문화와 그 정책을 보면서 어떤 대응과 전략으로서 우리의 문화정책을 펴야 할 것인가? 앞에서 우리는 러시아의 문화가 숭배로부터 시작한다고 언급하였고 숭배를 어원으로 하는 문화전통을 가진 러시아는 문화의 공감에 방점을 둔다고 언급하였다. 이러한 문화를 경작에서 출발하여 자기 계발 혹은 여가의 활용으로 바라보는 우리로서는 이해하기는 쉽지 않다. 특히 문화를 문치교화의 개념으로 받아들인 우리의 입장에서 러시아적 문화개념은 낯선 상황일 수밖에 없다. 문치교화란 서구의 '문화=경작'의 보편적 의미와 비슷하게 이해할 수 있다. 다만 서구화의 영향, 일제 강점기와 전쟁 등을 거치면서 질곡의 20세기를 살아온 우리에게 문화란 자유로운 시간을 활용하는 여가의 개념으로 변형·수용되었고, 쉬는 것 또는 놀이적 측면이 강조되었다. 그리하여 문화를 고단한 삶을 위한 휴식으로 받아들인 우리에게 러시아의 문화적 태도를 이해하는 데에는 세심한 주의가 필요하다.

공감으로 문화를 받아들이는 러시아와 휴식으로 문화를 받아들이는 한국과의 이 차이는 생각보다 간극이 넓다. 물론 이는 우열의 문제가 아닌 이해의 문제이다. 만일 러시아에서 누군가를 문화행사에 초청하였을 때 그것은 단순한 여가의 행위가 아니다. 이는 이 공연 공간에서 서로 공감을 하고 소통하고자 하는 정치·외교적 전략임을 이해하여야 한다.

두 번째로 러시아 문화정책의 근간으로 관제국민주의와 절충주의 전통을 지적하였다. 이는 러시아를 이해하기 위한 기본 틀이기도 하다. 종교성과 전제성, 국민성은 국가우선주의와 다름이 없다. 이는 문화정책에서 개인의 개성보다는 국가의 이익을 따져 보고, 국가 혹은 체제를 드러내고자 하는 정책이다. 비록 관제국민주의적 현상이 현재에는 부정적 의미로 보이지만 그 이면에는 긍정적이며 미래지향적인 측면도 있음을 간파해야 한다. 흔히 러시아의 영혼이라는 이 3가지 현상들은 종교적 관용, 지상천국에 대한 갈망, 민중에 대한 사랑 등으로 언제든 바뀔 수 있기 때문이다. 이는 앞에서 언급한 러시아 문화의 참칭성과도 연결되는 바, 러시아를 입으로 시인해 줄 때 신뢰 프로세스가 시작된다는 점과도 연결된다.

더불어 소비에트 이래 러시아에서 문화는 국가 혹은 체제 선전의 가장 핵심적인 수단이었다. 문화가 국가정책의 아방가르드로서 포진하고 문화를 통해 다음 액션플랜이 나온다. 그에 반하면 우리에게서 문화는 국가정책의 후순위임을 부인할 수 없다. 우리에게 문화란 모든 것이 잘 되었을 때 치루는 뒤풀이 행사의 개념이 강하다. 문화를 앞세우고 먼저 상대와 공감한 다음 시작하려는 러시아와 이 과정 없이 실질적인 문제에 직접 접근하려는 한국이 서로의 문화 차이를 이해하고 대응해야 할 것이다.

북방경제협력위원회에 바람

이제 진정한 만남의 때가 되었다. 푸틴의 역점사업인 신동방정책이 우리에게 손짓하고 있다. 화답하듯이 문재인정부의 신북방정책이 만남을 기다리고 있다. 국민과의 소통 뿐만 아니라 대외정책에 있어서 소통을 화두로 내건 문재인정부는 그동안 막힌 대러시아 정책의 중요한 창구로 '북방경제협력위원회'를 가동시켰다. 러시아 전문가들 뿐만 아니라 많은 국민들 또한 이 위원회에 거는 기대가 크다. 아마도 위원회는 지난 30년간 우리의 대러시아 정책의 실패를 누구보다 잘 알고 있으리라 생각한다. 그러므로 이제는 지속가능하고 미래지향적이며 보다 효과적인 접근이 이루어져야 할 것이다.

불행하게도 우리나라의 지속가능한 문화정책을 필자는 알지 못한다. 우리에겐 지속적인 정책 대신에 순간적인 처방만 있었기 때문일 것이다. 물론 문화정책은 문화부의 몫이다. 다만 북방경제협력위원회는 대러시아 협상에 문화전략을 우선적으로 수립하여야 할 것이다. 그 안에서 예술과 스포츠, 콘텐츠 등의 문화 전술들이 쏟아져 나오면 이는 정치·경제적 신뢰 프로세스로 이어질 것이다.

정치·경제적 발전의 마중물로서 한·러 간의 민간, 국가 간 문화교류를 상시적이고 지속적으로 가동시켜야 한다. 그동안 우리는 10년에 한 번씩 돌아오는 수교기념 문화행사가 교류의 핵심이었다. 하지만 10년에 한 번 붓는 마중물로는 부족하다. 그런 측면에서 매년 러시아와 일본에서 상시적인 문화 교류를 이끌고 있는 '일본 주간 행사'와 '러시아 시즌'이라는 양국의 문화교류정책을 눈여겨보아야 할 필요가 있다. 다행히 우리에게는 대러시아 교류를 위한 좋은 조건들이 있다. 먼저 한·중·일 3국 중에서 러시아는 한국과의 협력에 더 많은 가능성을 가지고 있다는 점이다. 역사적으로나 현실적으로 러시아에게 중국은 두렵고, 일본은 껄끄러운 상대임이 분명하다. 게다가 한국은 양국의 교량이 되어줄 수 있는 16만 명이나 되는 고려인이라는 자원 또한 지니고 있다.

반복하건대 러시아와의 관계에서 문화를 놓치지 말자. 경제와 안보, 정치적 문제 해결의 첫 단추이면서 지속가능한 정책은 문화에 있다는 사실을 잊지 말아야 한다. 러시아와의 관계에서 지정학적, 지경학적 문제를 풀어가는 해답은 지문화적 접근 방식이다.

Ⅳ. 결론

우리는 러시아를 어떻게 볼 것인가? 이해할 수 없으니 믿을 것인가? 아니면 믿을 수 없으니 이해할 것인가? 그동안 우리는 러시아를 이해하지도 믿지도 못했다. 공감을 요구하는 그들에게 휴식을 전하였고, 가장 먼저 나오는 아방가르드 전위대로서 문화를 한가하다고 생각하여 뒤풀이로 폄하시켰다. 러시아의 문화정책 자체에 대해 무지했고 동시에 우리 나름의 문화정책도 없었다.

폴 케네디는 『강대국의 흥망』에서 한 나라가 세계무대에서 한 시대의 주역으로 성장할 때에는 경제력, 군사력의 성장과 더불어 반드시 문화의 융성이 이루어졌다고 주장한 바 있다. 이는 김구 선생의 아름다운 문화국가론과 다름이 없다.

한반도의 평화와 통일을 준비하고 동북아의 균형외교를 추구하는 우리 정부의 지정학적 정책에 운명적인 나라인 러시아, 우리의 유라시아 교두보를 확보하고 경제적 신 성장 동력을 위해 유라시아 FTA를 체결하고자 하는 지경학적 정책의 동반자인 러시아라는 거대한 샘물을 길어 올리는 마중물로서 문화는 무엇보다 중요하고 선결적이다. 이를 통해서 문재인정부의 신북방정책은 지난 30년간 한 번도 사용해 보지 못한 지문화적 전략을 통해서 그 성과를 얻게 될 것이다. 그리하여 그동안 같은 말만 되풀이해온 우리의 북방을 향한 기나긴 밤 기도가 현실이 되기를 기원한다.

러시아는 '세계 문화의 저수지'라고 스스로 자부한다. 사상가 함석헌 선생은 한반도를 '세계 역사의 하수도'에 비유했다. 하수도는 어디론가 흘러나가야만 한다. 세계 문화의 저수지에 담긴 물들이 우리 문화로 들어와 새롭게 정화하면, 새롭고 향기로운 감로수가 되어 또 다른 세계로 흘러나갈 수 있을 것이다. 이제 한국을 세계 문화의 수도꼭지로 만들어야 할 때가 되었다. 러시아와의 문화 소통은 그런 측면에서 일거양득이다.

사족

북한의 문화정책이 러시아(구소련)식 모델을 따르고 있음을 볼 때 통일 협상과정과 통일 이후 큰 그림으로서 러시아와의 문화적 관계는 중요하다.

중국, 베트남 등 우리의 경제적 파트너들이 사회주의체제를 고수하고 있음을 볼 때 러시아와의 문화적 접근방식은 이들 국가와의 관계에서 중요한 실마리를 줄 수 있다.

러시아와 문화·경제학적 관점의 관계를 정립해 보자. 지구상에서 처음으로 '한·러 문화 FTA' 체결은 또한 어떠한가?

참고문헌

Elise Kimerling Wirtschafter, *Russia's Age of Serfdom 1649-1861*. London: Blackwell, 2008.

Словарь языка Пушкнна.М., 1959. Т.3.

Н.В.Гоголь,Собраннесочнненнйв 9 т.М., 1994. Т. 6.

Н.А.Бердяев,Смысл нсторнн.М., 1990.

Флоренскнй П.Очеркн фнлософнн культа.М., 1918.

Бахтнн М.М. Эстетнка словесного творчества.М.,1986.

Зезнна М.Р.,Кошман Л.В.,Шульгнн В.С.Исторня русской культуры.М.,1990.

마틴 부버(김천배 옮김), 『나와 너』. 대한기독교서회, 2004.

피히테(황문수 역), 『독일 국민에게 고함』. 범우사, 1994.

보리스 그로이스, 『아방가르드와 현대성』. 문예마당, 1995.

폴 케네디(이왈수, 전남석, 황건 공역), 『강대국의 흥망』. 한국경제신문사, 2004.

조병옥, 『프랑스 문화와 문화정책』, 공주대학교, 1998.

조지프 S. 나이(홍수원 옮김), 『소프트 파워』. 세종연구원, 2009.

함석헌, 『뜻으로 본 한국역사 (함석헌 전집1)』. 한길사, 1984.

http://www.arko.or.kr/home2005/bodo/sub/foreign_news.jsp?idx=1288&pidx=1252(검색일: 2018.01.25)

http://www.prlib.ru/sites/default/files/u1/6_guide.pdf (검색일: 2018.01.28)

http://kremlin.ru/events/administration/21027 (검색일: 2018.01.28)

미주

1) 이는 혁명의 나라 러시아의 운명적인 질문인 "누구의 잘못인가?"와 "무엇을 할 것인가?"에 다름 아니다. 첫 번째 질문은 1840년대 게르첸의 것이고, 두 번째는 1860년대 체르느이쉐프스키의 통찰이었다. 이 질문을 받아들여 레닌은 "무엇을 할 것인가?"를 썼고 그 답은 혁명이었다. 이후 이 두 문장은 오늘날까지도 러시아에서 무한 반복되는 영원한 질문이라 할 수 있다.

2) 실제로 수교 이전 '친 북한'의 러시아는 옐친정부시 '친 남한'으로, 그리고 푸틴정부에서는 '남북등거리'로 바뀌었다. 한때 대러시아 교역에서 한 · 중 · 일 중 선두를 질주하던 우리는 현재 뒤쳐지고, 심지어 매년 그 지표는 하향곡선을 그리고 있지 않은가?

3) 소비에트의 유산을 이어받은 러시아에서 문화는 선전 · 선동의 키워드였음과 동시에 공감과 소통의 가장 일차적 요구였다.

4) 전체인구의 약 80%가 러시아인이고 나머지는 소수 민족으로 구성되어 있다. 우리 한민족은 민족 구성상 35번째(약 16만)에 링크되어 있다.

5) 2007년 푸틴은 "러시아를 잘 알고 싶다"는 프랑스 사르코지 대통령과의 정상회담에서 이 시를 읽어 주었다. 또한 2017년 4월 미디어 포럼에서도 푸틴은 인터넷 통제에 대한 질문에 이 시로 대답하기도 하였다.

6) 1960년대 중 · 소 국경분쟁과 사상투쟁으로 냉각의 길을 걷던 양국은 2001년 강택민 주석의 러시아 방문으로 급격한 화해로 돌아선다. 이때 유명한 강택민의 톨스토이 무덤 앞 연설은 양국의 신뢰 회복에 강력한 시그널이 되었다. "내가 가장 사랑하는 작가인 톨스토이가 없었다면 오늘의 나는 존재하지 않았을 것입니다."

7) 러시아는 모스크바를 '제3로마'라고 스스로 부르고, 인류의 '두 번째 르네상스'가 러시아에서 19세기와 20세

기 초에 이루어졌다고 주장한다. 이밖에도 푸틴의 러시아가 미국에 각을 세우는 것을 러시아 국민이 지지하는 이유 역시 신이 세상을 악(미국)으로 부터 구원하라는 미션을 주었다고 믿고 있기 때문이다.

8) См.: Словарь языка Пушкнна. М., 1959. Т. 3. С. 836-837. 푸쉬킨은 이 말을 '계몽(просвещенне)'라는 말로 바꾸어 사용하고 있다. 푸쉬킨은 이를 광범위하게 사용했는데 계몽이라는 단어 이외에도 '교양(образованность)'혹은 '문명(цнвнлнзацня)'이라고도 사용했다.

9) Н.В.Гоголь,Собраннесочнненнйв9т.М.,1994, Т.6. с. 71.

10) Н.А.Бердяев,Смыслнсторнн.М., 1990. с. 166. "문화라는 개념 속에 고대 문화도, 유럽 문화도 계몽의 과정을 통해 문화의 종교적 근원과 단절되고, 문화의 상징을 파멸시킨다. 여기에 문화의 운명적 변증법이 있다"고 베르자예프는 지적했다.

11) ФлоренскнйП.Очеркнфнлософннкульта.М., 1918.

12) 문화국가라는 용어는 『독일 국민에게 고함』으로 널리 알려진 독일 철학자 피히테가 처음 사용한 것으로 알려져 있다. 문화국가는 문화의 자율성과 다양성을 보장하면서 건전한 문화 육성과 실질적인 문화 향유권 실현의 책임을 다하는 국가로 요약할 수 있다.

13) http://www.arko.or.kr/home2005/bodo/sub/foreign_news.jsp?idx=1288&pidx=1252(검색일: 2018.01.25)

14) 과거 교육부 일부에 속해 있던 문화의 독립을 선언하면서 앙드레 말로는 "대학, 즉 교육부는 가르친다. 라신을 알게 하는 것은 대학의 몫이다. 문화부의 역할은 라신의 작품을 사랑하게 하는데 있다" (앙드레 말로의 1959년 12월 8일 하원 연설)고 천명하면서 이후 감수성 개발이 프랑스 문화정책의 중요한 의제가 되기도 하였다. 앙드레 말로는 '문화 민주화'를 모토로 프랑스 전역에 '문화의 집'을 건설하였다. 이후 프랑스의 문화정책은 미테랑정부의 문화부 장관인 자크 랑이 1981부터 93년까지 12년간 문화수장으로 재직하면서 '문화 대중화', '문화 산업' 육성 정책을 통해 문화정책의 새로운 장을 열면서 가장 중요한 모델이 되었다.

15) 이러한 미국의 문화를 이끄는 것은 '자본력'이다. "미국은 국가가 아니라 비지니스다.(America's not a country. It's justa business!)"라고 앤드루 도미니크 감독의 영화 '킬링 소프틀리'는 말한다. 이와 반대로 영국은 문화정책에서 '국가 패트론' 모델을 지향한다. 특히 영국 황실을 통한 '아트 카운슬'은 영국 문화의 희망이라 할 수 있다. 또한 아시아를 선도한다고 믿는 일본은 문화 다양성 정책으로 자신들만의 문화 생태계를 꾸준히 구축해 오고 있다.

16) https://www.prlib.ru/sites/default/files/u1/6_guide.pdf (검색일: 2018.01.28)

17) 물론 1936년부터 예술 업무는 문화부의 전신인 '소비에트 예술위원회'로 이관되었음은 전술한 바와 같다.

18) Elise Kimerling Wirtschafter, *Russia's Age of Serfdom1649-1861*. London: Blackwell, 2008. p. 212.

19) 특히 필로페이의 '모스크바 제3 로마론'의 추종자이자 상속자를 자처했던 그는 러시아 문화의 독창성과 우월성 그리고 선택 받은 러시아 민족의 감성을 지속적으로 주장하였다

20) 이 정책은 이미 1906년 루나차르스키가 프롤레타리아 리얼리즘을 언급한 이후 1932년 문학신문의 사설에서 처음 이 용어가 등장했고 그 후1934년 제1차 소비에트 작가동맹회의에서 고리키가 사회주의 리얼리즘을 천명한 후 공식화 된다.

21) http://kremlin.ru/events/administration/21027 (검색일: 2018.01.28)

22) 최근 이러한 검열과 통제에 반대하는 연출가 키릴 세레브렌니코프를 횡령 혐의로 기소하고 가택 연금 시킴으로서 문화의 국가에 대한 의무를 공고히 하려는 의도를 적나라하게 드러내고 있다.

23) 미국의 매카시 열풍을 기억해 보자. 또한 소비에트 문화모델인 '건축적', 즉 전체주의적 사회에 특징적인 모델이 미국의 마천루를 비롯한 형태로 수용되었음을 부인할 수는 없다.

24) 전통적으로 동양에서 문화는 '문'과 '화'를 분리해서 생각해 왔다. '문'이란 사람의 가슴에 무늬를 넣는 것을 의미하고, 이는 고대 장례 풍습에서 시신에 무늬를 새김으로 경건함을 나타내고 신과의 소통을 의미하였다. '화'란 정상적인 사람이 늙어 웅크리고 있는 모습, 즉 변화되었다는 것을 의미한다. 이를 붙여서 이해하자면 '신과

의 소통을 통해 변화되는 것'으로 그 뜻을 유추해 볼 수 있다. 이 지점은 문화를 종교적 숭배와 공감으로 연결시키는 러시아와의 대화 가능성을 충분히 시사해 준다고 할 것이다.

25) 만일 문화정책에서 국가의 역할을 규정한다면 유럽에서 국가는 '후원자'의 역할을, 미국에서 국가는'영감자' 역할을 하며, 러시아에서 국가는 '정원사'의 역할을 한다고 할 수 있다. 그렇다면 한국의 문화정책 모델은 어떤 국가를 벤치마킹해야 할 것인가? 그것은 당연히 세 역할을 모두 통합할 수 있는 국가의 문화정책을 수립하는 것이다. 제안 가능한 우리의 문화정책의 화두로는 '민주화', '대중화' 그리고 '산업화'이다. 각각의 정책에는 전략이 수반된다. 가령 문화 민주화 정책을 이끌어 가는 전략으로 문화 다양성 전략이 필요하고, 이는 다문화 전술이 수반된다고 할 것이다.

26) 한 가지 눈에 띠는 예를 들어보자. 2015년 러시아의 우크라이나 침공과 크림반도 병합으로 인해 G7의 러시아 봉쇄와 제재가 진행되었다. G7의 일원인 일본도 예외가 아니었다. 하지만 이때 일본은 러시아 대통령 문화 특사인 전 문화부 장관 미하일 쉬베드코이를 동경으로 초청하여 2017년부터 2022년까지 5년간 집중적인 양국 문화 교류를 체결하였다. 한쪽에서는 제재를 다른 한쪽에서는 문화적 대화를 동시에 이끌어 나가는 일본의 정책은 당시 G7국가도 아니면서 서둘러서 러시아와의 급격한 냉각화를 이끌었던 우리나라의 정책과 극명하게 대비된다.

27) 폴 케네디(이왈수, 전남석, 황건 공역), 『강대국의 흥망』. 한국경제신문사, 2004. p.717.

에필로그

가자! 북방으로!

– 'G7 통일한국'을 향한 대장정 –

이승율

왜 러시아의 푸틴은 중국인들의 극동지역 진출을 두려워하는가? 러시아는 서방의 경제제재로 경제난에 시달리면서 단 1 달러의 외국투자도 목마른 상황이다. 그런데도 중국의 적극적인 극동러시아 투자진출에 대해서는 매우 신중한 입장을 견지하고 있다.

왜 중국의 시진핑은 러시아 극동지역 진출에 적극적인가? G2(물론 이것은 한국인의 관점)의 자존심도 구겨가며 러시아와 여러 프로젝트를 추진하는 과정에서 불평등계약도 감수한다. 심지어 극동·시베리아에 진출한 중국 상인들이 러시아 공안당국에 의해 '묻지마 추방'을 주기적으로 당하는 설움도 개의치 않는다.

왜 일본의 아베는 비굴할 정도의 저자세로 푸틴의 투자요청을 흔쾌히 받아들이는가? 일본은 미국의 동맹국으로서 대러 경제제재를 함께 주도해야 할 입장이다. 그런데도 탁월한 외교적 수완으로 미국의 반대를 잠재우면서 전례없는 대규모의 대러시아 투자(2016년 말 약 3조 원)를 강행하고 있다. 북방4도 반환 때문이라고? 천만의 말씀이다. 아베가 북방영토에 대한 푸틴의 의중을 모를 리가 없다.

왜 미국의 트럼프는 여론의 몰매를 맞으면서도 푸틴과의 브로맨스 관계를 유지하려는가. 푸틴의 도움으로 트럼프 행정부가 출범한 보은 때문인가. 사실 미국은 러시아의 크림반도 복속에 대한 보복 조치로 서방의 대러 경제제재를 주도했다. 그런데도 미국의 대러 무역고는 제재 조치 이전과 별 차이가 없다. 러시아의 전략적 가치를 중시하는 미국의 입장은 맹목적으로 반(反)러시아 정서를 견지하며 부화뇌동하는 여타 서방국들과는 다르다. 지난 1867년에 러시아로부터 알래스카를 720만 달러에 매입한 사례는 미국 역사상 초대박 투자로 기록되고 있다.

러시아의 극동·시베리아는 남한영토의 70배에 달하는 광활한 땅이다. 수세기 동안 자원의 보고이지만 개발가치가 별로 없는 영구동토였다. 이 중 극동지역은 인구가 6백만 명 정도밖에 안 되는 빈약한 땅이다. 그런데 이 쓸모없는 땅이 21세기로 진입하면서 전 세계인의 이목을 모으고 있다. 지구온난화로 시베리아 동토가 해빙되면서 최적의 거주환경으로 변하는 것이다. 게다가 북극항로가 개발되면서 물류혁명을 예고하고 있다. 경제의 중심축이 유럽과 아메리카 대륙에서 유라시아 대륙으로 이동하고 있다. 그 중심에 극동·시베리아가 자리잡고 있다.

특히 이 지역은 우리 민족에게는 남다른 의미를 지니고 있다. 한민족의 시베리아 기원과 북방이동설에 대한 학문적 연구가 아직 이루어지지 않았다. 고구려 선조들이 가졌던 진취적 기상과 그 유전인자를 고스란히 간직한 발해민족의 역사는 마땅히 복원되어야 할 유산이다. 조선 후반기에 함경도에 기근이 들면 월경해서 농사를 지어 굶주림을 면했던 것도 연해주 땅이었다. 선조들이 일제병탄을 전후해 항일 독립운동의 의지를 다졌던 곳도 극동·시베리아 땅이었다. 기회의 땅-극동·시베리아는 다시 한번 한민족의 외연을 북방으로 넓힐 수 있는 가능성을 열어주고 있다. 소위 '신북방정책'이 카운트다운에 들어간 셈이다.

러시아는 우리에게 '어서 오라!'고 손짓한다. 러시아에게 중국이 두려운 것은 인해전술 때문이다. 극동·시베리아가 중국인들의 실효적 거주에 의해 동북4성이 되는 것을 우려한다. 중국의 동북3성지역은 해상출로가 극동러시아의 연해주 지역 외엔 대안이 없다. 북방4도의 일본 반환은 제2차 세계대전 후 70년이 지났는데도 답보상태다. 그러나 일본에게 그보다도 더 시급한 것은 후쿠시마 원전사태로 인해 피폐화된 땅과 바다의 농산물과 수산물 오염문제를 해결하는 것이다. 원전폐쇄 후 대체 에너지와 청정 식료품을 장기적으로 공급받을 수 있는 곳이 러시아다. 트럼프와 푸틴의 관계는 미국 신정부 출범 전부터 더없이 끈끈했다. 특히 트럼프는 중국을 견제하는 카드로 러시아를 활용할 의도를 감추지 않는

다. 1970년대 데탕트시대에 소련을 견제하기 위해 미·중 간 연대했던 것과는 크게 상반된다. 결과적으로 러시아는 중국, 일본, 미국 등 강국과 전례없는 우호관계를 구축하고 있다. 북한 김정은 정권과도 원만한 관계다. 최적의 한반도 외교환경을 어떻게 활용할 것인가는 진정으로 우리에게 달려있다. 이 절호의 기회를 방기해서는 안 될 것이다.

러시아와 한국은 상호 보완적인 경제구조를 갖고 있다. 러시아의 자원·첨단기술과 한국의 자본·기술상용화가 결합될 때 시너지효과가 적지 않다. 거기에 북한의 저렴하고 우수한 노동력이 가미되면 금상첨화다. 그래서 러시아는 남·북·러 3각 협력 사업에 지대한 관심을 보이면서 우선 실현 가능한 프로젝트부터 착수하자는 입장이다. 나진·하산 프로젝트가 그 대표적인 것이었다. 러시아의 단계적 로드맵은 나진·하산 프로젝트 성사 후 개성공단 합작투자, 북한 철도 개·보수, 전력망·가스관의 북한 통과 및 나아가 북한 핵·미사일 해결 등을 통해 북한의 개혁·개방을 유도하고 한반도 비핵화·평화를 정착한다는 것이다. 이것은 남북한 당사국의 동의와 주변국의 협력을 이끌어 낼 수 있는 현실적이며 미래지향적 방안이었으나 남북관계가 경색됨에 따라 원점으로 회귀하고 말았다.

러시아 푸틴정부는 3기 출범과 동시에 신동방정책을 표방하면서 획기적인 개발정책을 쏟아놓고 있다. 우선적으로 전담 중앙부처인 극동개발부를 신설하고, 정상급 참석의 동방경제포럼을 매년 9월 개최하면서 이를 플랫폼으로 구축해 가고 있다. 극동러시아 지역에는 15개의 선도개발구역 지정, 블라디보스토크 자유항법 채택, 토지무상 공여의 극동헥타르법 제정 등 전례없는 특혜를 부여하면서 투자자들을 유인하고 있다. 구소련 말기까지 군사지역으로 굳게 닫혀있던 블라디보스토크의 대문을 활짝 열었다.

본 저서의 필진은 이러한 북방지역의 경제·안보 환경 변화상을 몸소 체험하면서 21세기 한국의 미래를 담보할 새로운 정책 아젠다 발굴의 필요성을 절감했다.

총론에서 박종수 박사는 '왜 다시 북방정책인가?'라는 질문에 대한 답을 'G7 통일한국 건설'에 방점을 두었다. 선조들이 역사의 변곡점마다 북방에서 그 해답을 구했듯이, 21세기 한국은 또 한 번 선택의 기로에 놓였다. 대통령 탄핵정국 후 혁명적 변화를 예고하면서 4강국의 스트롱맨에 의해 포위되고 핵폭탄을 안고 있는 초강성 김정은을 마주하는 한국사회의 현실은 녹록지 않다. 이러한 대내외·대북 여건을 고려한 신북방정책의 실천방안으로 3대 NNP전략을 제시했다. 첫 번째 신국민소득(New National Product), 두 번째 신북핵해법(New Neuclear Plan), 세 번째 신북방프로젝트(New Nordpolitik Project)다. 이 3대 NNP는 순차적으로 또는 동시다발적으로 추진될 수 있다. 또한 신북방정책의 주요 액션플랜은 ① 대통령 직속의 '북방정책위원회' 신설 ② '북방펀드'조성 ③ 지방자치단체의 북방전담창구 개설 ④ 북·러 접경지역에 '제2개성공단' 조성 ⑤ 남·북·러 3대 Mega-Project(TSR·TKR, PNG망, 전력망) 추진 ⑥ 북한 인접지역 2선 3점의 경제블록 소다자(小多者) 협력체제 구축 등이다.

제1장 교통·물류전략에서 성원용 박사는 신북방정책에서 '왜 교통·물류 부문이 중요한가?'라는 질문에 대한 답으로 ① 단절된 북방지역과의 연계 네트워크 구축 ② 통일한반도-대륙 간 접경성 회복 ③ 북방의 글로벌 가치사슬에서 한국의 전략적 위상 제고 ④ 유라시아국들과의 전략적 산업협력 대상 등으로 정리했다. 교통 부문별 전략과 과제로는 ① 극동·시베리아 고속화도로·휴게소 건설 및 부대시설 운영 ② 러시아의 허브공항 건설 및 공항관리·면세점 등 부대사업 참여 ③ 오비·예니세이강 등 내륙 수운 항만시설 확충과 선박 건조 ④ 철도운송과 연계 극동항만 처리능력 확충 및 터미널 건설 ⑤ 북한 개혁·개방과 함께 중국의 일대일로와 북극항로 연결고리로서의 '유라시아 이니셔티브 2.0' 추진 등이다.

제2장 북한 핵·미사일 해결전략에서 박종수 박사는 북한의 핵·미사일 문제는 결자해지 차원에서 러시아의 역할이 필수적임을 강조했다. 북한 정권 출범과 동시에 착수된 핵개발은 전적으로 구소련의 지원하에 추진됐고, 소련 붕괴의 혼란기, 심지어는 최근 우크라이나 내전기를 틈타 합법·불법적 방법으로 핵·미사일 프로그램을 습득했다. 이미 1993년 북한의 핵보유 능력을 평가한 러시아로서는 2020년까지 80여 개의 핵탄두와 5~7년 후 고체연료의 ICBM 보유를 전망한다. 북한은 당분간 단·중거리 미사일을 실전 배치해 미국의 본토를 직접 위협하

지 않으면서도 한국 등 동맹국가를 직접 타격하는 우회 전략을 구사할 것으로 전망한다. 북한 핵·미사일 해결의 유일한 해법은 러시아가 2003년 제시한 일괄타결안이다. 즉 한반도의 비핵화 보장, 북한의 안전 보장, 대북 인도적·경제적 지원 등이다.

제3장 자원·에너지전략에서 윤성학 박사는 푸틴 대통령이 2016년 남·북·러 전력연계, 일본과의 에너지 브릿지 사업을 포괄한 아시아 에너지 슈퍼 링(Energy Super Ring) 전략을 제시했으며, 이는 장기적으로 남북한과 일본 뿐만 아니라 중국과 몽골을 포함한 동북아 통합전력망을 주도한다는 것이다. 이 프로젝트는 HVDC 신기술의 상용화, 러시아의 최대 규모 부레야수력발전소 신설, 한국의 반환경적 발전소 건설 중단 등 상황변화로 다자간 경제적·상업적 타당성을 갖는다. 에너지 수입원 다변화와 경제성 담보, 그리고 통일비용을 줄이기 위해 남·북·러 전력망 연계사업 추진, 나아가 북한의 개방 유도 및 남북 간 화해·협력의 전기를 마련할 수 있다. 한국 주도의 아시아 슈퍼그리드 실현은 ① 전력망 광역화를 통한 공급 신뢰도 제고 ② 미래 성장동력 창출 ③ 선제적인 동북아 다자간 협력 등 성과를 거양할 수 있다.

제4장 군사·안보전략에서 유영철 박사는 한·러 군사관계는 수교 27년간 상당한 발전과 성과가 있었다고 평가하면서도 해결해야 할 난제들이 여전히 존재하고 있다고 분석한다. 한·러 간 군사협력을 강화하는 방안으로 ① 국방부·합참·각군의 대러시아 정책 수행에 필요한 네트워크화(Network化) ② 러시아와 차관상환을 위한 한·러 방산협력 강화 및 방산물자 도입용 국방예산과 연계시켜 기술협력을 병행 추진 ③ 북한 핵문제 해결방법으로 고도의 정치적 긴밀성을 담보로 하는 군사협력을 양국관계 발전의 촉매제로 활용하는 방안 등이다.

제5장 경제·산업전략에서 변현섭 박사는 러시아 정부가 자원의존형 경제구조 탈피를 위해 항공·우주·제약·의료·조선·전자·농업 등 분야에서 외국투자 유치, 경제 현대화와 수입대체산업 육성, 극동지역 개발 등에 주력하고 있음을 평가한다. 한국의 대러시아 협력방안은 ① 중장기적 경협 로드맵 설정 및 세부 협력사업 발굴 ② 한·러 FTA 체결 이외에 '무역투자개발협정(TIDA)' 등 기존의 '시장

개방' 중심에서 '공동산업정책'으로 이동 ③ 한·러 간 산업협력의 분야별 특성을 고려한 현지 투자 또는 수출 확대를 위한 구체적 협력모델 발굴 ④ 블라디보스토크 자유항 체제를 북극항로 개발에 전략적 활용 ⑤ 한·러 양국 간 극동지역 개발펀드 및 인력개발 협력 ⑥ 정부 또는 민·관 합동의 '한·러 협력사업 모니터링위원회' 설치 등이다.

제6장 과학·기술전략에서 김동수 박사는 러시아 정부가 '과학기술 발전 없이 러시아의 미래는 없다'는 모토하에 새로운 과학기술 정책을 모색하며 첨단기술(High technology), 혁신 (Innovation), 사업화(Business)로 압축되는 과학기술계에 대한 전반적 개혁을 추진하고 있음을 적시했다. 우리 정부는 1990년 수교 초기부터 러시아의 기초과학과 한국의 상용화 기술을 접목하는 상호보완적 협력 전략으로 추진해 왔으나 그 잠재력과 가능성에 비해 괄목할만한 성과를 거두지는 못했다. 근본 원인은 양국 간 협력 사업이 대부분 소단위의 단기과제 위주 및 전문가 부족 등이다. 한·러 과학기술 협력의 효율적 방안으로 ① 양국의 기술 협력을 총괄할 수 있는 컨트롤타워 구축 ② 극동·시베리아를 전담하는 극동거점 확보 등이다. 특히 최근 러시아는 4차산업 육성에 주력함으로써 2020년 23조 원(1조 2천억 루블) 규모의 IT시장으로 부상하며, 이에 중소·중견기업 진출 및 원천기술 제품화 등 분야에서 협력 전망이 밝다. 여기에는 양국 간 교육과 인재, 문화의 교류와 협력이 바탕이 되어야 할 것이다.

제7장 법·제도전략에서 이태림 박사는 극동개발정책이 전례없는 '과감한 개방' 및 '전담기구의 체계화·법제화'에 의한 안정적 투자플랫폼을 구축했다고 평가한다. 극동투자유치청·극동개발펀드·극동인력개발청·극동개발공사 설치 및 선도개발구역법·블라디보스토크 자유항법 등 연방차원의 법적 기초가 마련됐다. 선도개발구역법은 운영주체, 입주사 혜택, 입주 신청절차, 입주계약 해지조건 등을, 블라디보스토크 자유항법은 세재혜택, 통관·비자 절차간소화, 외국의료진의 자유항 내 의료활동 허가 등을 규정하고 있다. 정책적 제언은 ① 향후 북한 노동자 활용을 염두에 둔 북·러 국경 인접의 한국 전용공단(또는 농장) 조성, ② 연해주의 한국 전용 수산·조선 클러스터 구축, ③ 러시아의 3통 사업(송전망·

가스관·철도) 의지를 통일인프라로 활용하는 방안 등이다.

전 세계는 지금 기득권에 대한 분노가 분출하고 있다. 영국의 브렉시트, 두테르테 필리핀 대통령의 기존질서 반기, 미국의 기득권층에 분노한 트럼프 행정부 출범, 프랑스의 60년 기득권 정치를 청산한 마크롱 대통령 당선 등이다. 세상에 가장 나쁜 것은 양자택일을 강요하는 것이다. 미·영 중심의 신자유주의 광풍이나 극단적 정치 대립은 'all or nothing'을 강요하는 경향이 크다. 반면 독일·북유럽의 민주주의와 복지는 다당제하의 타협 산물이다. 최근 우리나라의 대통령 탄핵사태도 거대 양당이 누려온 적대적 공생관계에 대한 촛불민심의 분노였다. 한반도를 중심으로 한 주변국 간 관계도 마찬가지다.

G2 개념은 유독 한국에서만 통용되는 양자택일 문화 습성이다. 미국과의 군사동맹도, 중국과의 경제협력도 똑같이 소중하다. 미국·중국과의 관계를 풀어나가는데 러시아·일본 등 또 다른 선택지를 활용할 줄 알아야 한다. 이것이 우리의 지정학적인 운명이다. 미국과 중국 중에 택일하라는 것은 어린아이에게 '엄마가 좋아, 아빠가 좋아?'라고 묻는 유치한 질문이다. 이젠 미·중 택일 프레임에서 탈피해 다층적 외교전략을 구사해야 한다.

신북방정책은 이러한 관점으로 바라본 정책대안이다. 가령 우리의 연해주 진출 전략이 남·북·러 간 장벽에 부딪히면 한·일·러, 또는 한·중·러 등 또 다른 3각 협력으로 우회하는 유연성을 발휘해야 한다. 미국의 트럼프정부가 환태평양경제동반자협정(TPP)에서 탈퇴함으로써 일본이 그 빈자리를 대신할 것으로 예상된다. 전례없는 러·일 간 우호관계를 감안할 때 한국과 일본이 환태평양경제권의 중심인 극동·시베리아 진출에서 공조체제를 구축할 수 있는 절호의 기회를 맞을 수 있다.

'다시 북방이다'라고 보는 것에는 우리의 통일문제도 관련이 있다. 우리 민족의 숙원인 통일은 내부 문제이지만 국제 외교문제이기도 하다. 지금까지 통일을 위해서는 중국의 역할이 결정적일 것으로 보고 중국과의 협력에 공을 들여왔다. 그러나 우리의 일방적이었던 희망사항은 최근 사드(THAAD) 사태를 통해 중국의 무례하고도 야비한 보복을 보면서 중국의 의도를 적나라하게 읽을 수 있었다.

따라서 중국의 환상이 깨진 우리로서는 통일을 위한 활로를 러시아로부터 찾아야 할 필요성이 높아지고 있다.

북한의 입장도 다르지 않을 것이다. 비록 북한과 중국과의 관계가 특수하지만, 북한의 90%에 달하는 높은 대중국 무역의존도로 인해 심각한 중국화가 이행되고 있으며, 사실상 북한이 중국의 동북4성화가 되는 것이 아닌가 하는 우려가 대두하고 있다. 따라서 북한으로서도 대중국 경계심을 가질 수밖에 없을 것이다. 과거 1960년대의 중·소 분쟁 당시 북한이 중국과 소련 사이의 양다리 외교술을 구사하면서 러시아를 전략적으로 활용해본 경험이 있는 만큼, 중국으로부터의 과도한 압박과 의존에서 벗어나기 위해 향후 러시아 재접근과 활용 가능성이 높아질 것으로 보인다.

남북한 모두가 서로의 필요에 의해 새로운 대러시아 접근과 활용이 이루어질 것을 감안하면, 러시아는 통일에 활로를 여는 새로운 대안('신북방정책')이 될 것이다. 19대 대선이 치러진 5월 9일은 공교롭게도 러시아의 전승기념일이다. 새 대통령과 새 정부는 북방의 승전고에 귀를 기울여야 한다. 다시 한번 외친다.

'가자! 북방으로!' G7 통일한국을 향한 대장정이 시작되었다.

부록1

문재인 대통령, 러시아 동방경제포럼 기조연설 전문

(신북방정책 천명, 2017.9.7)

동방경제포럼에 초대해 주셔서 감사합니다. 올해로 3회째를 맞이하는 이 중요한 행사에 참석하게 되어 아주 기쁩니다.

푸틴 대통령님, 아베 총리님, 지난 7월 G20 정상회의에 이어 다시 만나게 되어 반갑습니다. 칼트마 바툴가 대통령님, 저처럼 신임이어서 특별히 반갑습니다. 취임을 축하드립니다. 각국 정부대표단, 경제인, 귀빈 여러분, 반갑습니다.

러시아 극동지역 최대 항구도시인 블라디보스토크를 처음 방문했습니다. 아주 정겹게 느껴집니다. 항구에서 올려다본 언덕 위의 집들은 내 고향 한국의 '부산'을 떠올리게 합니다. 지금도 부산 감천항에 가면 러시아 배가 수산물을 싣고 들어옵니다. 부산역 앞에 가면 러시아어 간판들을 흔하게 볼 수 있고, 러시아 빵 '흘렙'과 발효 요구르트 '께피르'를 맛볼 수 있습니다.

일찍이 제정 러시아의 예카테리나 2세는 극동시베리아의 잠재력을 간파하고, "빛이 밝아오는 곳, 동쪽의 별이 떠오를 것"이라고 말했습니다. 시대는 바뀌었지만 극동은 여전히 잠재력이 가득하고 매력적인 곳입니다.

오늘날 극동지역은, 러시아뿐만 아니라 한국을 포함한 동북아시아 국가들의 협력과 공동번영을 이끌 수 있는 희망의 땅입니다.

이 희망이 푸틴 대통령님의 리더십 아래 현실화되고 있습니다. 한국 역시 '새로운 현실을 창조하자'라는 동방경제포럼의 슬로건에 맞게 러시아와 동북아시아 국가들과의 협력을 한층 본격화할 것입니다.

푸틴 대통령님, 내외 귀빈 여러분,

이곳 극동지역은 러시아인과 한국인이 이미 오래전부터 서로 협력했던 곳입니다. 이곳은 러시아의 선조들이 개척했고 한국의 선조들이 찾아와 함께 살아온 터전입니다. 동토였던 이곳은 러시아인의 땀과 한국인의 땀이 함께 떨어져 따뜻한 땅으로 변했습니다.

이곳에 오면서 울창한 숲과 꿈틀거리는 대지를 보았습니다. 시베리아에서 한반도의 백두산까지 넘나들었던 호랑이를 떠올렸습니다. 오래전부터 한국인들은 호랑이를 영물로 여기며 아주 좋아합니다. 푸틴 대통령님도 기상이 시베리아 호랑이를 닮았다고 합니다. 저의 이름 문재인의 '인'자도 호랑이를 뜻합니다. 우리는 호랑이의 용기와 기상이라는 공통점을 갖고 있습니다.

그런 마음으로 극동지역 발전에 나선다면 안 될 일이 없지 않겠습니까?

러시아와 한국은 시베리아 호랑이로 상징되는 인연뿐 아니라, 이 지역 곳곳의 삶에서도 연결되어 있습니다. 러시아의 대문호 도스토예프스키, 톨스토이와 함께 극동과 사할린을 문학에 담아낸 러시아 작가 안톤 체홉을 한국인은 매우 사랑합니다. 이곳은 한국문학의 중요한 공간이기도 합니다. 한국의 근대소설가 이광수의 작품 '유정'은 시베리아와 바이칼 호수를 배경으로 하고 있습니다. 작가 조명희는 연해주에서 살면서 이곳의 삶을 소설로 썼습니다. 그의 문학비가 지금 극동연방대학 악사코브스카야박물관(과학박물관) 앞에 서 있습니다. 이러한 사실만으로도 나는 오래되고도 깊은 양국의 관계를 느낄 수 있습니다.

우리는 극동지역에서 함께 도우며 살아간 공통의 추억과 경험이 있습니다. 그 추억이 앞으로도 함께 살아갈 힘이 될 것입니다. 그 경험이 더 큰 발전을 이끌어낼 기반이 될 것입니다.

푸틴 대통령님,

나는 한국에서 볼쇼이 발레단의 공연을 보았습니다. 이곳 마린스키 극장에서도 세계 최고의 러시아 발레를 관람하고 싶습니다. 나는 마린스키 극동 극장을 통해 신동방정책에 대한 푸틴 대통령님의 깊은 의지를 느낍니다.

나 또한 극동지역을 포함한 북방지역과의 경제협력 의지가 확고합니다. 임기 중에 러시아와 더 가깝게, 아주 긴밀한 관계를 만들어내고 싶습니다. 그것을 한국은 신북방정책의 비전으로 갖고 있습니다.

신북방정책은 극동지역 개발을 목표로 하는 푸틴 대통령님의 신동방정책과 맞닿아 있습니다. 신북방정책과 신동방정책이 만나는 지점이 바로 극동입니다. 러시아가 추진하는 극동 개발을 위한 최적의 파트너가 한국이며, 한국이 추진하는 신북방정책도 러시아와의 협력을 전제로 한 것입니다.

나는 이를 위해 러시아의 극동개발에 적극적으로 참여하고자 합니다. 그동안 남북관계의 어려움으로 진척시키지 못했던 사업들을 포함해 러시아와의 협력을 더 우선하는 목표로 삼고자 합니다.

이를테면 조선해운 협력은 양국 간 경제협력의 새로운 모델이며 국제 해운의 환경을 바꿔내는 일입니다.

북극항로 개척은 너무나 가슴 뛰는 일이지 않습니까? 자루비노항의 개발과 맞물려 한국의 조선산업이 결합한다면 북극항로는 새로운 에너지 시대를 여는 신 실크로드가 될 것입니다. 한국의 조선업은 세계 1위입니다. 최근 6년간 발주된 대형 LNG선박의 64%가 한국에서 만들어지고 있을 만큼 기술력이 최고입니다.

이미 러시아로부터 쇄빙 기능을 갖춘 LNG운반선 15척을 수주하여 1척을 건조, 인도 완료했습니다. 세계 최초의 쇄빙 LNG운반선입니다. 지난 6월 푸틴 대통령님은 이 쇄빙 LNG운반선의 명명식에 참석해 “북극항로의 가능성을 활짝 연 것이며, 유럽뿐 아니라 전 세계 에너지 산업 발전에 크게 공헌하게 될 것”이라 말했습니다. 세계 해운이 갈 길을 밝힌 참으로 의미심장한 말입니다. 이 배는 이미 지난달 노르웨이에서 북극항로를 통해 한국의 충남 보령항까지, 쇄빙선의 도움 없이, 운항에 성공했습니다. 수에즈 운하와 인도양을 거치는 남방항로에 비해 운송거리, 운송시간, 운송비용이 무려 1/3이나 절감되었습니다. 이미 러시아와 한국의 협력은 큰 변화를 세계에 보여주었습니다.

한국은 LNG를 연료로 하는 대형 유조선도 러시아로부터 수주했습니다. 국제해운을 친환경해운으로 바꾸는 역사적인 일입니다. 쇄빙 LNG운반선과 LNG

연료 유조선은 세계가 러시아의 LNG를 수입하는 계기가 될 것이며 러시아 가스의 이용이 크게 늘어날 것입니다.

나아가 한국의 조선기업들은 러시아와 합작사를 설립하여 쯔베즈다 조선소에 참여하고 있습니다.

러시아와 한국의 조선과 에너지 협력은 이미 시작되었고 세계를 바꾸고 있습니다. 앞으로 남북관계가 풀리면 북한을 경유한 가스관이 한국까지 오게 될 것입니다.

푸틴 대통령님, 내외 귀빈 여러분,

나는 약속대로 대통령 직속 '북방경제협력위원회'를 설치하였습니다. 한국이 북방경제협력 전담 기구를 설치한 것은 이번이 처음입니다. 러시아의 극동개발부에 대응해서 한국도 극동개발 협력을 위한 국가체제를 갖췄습니다.

푸틴 대통령님, 극동개발 협력에 대한 한국의 의지가 느껴지십니까? 앞으로 한국의 북방경제협력위원회는 러시아 및 다른 동북아 국가들의 관련기관과 긴밀히 협력하여 극동지역 개발을 중심으로 실질적인 협력방안을 마련할 것입니다.

푸틴 대통령님과 나는 양국 간 지방협력포럼도 내년부터 개최하기로 했습니다. 이러한 포럼을 통해 양국 지방자치단체뿐 아니라 지방 중소상공인간의 실질협력과 인적교류도 더욱 촉진될 것입니다.

그러나 무엇보다도 한국은 보다 견고하고 영속적인 북방협력의 제도적인 틀을 마련하기 위해 러시아가 주도하고 있는 유라시아 경제연합(EAEU)과 FTA를 조속히 추진하기를 희망합니다. 이와 함께, 한국은 광역두만개발계획(GTI) 같은 다자간 협력도 강화하기를 희망합니다.

내외 귀빈 여러분,

극동지역은 지리적으로 시베리아 횡단철도의 시작점이자 종착점입니다. 유라시아 지역과 동북아, 아·태지역을 연결하는 통로입니다. 극동지역에는 석유·천연가스·철광석 등 천연자원이 풍부하고, 공항, 철도, 항만 등 인프라 개발 수요도 매우 큽니다.

푸틴 대통령님의 적극적인 투자환경 개선으로 러시아내 기업 활동여건도 빠르게 좋아지고 있습니다.

나는 러시아와 한국 사이에 9개의 다리(9-Bridges 전략)를 놓아 동시다발적인 협력을 이루어나갈 것을 제안합니다. 그 9개의 다리는 가스, 철도, 항만, 전력, 북극항로, 조선, 일자리, 농업, 수산입니다.우리가 함께 협력할 분야가 참으로 많지 않습니까?

한국은 세계 2위의 가스 수입국입니다. 우리는 러시아에서의 가스 수입뿐 아니라 에너지 개발 협력에도 참여하기를 원합니다.

시베리아 횡단 철도는 우리 한국인의 역사와도 함께 합니다. 1907년 헤이그 만국평화회의에 참석하기 위해 고종황제의 특사 이준이 이 열차를 탔습니다. 1936년 베를린 올림픽 마라톤 금메달리스트 손기정이 이 열차를 타고 베를린까지 갔습니다. 우리 철도와 TSR의 연결은 유라시아 대륙과 해양을 이어주는 통로가 될 것입니다.

전력협력은 에너지 전환이라는 세계적 과제를 해결하는 일입니다. 나는 이 일에 러시아가 앞장서 주시길 바랍니다. 러시아의 에너지 슈퍼링 구상이 몽골 고비사막의 풍력, 태양광과 함께 거대한 슈퍼그리드로 결합하면 동북아시아는 세계 최대의 에너지 공동체를 형성할 수 있습니다. 그리고 이는 EU처럼 동북아경제공동체와 다자 안보체제로 발전하는 밑바탕이 될 수 있습니다. 나는 전력협력을 통해 동북아의 경제번영과 평화를 동시에 가져올 수 있다고 확신합니다.

나는 동북아 경제공동체와 다자안보체제까지 전망하는 큰 비전을 가지고 동북아 슈퍼그리드 구축을 위한 협의를 시작할 것을 동북아의 모든 지도자들에게 제안하고 싶습니다. 새로운 공단의 설립은 일자리 문제를 해결할 것입니다. 한국의 농업기술은 세계 어느 나라에 못지 않습니다. 지금 많은 한국의 농업기업들이 연해주에 진출해 있고, 러시아 농업에 기술지원과 기술이전을 하고 있습니다. 수산물류가공 복합단지 조성으로 이뤄질 수산분야의 협력은 미래 식량문제를 해결할 것입니다. 이 9개의 다리는 미래를 향한 탄탄대로가 될 것입니다.

푸틴 대통령님,

한국 기업은 그간 어려운 지정학적 환경 속에서도 러시아에 대한 투자를 꾸준히 진전시켜 왔습니다. 자동차, 가전 등 일부 분야에서는 러시아의 국민브랜드로 부상하기도 했습니다. 러시아에서 판매순위 1위를 기록하고 있는 '리오' 자동차는 7년 전 현대차의 상트 공장 투자의 결실로 러시아 부품업체들과 협력해서 이루어낸 결과입니다.

한국 기업의 기술력은 극동지역의 대형 산업시설과 인프라 구축에 기여할 수 있습니다. 이러한 대형 인프라 프로젝트를 지원하기 위해 한국 정부는 러시아 정부와 협력하여 투자기업의 금융활용가능성을 높이는 등 필요한 지원을 다하고자 합니다.

러시아 속담에 '묵묵히 가면 멀리 갈 수 있다'는 말이 있습니다. 대형 프로젝트의 추진도 중요하지만, 단기간에 실현가능한 협력을 추진해 성공사례를 많이 만든다면 양국 기업 간에 깊은 신뢰가 구축될 것입니다.

한국 기업들은 농업, 물류 분야뿐만 아니라, ICT 기술을 활용한 교통 분야 사업, 폐기물과 관련한 친환경사업, 호텔 리조트 개발 등에 관심이 많습니다. 경험과 경쟁력을 갖춘 한국 중소기업들이 극동지역 진출을 준비하고 있습니다. 보건의료 분야, 교육 분야에서도 인적교류와 기술협력이 추진되고 있습니다. 우리는 극동에서 이번 동방경제포럼의 주제처럼 동방의 새로운 현실을 창조해 나갈 수 있을 것입니다. 나는 극동지역을 '환태평양 시대를 주도하는 역동의 협력 플랫폼'이라고 이름 붙이고 싶습니다.

푸틴 대통령님, 내외 귀빈 여러분,

며칠 전, 북한은 6차 핵실험으로 또다시 도발했습니다. 한반도의 평화뿐 아니라 동북아의 평화를 위협하는 행위입니다. 극동발전을 위한 러시아의 입장에서도 반드시 풀어야 할 숙제입니다. 나는 북한의 도발을 막는 국제적 제재에 러시아가 적극적으로 동참해온 것을 감사드리면서 지속적인 지지를 요청합니다.

또한 나는 동북아 국가들이 협력하여 극동 개발을 성공시키는 일 또한 북핵문제를 해결하는 또 하나의 근원적인 해법이라고 생각합니다. 동북아 국가들이 극동에서 경제협력에 성공하는 모습을 보면 북한도 이에 참여하는 것이 이익임을 깨닫게 될 것입니다. 그리고 그것이 핵 없이도 평화롭게 번영할 수 있는 길임을 일세 될 것입니다.

이러한 측면에서 남북러 3각 협력을 위해 그간 논의되어 온 야심찬 사업들이 현재 여건상 당장 실현되기는 어렵더라도, 한국과 러시아 양국이 힘을 합쳐 협력할 수 있는 사업들은 지금 바로 시작해야 합니다.

물론 북한이 시작부터 함께 하면 더 좋은 일입니다. 조속한 시일 내에 북한이 핵을 포기하고 국제사회로 복귀하여 이러한 사업들에 동참하기를 절실하게 바랍니다.

내년 2월 한국의 평창에서 동계올림픽이 개최됩니다. 전통적으로 동계스포츠의 강국이고 직전 소치 동계올림픽을 주최한 러시아 국민들이 한국을 더 많이 찾아주시길 희망합니다.

푸틴 대통령님도 평소 스키와 아이스하키를 좋아하고 즐기시는 것으로 알고 있습니다. 평창에 와 주시면 자연스럽게 한·러 연례 정상회담이 복원될 것입니다. 동계올림픽을 연이어 주최한 호스트 국가들로서 전 세계에 평화와 희망의 메시지를 함께 보낼 수 있는 귀중한 기회가 될 수 있을 것입니다.

감사합니다.

부록2

북방경제협력위원회 신북방정책 로드맵

(2018.6.18)

※ 대통령 직속 북방경제협력위원회는 2018.6.18 서울 프레스센터에서 송영길 위원장 주재로 '신북방정책의 전략과 중점과제'와 '한-러 혁신플랫폼 구축계획 및 운영방안'을 마련함

최근 여건 변화 및 신북방정책 준비 경과

■ 최근 남북, 북미 정상회담 개최 등 한반도 주변의 상황 변화로 인해 문재인 정부의 신북방정책 추진에 대한 기대감이 높아지고 있음.

ㅇ 특히, "북한의 비핵화 진전 및 대북 제재가 완화될 경우" 물류 · 에너지 · 특구 개발 등 남북한과 러시아 · 중국 등 주변국이 참여하는 초국경 협력사업이 가능해져서 대륙과의 연결성 강화를 통해 북방경제협력이 보다 활성화될 것으로 보임.

■ 금번 안건 준비를 위해 연초부터 북방위 및 관계 부처, 연구소 등 민간 전문가가 참여하는 분야별 T/F를 구성해 분야별 전략과 중점과제를 검토해 왔고 각종 세미나 개최, 민간위원 자체 토론 등을 통한 의견수렴을 거쳤음.

(안건1) 신북방정책의 전략과 중점과제

【 신북방정책의 의의와 추진 여건 】

▪ 신북방정책은 일대일로·신동방정책 등 역내 국가들의 유라시아 통합노력에 대응하여 해양과 대륙을 잇는 가교 국가의 정체성을 회복하며

○ 초국경 소다자 협력 활성화를 통해 한반도·동북아 평화체제 구축에 기여하고, 우리 기업에게 시장다변화, 4차 산업혁명 기술협력, 에너지·물류망 구축 등으로 신성장동력 확보에 기여할 전망

○ 이는 "동북아플러스 책임공동체"와 "한반도 신경제구상" 등 문재인 정부 국정과제 실현에 기여할 것으로 기대

▪ 북방경제권은 언어장벽, 열악한 비즈니스 환경, 서방의 대러 제재 등 투자리스크가 높아 우리 기업의 교역·투자규모*가 크지 않으나,

* 우리 기업의 북방경제권 교역·투자 규모는 각각 전세계 대비 2.2%, 0.3% 수준으로 매우 미미, 특히 투자의 경우 2007~2010년간 투자가 70% 차지

○ 최근 급속한 기업환경 개선추세*와 북방지역 국가의 수입대체 산업 육성 정책은 우리 기업에게 시장확대를 위한 기회요인

* 러시아 기업환경순위(WB) : (13년) 112위, (14년) 92위, (15년) 62위, (16년) 51위, (17년) 40위

【 14개 중점 추진과제 주요 내용 】

▪ 북방위는 관계부처와 공동으로 "평화와 번영의 북방경제공동체" 형성을 비전으로 4대 목표, 14개 중점과제를 추진할 계획

▶ 목표 1 : 소다자 협력 활성화로 동북아 평화기반 구축

◇ 북한 비핵화 진전 및 대북재제 완화 등 여건 조성시 북·중·러 접경지역에서 소다자 협력사업 활성화로 남·북 경제협력의 안정적 여건과 동북아 평화기반을 구축

1. (초국경 경제협력) 북·중·러 접경지역 경제특구 개발을 한반도 신경제구상과 역내 국가 개발전략*을 연계하는 동북아 경제협력의 모델사업

* 동북3성 진흥전략(중국), 신동방정책, TSR-TKR 연결 (러시아)

○ 신의주-단동, 나선지역과 훈춘·하산을 연결하는 경제특구 개발, 나진-하산 프로젝트 사업 등이 검토 가능 예상

2. (환동해 관광협력) 비핵화 진전시 북한 기항 크루즈 상품 개발 및 두만강 국제관광특구(훈춘-하산-나선특구) 개발 등 추진 가능 예상

▶ 목표 2 : 통합네트워크 구축을 통한 전략적 이익 공유

◇ 북방경제권과 물류·에너지 측면에서 연결망을 구축하여 성장잠재력을 확대하고 호혜적 이익을 창출

3. (유라시아 복합물류망 구축) 유라시아 대륙철도(TSR, TCR)와 연계성 강화를 통한 철도·해운 복합운송 활성화로 기업의 다양한 물류수요를 충족하기 위해 노력

* 부산~상트페테르부르크(모스크바) : 해상 43~50일, 철도 복합운송 25~35일

○ 러시아 철도와는 TSR에 대한 요금인하, 부족한 화차문제 해소 등을 위한 공동협력 프로젝트를 추진하고, 중국 정부와 협의해 TCR의 우리 기업 전용 블럭 트레인 운영을 지원

○ 아울러, 한반도철도와 대륙철도 연결에 대비하여 동해북부선(강릉~제진) 조기 착수 추진

4. (동북아 수퍼그리드 구축) 한-중-일 전력망 연계는 정부간 협의채널 마련을 통해 공감대 형성에 주력하며, 남-북-러 구간은 경제적·기술적 타당성 검토를 위한 한·러 전력기간관 공동 연구 추진

5. (한-러 천연가스 협력) 우선적으로 러시아의 유망 LNG 프로젝트에 대한

양국간 정보공유를 추진하고, 남-북-러 가스관 연결은 경제적·기술적 타당성 등을 검토하기 위한 공동연구 추진

6. (북극항로 신출) 북극항로가 유럽~아시아를 잇는 상업적 항로로서 활성화되기에는 장기간이 소요될 전망이지만, 중앙아·시베리아 자원개발 기회를 적극 발굴하여 내륙수로와 연계된 물류루트 개발

○ LNG 쇄빙선 등 특수선박 수주를 적극 지원하며 북극항만 개발시 활용할 수 있는 4차 산업기술(극지로봇 등) 적용 시범사업 추진

▶ 목표 3 : 산업협력 고도화를 통한 신성장동력 창출

◇ 4차 산업혁명 대응과 산업구조 다각화를 지원하기 위한 협력플랫폼을 구축하고, 주민의 삶의 질 향상을 위해 환경·의료·ICT 등에서 우리의 발전경험을 공유

7. (한-러 혁신 플랫폼 구축) 러시아의 혁신원천기술과 우리의 ICT · 응용기술을 결합하여 새로운 비즈니스를 창출하는 혁신 플랫폼*을 구축해 국내 중소·벤처기업을 글로벌화하고 청년 일자리 창출 기여

* 한·러 혁신센터(생산기술연구원 산하) 신설을 추진해 ① 기술상용화를 위한 R&D사업 추진, ② 스타트업 공동 생태계 조성 ③ 러시아 수입대체 산업(20개)에 중소기업 시장진출 지원

8. (인프라·환경 협력 확대) 플랜트 중심에서 ICT 기술을 활용한 인프라 건설(스마트시티, 첨단공항, 공간정보, ITS 등), 환경시설(폐기물처리, 대기질 개선) 등으로 협력을 다각화하고 민간투자사업방식을 적극 활용

9. (4차산업혁명대응산업협력강화) 러시아와는지능형인프라(Data·Network·AI) 구축을 위한 협력을 강화하고 중앙아시아와는 정보화 컨설팅을 바탕으로 기업 진출 지원

○ 조선소 현대화, 신재생 에너지 협력을 확대하는 동시에 상품교역 외에 투자·서비스를 포괄하는 한· EAEU FTA 추진

10. (금융접근성 강화) 낮은 국가 신용도, 투명성이 부족한 현지 결재시스템 등을 극복할 수 있도록 극동 금융플랫폼(20억불) 활성화, 글로벌인프라펀드 확대, 국제금융기구 협력, 전대금융 강화 등 추진

11. (보건의료 및 헬스케어 산업협력 확대) 러시아를 거점으로 한국형 보건의료시스템을 중앙아시아로 확산하며, 디지털 의료기술, 제약·의료기기 등 성장세가 유망한 산업에 민·관 협력을 통한 진출 강화

12. (농수산 분야 진출 활성화) 극동 지역 농업생산 기반 확대*를 지원하고 중앙아시아 등에 현지 맞춤형 시설원예 진출과 월동형 양파 등 종자보급 활성화

* (예) 진출기업 공동판매조직 구성 등 유통망 확보, 콩 가공 · 유통시설 투자 타당성조사

○ 연해주(나지모바곶) 수산물가공 복합단지 조성사업을 러측과 협의하여 조기 추진

▶ 목표 4 : 인적 · 문화교류 확대로 상호 이해 증진

◇ 코리아 프리미엄 창출을 위하여 문화·체육·관광 교류를 확대하고 지속가능한 경제협력이 가능하도록 지역전문가를 양성

13. (문화·체육·관광 협력 확대) 2020년 한-러 수교 30주년을 맞아 문화교류의 해를 지정하여 상호 교류를 대폭 확대하고, 한류 확산 추세*에 맞춰 북방지역 특성에 맞는 한류 컨텐츠 진출 전략을 수립·추진

* 한류지수(14년→16년): 中 3.58→3.16 러 2.41→2.78 日 2.62→2.60 美 3.09→2.57

14. (대학·청년·학술단체 교류 및 인력 양성) 북방지역 유학생 유치 확대 추진, 한-러 학위 상호인정을 위한 공동연구, 유라시아 아카데미 개설 등으로 친한 네트워크 구축과 북방지역 전문가 양성 지원

【 신북방정책의 추진 체계 및 계획 】

■ 이번에 확정된 "신북방정책 전략과 중점과제"의 분야별 과제를 지속적으로 구체화해 나가고, 반기별로 종합적인 추진상황을 점검하는 한편, 정상회담 등 계기에 의제 반영 등을 추진할 예정

■ 신북방정책의 차질없는 추진을 위해 북방위는 컨트롤타워로서 유관기관과 긴밀한 협업체계 구축, 대국민 소통강화, 기업애로 해소를 통해 지속적인 정책 추진기반을 마련할 계획

○ 각 부처가 북방경제권 국가와 개최하는 각종 정부간 고위급 협의체는 부처 자율로 운영하되, 북방위와의 긴밀한 협의를 통해 범정부적으로 조율된 협력을 추진해 나갈 예정

(안건2) 한-러 혁신 플랫폼 구축계획 및 운영방안

■ 1990년대 이후 우리 대기업은 러시아의 원천기술을 활용하여 세계시장을 선도하는 혁신적 제품개발에 성공*하였으나,

* (예) (러) 통신기기, 레이더 잡음 제거 기술 → (한) 통화 노이즈 제거기술 (08년)
(러) 전차 냉각 시스템 → (한) 반도체형 냉각 시스템 (95년)

○ 중소기업은 자체 역량 부족과 기술협력을 중개하는 전문기관의 부재 등으로 성과 창출에 제한적

■ 러시아의 원천 기술을 도입하여 우리의 생산기술과 결합시키는 R&D와 사업화 지원을 통해 비즈니스 모델 발굴 추진

○ 양국의 스타트업간 교류와 공동 창업을 활성화하여 우리 중소·벤처기업의 혁신성장에 기여할 수 있도록 지원

○ 또한 러시아의 수입대체 산업 육성정책에 대응해 우리 중소기업이 설비·부품

시장에 진출할 수 있도록 바이어 정보 등 체계적인 서비스 지원

- ■ 한-러 혁신플랫폼은 양국이 공동으로 기관을 지정하되, 국내에는 한국 생산기술연구원 내에 한-러 혁신센터를 신설 추진
- ㅇ 모스크바에는 기존 과기협력센터를 확대·개편하여 지원하도록 할 계획

붙임 1 신북방정책 14대 중점 추진과제 체계도

비 전

평화와 번영의 북방경제공동체
– 길을 열면 시대가 열린다 –

4대 목표

1. 소다자협력 활성화로 동북아 평화기반 구축
2. 통합네트워크 구축을 통한 전략적 이익 공유
3. 산업협력 고도화를 통한 신성장동력 창출
4. 인적·문화교류 확대로 상호 이해 증진

추진 전략

- 상대국가와 신뢰구축을 통한 지속가능한 협력
- 관련국가 및 국제기구 개발전략과 연계
- 패키지 투자협력과 북방네트워크 거점 확보
- 정부·민간 파트너십을 통한 유기적 협력
- 권역별 특성을 감안한 차별화된 협력

14대 중점 추진과제

1. 소다자협력 활성화로 동북아 평화기반 구축

① 초국경 경제협력 추진
② 환동해 관광협력 활성화

2. 통합네트워크 구축을 통한 전략적 이익 공유

③ 유라시아 복합물류망 구축
④ 동북아 수퍼그리드 구축
⑤ 한-러 천연가스 협력 강화
⑥ 북극항로 진출로 해운·조선 신시장 개척

3. 산업협력 고도화를 통한 신성장동력 창출

⑦ 한·러 혁신 플랫폼 구축
⑧ 인프라, 환경 협력 확대
⑨ 4차 산업혁명 대응, 산업협력 강화
⑩ 북방진출 기업의 금융접근성 강화
⑪ 보건의료 및 헬스케어산업 협력 확대
⑫ 농수산분야 진출 활성화

4. 인적 · 문화교류 확대로 상호 이해 증진

⑬ 문화·체육·관광 협력 확대
⑭ 대학·청년·학술단체 교류 활성화 및 인력양성

추진 체계

- (대내)위원회 중심의 협력체계 구축
- (대외)다각적인 외교협력 기반 조성

집필진 약력

(집필 순)

이승율

교육

동국대학교 문과대학(철학 학사)

동국대학교 대학원(철학 석사)

중국 연변대학 인문사회과학학원(국제정치학 석사)

중국 중앙민족대학 민족학·사회학학원(민족학계 법학박사)

* 학위논문: 동북아 국제협력시대 조선족사회의 문화기능 연구

경력

중국 연변과학기술대학 대외부총장

평양과학기술대학 대외부총장

현재 동북아공동체연구재단 이사장

동북아교육문화협력재단 이사

중국 북경대학 동북아연구소 객원연구원

(사)신아시아산학관협력기구 이사장

참포도나무병원 이사장

한국CBMC 중앙회장

저서 및 논문

『원윈 패러다임』(서울: 영진닷컴, 2004)

『共生時代(중문판)』(북경: 세계지식출판사, 2005)

『동북아 연합의 꿈』 (서울: 파로스, 2006)

『동북아시대와 조선족』(서울: 박영사, 2007)

『東北亞時代的 朝鮮族社會(중문판)』(북경: 세계지식출판사, 2008)

『누가 이 시대를 이끌 것인가』(서울: 물푸레, 2009)

『走向大同(중문판)』(북경: 세계지식출판사, 2010)

『초국경 공생사회』(서울: 한우리, 2011)

『韓國人が見た東アジア共同体(일어판)』(동경: 論創社, 2012)

『제3의 지평』공저 (서울: 디딤터, 2012)

『동아시아 영토분쟁과 국제협력』공저 (서울: 디딤터, 2014)

『정동진의 꿈』(서울: 디딤터, 2015)

박종수

교육

서강대학교 정치외교학과(정치외교학 학사)
영국 런던대 SSEES(수학)
러시아 상트페테르부르크국립대 대학원(경제학 석사)
러시아 상트페테르부르크국립대 대학원(경제학 박사)
* 학위논문: 러시아 경제의 외국인 투자 :의미, 실태 및 전망

경력

주러시아 한국대사관 공사, 참사관, 1등 서기관
한국외국어대 노어과 대학원 강사
러시아 상트페테르부르크국립대 초빙교수
중원대 국제통상학과 초빙교수

현재 서강대학교 공공정책대학원 겸임교수
대통령 직속 북방경제협력위원회 전문위원
서강대학교 현대정치연구소 책임연구위원
(사) 한반도평화연구원(KPI) 연구위원
(사) 동북아공동체연구재단 정책자문위원
(사) 유라시아21 부이사장
(사) 뉴코리아 상임이사
기독교통일학회 운영이사

저서 및 논문

『북한과 러시아:신화,비화 그리고 진화』(서울: 오름, 2011)
『러시아와 한국:잃어버린 백년의 기억을 찾아』(서울: 백의, 2000)
『동아시아 영토분쟁과 국제협력』공저 (서울: 디딤터, 2014)
『G20국가의 인재개발』공저 (서울: 한국경제신문, 2010)
논문 '푸틴-김정은 시대의 북러간 경제협력 실태 및 전망'외 다수

성원용

교육

연세대학교 전기공학과(공학사)

러시아 상트페테르부르크국립대학교 대학원(경제학 석사)

러시아 상트페테르부르크국립대학교 대학원(경제학 박사)

* 학위논문: 1985~95년 러시아의 경제개혁: 내용과 주요 결과

경력

연세대학교 동서문제연구원(IEWS) 연구교수

한국교통연구원(KOTI) 책임연구원

민주평화통일자문회의 상임위원

외교통상부 자문위원

한국개발연구원(KDI)경제전문가 모니터위원

현재 한국비교경제학회 회장

한국동북아경제학회 부회장

한국유라시아학회 부회장

한·러대화(Korea-Russia Dialogue: KRD) 경제통상분과위원

한국철도공사(Korail) 경영자문위원·남북철도자문위원

인천대학교 동북아국제통상학부(SONAS) 교수

대통령 직속 북방경제협력위원회 민간위원

저서 및 논문

『카자흐스탄의 교육현황과 발전과제』(한국교육개발원, 2009)

『CAREC(Central Asia Regional Economic Cooperation)의 현황과 한국의 협력방안』공저(대외경제정책연구원, 2012)

『러시아 극동 바이칼 지역의 개발과 신북방경제협력의 여건』공저(대외경제정책연구원, 2013)

『국제운송회랑의 새로운 지정학: 유라시아 실크로드 구축을 위한 협력방안 연구』공저(대외경제정책연구원, 2015)

『유라시아경제연합-지역통합의 현실과 전망』공저(한울, 2015)

논문 '푸틴주의와 러시아 국가자본주의: 역사적 기원과 현대적 변용', '러시아 농업개혁의 패러독스: 개인부업농과 상품·화폐관계의 공존은 가능한가' 외 다수

윤성학

교육

고려대학교 노어노문학과(노문학 학사)
연세대학교 정치학과 대학원(정치학 석사)
연세대학교 정치학과 대학원(정치학 박사)
* 박사학위논문: 러시아 석유산업의 구조조정 연구

경력

대우경제연구소 연구위원
UzDaewoo Bank Chief Econmist
러시아 IMEMO 연구소 연구위원
대외경제정책연구원 부연구위원

현재 고려대학교 러시아CIS 연구소 CORE 교수

저서 및 논문

『러시아 비즈니스』(2004), 아라크네
『러시아 에너지가 대한민국을 바꾼다』(2008), 푸쉬킨하우스
"남북러 가스관의 경제적 효과에 관한 연구"(2012), 러시아연구소
"중앙아시아 진출 외국기업의 사회적 공헌활동에 관한 연구"(2013), 아태연구소
"흑해경제권의 부상과 한국의 진출전략"(2014), Acta Russiana
"저유가시대의 카자흐스탄 투자환경"(2016), Acta Russiana 외 다수

유영철

교육

한양대학교 정치외교학과(정치학 학사)
모스크바청년대학교(구 꼼소몰대학)(정치학 석사)
모스크바국립국제관계대학교(정치학 박사)
* 학위논문: 흐루시쵸프의 평화공존과 고르바쵸프의 신사고 정책 비교 연구

경력

제1차 한러포럼 사회
한국유라시아학회 섭외 이사
민주평통 자문위원
대통령 인수위원회 자문위원

현재 한국국방연구원(KIDA) 안보전략연구센터 국제전략실장

저서 및 논문

한러 군사관계 5주년 평가와 전망
CIS 군사정책 연구
통일한국의 안보원론과 국방기조
러시아의 북한 군사력 평가
국가 위기관리정비방안 연구
세계 분쟁 양상과 전망
나토 확대에 따른 유럽 안보정세 평가
코소보사태의 전쟁 양상 분석 및 한반도 안보에 미치는 영향
21C 러시아의 對극동지방 전략과 우리의 대응 방향
우크라이나 사태로 인한 국제질서 변화와 한반도
러시아의 전략적 활용 방안
세계 분쟁 양상과 전망II
주변국의 대북정책 공조방향

변현섭

교육

고려대학교 노어노문학과(노어노문학 학사)
러시아 모스크바국립대학교(교환학생)
한양대학교 국제학대학원(러시아 지역학 석사)
러시아 국립경영대학교 대학원(경제학 박사)
*학위논문: 러시아 극동지역개발에서 외국인투자의 역할

경력

롯데경제경영연구소 수석연구원
롯데백화점 모스크바 점포개발팀장
고려대, 국민대, 인천대, 한국외대, 한양대 강사
한양대학교 아태지역연구센터 HK연구교수

현재 대통령 직속 북방경제협력위원회 사무관

저서 및 논문

『한-유라시아 주요국 산업협력을 위한 전략적 제휴방안 연구』공저 (세종: 대외경제정책연구원, 2015)
『유라시아 이니셔티브 구현의 견인차로서 남북러 삼각협력 활성화 방안 연구』공저 (서울: 외교부 용역 연구보고서, 2015)
『한러협력 2030 청사진』공저 (서울: 한러대화, 2016)
논문 '러시아 극동지역개발 전략으로서 선도경제구역 설립의 의미와 전망'
'러시아 자유항 제도 도입의 전략적 의미와 협력 방안: 블라디보스토크 자유항 법을 중심으로'
'러시아의 극동개발과 한-러 협력 활성화 방안: 최근 일본의 극동지역 진출 정책의 함의를 중심으로' 외 다수

김동수

교육

충남대학교 화학과(화학 학사)

충남대학교 대학원(화학 석사)

러시아 상트페테르부르크국립대 대학원(화학 박사)

* 학위논문: 나노구조 칼코게나이드 강자성 스피넬의 합성 및 물성 연구

경력

한국기계연구원 연구원 및 선임연구원

한러 재료기술 협력센터 센터장(러시아 상트페테르부르크 파견근무)

한러 첨단소재 연구센터 센터장(러시아 상트페테르부르크 파견근무)

제15기 민주평화통일자문회의 자문위원

현재 한국기계연구원 부설 재료연구소 책임연구원

한반도광물자원개발 융합연구단 파견연구원(한국지질자원연구원)

ISO/TC298 Rare Earth의 국내 전문연구위원

국제 첨단소재 협회 정회원

아시아첨단소재학회 조직위원

나노기술연구협의회 정회원

대한금속재료학회, 한국자기학회, 한국분말야금학회 정회원

저서 및 논문

『Magnetic interactions in anisotropic Nd-Dy-Fe-Co-B/Fe multilayer magnets』(Journal of Applied Physics: 2016)

『Weak dipolar interaction between CoPd multilayer nanodots for bit-patterned media application』(Materials Letters: 2016)

『Preparation of Nd-Fe-B by nitrate-citrate auto-combustion followed by the reduction-diffusion process』(Nanoscale: 2015)

『Novel route to prepare HoN nanoparticles for magnetic refrigerant in cryogenic temperature』(International Journal of Hydrogen Energy: 2015)

『Influence of Ca amount on the synthesis of Nd2Fe14B particles in reduction-diffusion process』(Journal of Magnetism and Magnetic Materials: 2014) 외 다수

이태림

교육

러시아 모스크바국립대 노어노문학과 학부, 석사 통합과정(언어학 석사)

러시아 모스크바국립국제관계대 법학 대학원 우등졸업(법학 석사)

러시아 모스크바국립국제관계대 법학 대학원(국제법 박사)

* 학위논문: 러시아가스의 한국공급사업에서의 북한통과에 관한 국제법적 문제

경력

한국외국어대 러시아어과 겸임교수

러시아연방대법원 연수

러시아 로펌 Alexander Dobrovinsky and Partners 변호사

KPMG International 러시아/CIS법인 이사(Director)

건국대학교 산업대학원 방위사업과 외래교수

법무법인 세종 러시아PG 선임외국변호사

현재 한러미래포럼(한러의원교류포럼) 사무국장

국회 통일한반도유라시아포럼 정책위원

한러포럼 정치분과위 위원

대통령 직속 북방경제협력위원회 기획조정관

논문

「에너지원의 제3국 통과문제를 규율하는 현행 국제법 법원의 문제점과 법제 현대화 방안」 Oil Gas and Business, 2010년 12월호

「에너지원의 제3국 통과와 관련한 분쟁해결에 관한 법제 연구」 State and Law, 2011년 6호

「러시아 가스의 한국 공급사업에 관한 국제법적 문제」 OilGasLaw, 2011년 1월

「남북러 가스관사업의 개요와 주요 쟁점들에 대한 고찰」 Acta Russiana 제5호, 2013년 8월

「러시아와 에너지헌장조약: 에너지헌장 조약을 둘러싼 정치적 법제적 논쟁을 중심으로」 슬라브학보, 2014년 1월

「Implications of gas pipeline cooperation between Western Germany and Soviet Union for the unification of Korea」 East Sea Rim, 2014년 1월

함영준

교육
한국외국어대학교 러시아어과(문학 학사)
한국외국어대학교 러시아어과 대학원(문학 석사)
러시아 상트페테르부르크국립대 대학원(문학 박사)
* 학위논문 : 수호보-코브일린 드라마 삼부작에서 시학의 제문제

경력
한·러 수교 20주년 문화축제예술 총감독 (문화체육관광부)
〈벚꽃동산〉, 〈오스카, 신에게 보내는 편지〉 외 연극 제작, 연출 다수
수상 문화체육부 장관상

현재 단국대학교 러시아어과 교수
극단 KORUS 예술감독, 연극연출가
축제 및 공연 예술 평가위원 (문화체육관광부)

저서 및 논문
『세계연극 239선』(연극과 인간, 2008)
『유토피아의 환영』(한울, 2007)
박완서 단편집(러시아어 번역, 모스크바, 2013) 외
논문 '안톤체홉 드라마 시학의 기원(노어노문학)'
'19세기 러시아 문학에 나타난 도시공간연구(슬라브학보)'
'국가 브랜드와 감정교류(러시아, 네바)'
'체홉 〈갈매기〉의 새로운 해석- 연출 텍스트 연구(노어노문학)'
외 다수